思想觀念的帶動者

文化現象的觀察者

本土經驗的整理者

生命故事的關懷者

心靈工坊 PsyGarden

Holistic

探索身體，追求智性，呼喊靈性
攀向更高遠的意義與價值
是幸福，是恩典，更是內在心靈的基本需求
企求穿越回歸眞我的旅程

喜悅的腦：
大腦神經學與冥想的整合運用

The Mindful Brain：
reflection and attunement in the cultivation of well-being

丹尼爾・席格 Daniel J. Siegel, M.D. 著

李淑珺 譯
朱迺欣 許文耀 劉秀枝 羅佩禎 釋惠敏 推薦
劉秀枝 大腦神經學審閱

目錄

9 【推薦序1】宗教與科學整合的代表作　朱迺欣

12 【推薦序2】覺照覺察、內外交融、自他幸福　惠敏法師

14 【推薦序3】冥想與大腦的關係　劉秀枝

16 【推薦序4】來自一位精神科醫師的新思維　羅佩禎

18 作者序

24 致謝

第一部　心智、大腦與覺察

30 第1章　覺照覺察

50 第2章　有關大腦的基本知識

第二部 浸淫於直接經驗中

第3章 一週的靜默 72
第4章 靜默與覺察流 87

第三部 覺照大腦的各面向

第5章 主觀與科學 108
第6章 運用軸心——注意力與覺察輪 126
第7章 拋棄評斷——擺脫由上而下的侷限 149
第8章 內在同頻——鏡像神經元、共鳴，以及專注於意念 178
第9章 反思的連貫性——神經整合與中央前額葉功能 202
第10章 感覺的彈性——情感風格與積極心態 220
第11章 反思的思考——覺照學習中的影像理解與認知風格 239

第四部　對於覺照大腦的反思

第12章　培育教化「心智」——教育的第四個基礎訓練與反思的智慧　268
第13章　反思在臨床治療中的運用——存在當下與培養軸心　284
第14章　心理治療中覺照的大腦——促進神經的整合　295
後語：對「反思」的反思　328
附錄一　專有詞彙　337
附錄二　神經研究摘要　343
註釋　362

國外佳評

丹尼爾・席格提出了一個引人深思、高度原創且精闢的理論，將覺照與大腦科學加以結合，肯定會在未來持續發揮深遠影響。這是任何對心智與冥想科學感興趣的人都必讀的一本書。

——丹尼爾・高曼（Daniel Goleman）

作品有《情緒療癒》、《綠色ＥＱ》、《破壞性情緒管理》等書

這是我所讀過第一本如此有趣且睿智地結合覺照理論與實務的書，令人讚嘆！本書不僅對醫療實務人士與教育人士格外受用，在所有人心中的學習天性，更會因閱讀此書而成長茁壯。

——艾倫・藍傑（Ellen J. Langer）博士，哈佛大學心理學教授

作品有《*Mindful*》及《*On Becoming an Artist*》

這本書獨樹一幟地將個人的經驗、內在的世界、最新的科學發現，以及實務的運用，交織成一個整體。

——傑克・康菲爾德（Jack Kornfield）博士

「第七感冥想學會」（Mindsight Meditation Society）及「精神磐石中心」（Spirit Rock Center）創辦人

作品有《智慧的心》、《踏上心靈幽徑》、《狂喜之後》等

席格將困難的科學轉譯成實用的語言與運用。實踐覺照的人可以由此了解靜觀冥想背後的神經科學基礎，而從事心理治療的人則能從中獲得無價的洞見，爲他們的工作與人生帶來深遠影響。所有人都需要覺照帶來的深刻教誨，帶領我們邁向人類演化的下一步。

——瑪麗歐・索羅門（Marion Solomon）博士

作品有《*Narcissism and Intimacy*》及《*Lean on Me*》

【推薦序1】宗教與科學整合的代表作

朱迺欣（長庚醫院榮譽副院長）

每個時代都有代表那個時代風潮的著作。席格教授的《喜悅的腦》一書可以說是，目前風行的「宗教與科學整合」的代表，值得細細體悟。

現代的社會，財富與科技帶來前所未有的高度物質享受，可是人民並不一定快樂。世界快樂指數最高的國家反而是，貧窮並與世隔離的不丹。這個世外桃源似的蕞爾山國，人民虔誠信奉佛教，重視精神層面的生活。雖然他們的物質生活條件比較差，生活的快樂和滿足，不輸於富裕的工業國家。

二次大戰後，以財富和科技爲重的歐美先進國家，開始掀起「心靈革命」。東方宗教內觀的文化逐漸西移，後來由於達賴喇嘛的主導和鼓勵，西方科學家開始探討和研究東方的靜坐冥想。如今，「科學與宗教整合」的潮流已形成。許多有名的腦科學家、認知心理學家、精神科醫師等，皆加入探討研究的行列；許多資深的佛教修行者也回應，並加入受試的行列。

最近訪問台灣的詠給・明就仁波切，由於響應達賴喇嘛的號召，到美國威斯康辛大學李察・大衛森（Richard Davidson）教授的實驗室，參與冥想的實驗。這項寶貴的經驗，促使他寫了《世界上最快樂的人》（*The joy of living: Unlocking the secret and science of happiness*），成爲《紐約時報》的暢銷書。

《喜悅的腦》一書的價值，可由席格教授的一段話印證。他說：「覺照覺察（mindful awareness）訓練，可以讓我們因專注於當下，而直接改善身體與大腦的運作，以及包含感受、思考和人際關係的主觀心理生活，這種當下的直接經驗，是佛教、基督教、印度教、伊斯蘭教、猶太教與道教的教誨中，非常根本的部分。」

麻州大學的卡巴金（Jon Kabat-Zinn）是將覺照帶入現代醫學主流的推手。他規劃的「正念減壓療法」（mindfulness-based stress reduction, MBSR）課程，證實能幫助減輕主觀的痛苦感覺，增強免疫功能，滋養人際關係，並增進整體的心理健康。現在，「正念減壓」已經被全球數百項醫療計畫所採用。

讀者對英文名詞mindfulness的中譯，應有某些概念比較好。本書的翻譯是「覺照」；在明就仁波切的書是「正念」，是佛學名相，表示把心安住在念頭、情緒和感受經驗的純然覺性中；卡巴金的療法課程，通常翻譯成「正念減壓」；法鼓佛教學院校長惠敏法師也用「正念」，並解釋它意指「一種培養當下覺察力的禪定（meditation）練習，並涉及專注於使用非判斷式態度之相關經驗。」＊

我們處在競爭激烈、資訊氾濫、人情淡薄的現代社會，我們的大腦必須能覺照，才能產生清晰的思考和開放的心胸，進而能有心理的健康。席格教授的書，好像霧中的燈塔，給航行的人生船隻，正確的方向。

編按：「mindfulness」，中文多翻譯為「正念」，是由來已久的用法，但是佛教領域以外的人看到「正念」兩個字，多半不懂其意，甚且容易誤會，以為是「正向、積極」之意。為了避免誤解，也因本書並非是在佛教脈絡下寫就，除了一些特定用語，本書改用「覺照」（以覺知的心遍歷所有的經驗，無論動靜），並彈性使用「靜觀」（在冥想之間的觀）一詞。特此說明。

【推薦序2】覺照覺察、內外交融、自他幸福

惠敏法師（法鼓佛教學院校長）

如是，比丘安住於身，覺照內身；安住於身，覺照外身；安住於身，覺照內外身。

"In this way he abides contemplating the body as a body internally,
or he abides contemplating the body as a body externally,
or he abides contemplating the body as a body both internally and externally."

——《大念處經》（Maha-Sati-patthana Sutta）

本書的原書名《*The Mindful Brain*》（覺照的腦）或者其關鍵詞「覺照」（Mindfulness），在佛教的傳統是翻譯爲「正念」，是指一種培養「當下覺察力」（present moment awareness）的禪定練習（meditation practice）。過去三十年內，將「正念」（覺照）禪修作爲治療性運用的實例逐增，例如：美國麻省大學「正念醫療中心」（CFM: The Center for Mindfulness in Medicine, Health Care and Society）的「正念減壓」（MBSR: Mindfulness-Based Stress Reduction）療程、英國國家健康服務局所推薦的「以內觀爲基礎的認知治療」（MBCT: Mindfulness-Based Cognitive Therapy）運用於重度憂鬱症

史病人。此議題在國際學術界也具有發展潛力，在二〇〇七年，就有超過七十篇以「正念」（覺照）禪修做爲主題之科學性的期刊論文被發表。

作者丹尼爾・席格，畢業於哈佛醫學院，跨領域研究大腦神經科學、心理治療與兒童發展等，目前擔任臨床精神醫學教授，他認爲：科學證實，獲得「覺照覺察」（Mindful Awareness），關注當下經驗的豐富內容，藉由「反思」（reflection）與「同頻」（attunement），將能強化我們的生理機能、心理功能，以及人際關係，所以可以促進身心健康與生活幸福（well-being）。這也是原書的副標題：reflection and attunement in the cultivation of well-being 的意涵。

此書分四個部分，循序漸進來說明「主觀經驗」、「科學研究」與「專業上的運用」等三種理解方式，也善用各種最新研究，例如「鏡像神經系統」（mirror neuron system, MNS）等腦部「共鳴回路」，來說明「社會回路」與「個人反思」的相似性，文筆深入淺出。所以，不僅是相關專家之參考必備，也是一般大眾的入門指南。

【推薦序3】冥想與大腦的關係

劉秀枝（國立陽明大學兼任教授、台北榮總特約醫師）

覺照覺察的修為淵遠流長，它包含了佛教的冥想、基督教的歸心祈禱、瑜伽、氣功、太極拳等靜功和動功，尤其靜坐冥想近年來在東西方都非常風行。醫學文獻也報導靜觀冥想的修練能強化身心功能及人際關係。不管是何種方式，都講求集中注意力，專心感受當下，讓意念與自身和外界協調成同一頻率，而不加以評斷。

這種意念來自何處？源自大腦中樞嗎？意念是否也造成大腦的改變？「意念—大腦」（mind - brain）的關係密切而複雜，是民俗心理學（folk psychology）的一環。本書的書名《喜悅的惱》（*The mindful brain*）把兩者串連在一起，頗具創意。

近三十年來，學者開始用科學的方式探討覺照覺察的作用機轉，如腦波、磁振造影掃描和功能性磁振造影等，但都還處於萌芽階段。例如當受試者靜坐冥想時，功能性磁振造影顯示其中央前額葉大腦的細胞被活化，表示兩者彼此相關，但到底是冥想造成腦細胞活躍，還是活躍的腦細胞讓人冥想？

本書作者丹尼爾・席格是精神科醫師、心理學家，也是一個教育者，以全新的眼光探索覺照的整體觀念，除了彙整其個人經驗與研究、案例，並廣涉文獻，挑戰意念與大腦之間錯綜複雜卻又充滿趣味的關係。內容具深度與廣度，還涵蓋「人際神經生物學」、「神經動力學」等吸引人的題目，值得生活腳步快速的現代人定下心來仔細地閱讀。

【推薦序4】來自一位精神科醫師的新思維

羅佩禎（交通大學電機工程學系教授）

科技研究與從事教育工作者的觀點

作者以其神經心理學的臨床研究背景，突顯出本書最重要的價值——整合大腦神經、心理學與人際關係的主觀（個人實境體驗）與客觀（科學研究）論點，對於覺照覺察的意義與效能詳加闡述，傳達非常豐富的專業知識；因此本書非常適合醫學專業背景、心理輔導與諮商、教育與領導角色等族群來學習、了解並加以運用。另者，由於人類社會結構中，一個人的人格與身心發展，受到父母和師長的影響極為深遠；有覺照覺察訓練的父母和教育工作者，能給予孩子良好正向的引導；作者宣導透過覺照覺察練習而提升親子同頻關係，對於愈來愈茫然紛亂冷漠的下一代青年，將因開啟神經可塑性而喚醒內在本有的光明；這些來自於遠古智慧所啟發的新思維，將幫助現代人突破知識文明養成的執著，亦即，對專家與權威的依賴習性。然而，內容辭句太專業，一般讀者閱讀起來比較吃力；但在第二部裡，作者對親身體驗覺照活動的描述非常細膩活現，能深刻引發初學者的共鳴。

「同頻」（attunement）如何引發神經整合，繼而進入到所謂的感覺被感覺、感覺與世界連結？依據筆者師承（禪宗宗師）開示，對於眞正的禪行者，同頻不僅只於經驗到大我、大愛的狀態，甚至要解脫我的主觀意識、超越有相界、進入眞空性海！而覺照覺察的實踐是直指本心的清淨無爲相應（無觀無察），自然已超越感官意識範疇。西方研究覺照、冥想、打坐、祈禱等的經驗與論述，幾乎仍停留於意識與形相的層次；提出同頻的概念的確很好，卻因未曾實證佛陀智慧，而無法了悟同頻的對象——人人本來的佛性、本自具足的菩提自性！因此誤將身心靈大醫王——佛陀——當成一位心理學家！

六度萬行早已告訴我們禪定般若：禪坐終極目的是見證菩提本心，這本有的智慧（覺）不同於人腦的聰明才智，必然要超越了覺照覺察與神經運作的層次。禪坐不只是改造腦神經的結構與功能，祂要讓整個生命系統從生理物質現象進入到大自然、無爲現象；全然蛻變而造就出新生命體，呈現出《心經》提到的行深般若波羅蜜（經由甚深禪定而當下直達大智慧光明彼岸）可以見證「五蘊皆空，度一切苦厄」的狀態，以及《金剛經》所說的「應如是生清淨心，不應住色生心，不應住聲、香、味、觸、法生心，應無所住，而生其心」，腦神經網路對於外境與意念的運作已全然不同於一般，不再汙染本心的清淨光明。

作者序

歡迎與我一起踏上通往生命核心的旅程。科學證實，獲得覺照覺察（mindful awareness），關注當下經驗的豐富內容，將能強化我們的生理機能、心理功能，以及人際關係。充分存在覺察中，將爲我們的生命開啓新的身心健康的可能。

幾乎所有文化都有幫助人充分覺察當下的修行鍛鍊。全世界各主要宗教都會運用冥想、祈禱、瑜伽到太極等等方法，來幫助個人集中注意力。這些傳統宗教或許各有不同的方法，共通點都是要刻意使覺察集中，使人生徹底改觀。由此可見，覺照覺察是跨文化的人類共通目標。覺照覺察雖然經常被認爲是一種幫助人專注於當下的注意力集中技巧，但這本書將覺照視爲一種與自身的良好關係，並從這個角度更深入探索這種認知。

在我所研究家庭中人際關係領域，我們會用「同頻」（attunement）的概念來檢視一個人，例如爲人父母者，如何將注意力聚焦在小孩的內在世界。這種專注於他人心智的聚焦方式會運用到讓兩人「感覺被對方感覺」的神經回路。身在一段關係中的兩人一定要擁有這種狀態，才可能在其中感覺充滿活力、被了解，以及平和寧靜。研究證實，同頻的關係有助於提升一個人的韌性與壽命。我們可以經由這些人際同頻的研究，以及集中注意力所達到的自我調節功能，更進一步了解覺照，因爲它們可能表示覺照覺察是個人內在的同頻。換句話說，擁有覺照，能幫助你成爲自己最好的朋友。

我們將討論同頻如何能引發神經整合，促進反應彈性與自我了解，進而引導大腦成長，達到更加平衡的自我調節。我們可以從了解何謂感覺被感覺，以及感覺與世界連結，而理解爲什麼覺照覺察，也就是與自己的同頻，可以提升個人的生理與心理健康。

了解大腦運作可以幫助我們看到內在的同頻與人際的同頻，這兩種機制有什麼共同點。檢視與心理運作相關的神經變化，以及與覺照覺察的可能相關神經活動，我們能更深入了解爲什麼覺照會提升免疫功能、內在的身心健康感受，並幫助我們更有能力獲得有正面回饋的人際關係。

覺照的必要

我們迫切需要一種新的存在方式——不論是在自己內心，在學校中，或社會裡。近代的文化演變創造出一個紛擾的世界，個人飽受疏離之苦，學校疏於啓發學生。簡而言之，整個社會都缺乏道德羅盤，幫助我們看清該如何在這個全球化的世界中前進。

我看到在我的孩子成長的世界裡，愈來愈缺少人性互動。這樣的互動是人類大腦經由演化而變得需要的，卻已經不是教育或社會體系中固有的一部分。現代生活中極度欠缺幫助塑造神經連結的人際連結。我們不僅失去了與彼此同頻的機會，忙亂生活也讓我們沒有時間調整到與自己同頻率。

身為醫師、心理學家及教育者，我很遺憾臨床醫療人員在工作中如此缺乏對健康心理的基本認識。我在全球各地的演講中，曾面對面地詢問超過六萬五千位醫療專業人員，是否上過相關的課程？百分之九十五的人都回答：「沒有。」那我們一直在做的工作究竟是什麼？或許我們應該開始覺察心智本身，而不只是強調心理疾病的症狀？

覺照覺察的最直接目標，就是經由親身經驗及理解層面認知心智。我們因此不只認知自己的心智，更能抱著善意與同情，擁抱自己與他人的內在世界。

我深切地希望，我們能夠互相幫助，讓每個人與自己的心同頻，讓個人與文化都能超越許多自動化的反應，脫離這些反應所引導的毀滅道路。人類具備的同理與同感潛能是非常巨大的。在這個艱困的時代，要發揮這項潛能或許很困難，但只要每一個人在每一刻當中，慢慢地調整到與自己，與某一個人的心，或與一段關係同頻率，這項任務就可望達成。

覺照是一種很重要、很能帶來力量，又極度私密內在的經驗，因此這本書無可避免地會融合個人的理解，以及外來的科學對於心智本質的看法。這也是寫作本書的挑戰與刺激所在。因此我試圖在本書中整合覺照覺察的主觀經驗，並提供對直接感官經驗的客觀分析與研究發現，再加上運用這些經驗、概念與研究發現後的實際運用。

為了清晰說明這三種理解方式，這本書分成四個部分。第一部會概括介紹何謂覺照覺察，並檢視爲什麼了解大腦運作有助於釐清心智的本質。第二部，我們會探索直接的經驗，並看到當下的親身體驗有什麼直接的重要性。這些有關經驗的篇章，目的在於探索覺照的精髓，以及有哪些可能的因素會妨礙覺照，妨礙我們充分存在於生活中。我們也會探討如何藉由刻意的訓練，讓心智脫離自動化反應，而達到這種形式的覺察。

在第三部，我們將整合直接經驗中的領悟，以及現有關於大腦與心智本質的科學研究，整理出主觀與客觀的理解人生的方式。

在第四部，我們會反思覺照大腦的觀點，會對教育、臨床工作及心理治療學門帶來哪些影響與運用，並以前人的貢獻爲基礎，把主觀經驗與科學研究連結到日常生活中的務實運用。告訴讀者如何在專業上與生活中，將這些內在同頻的概念整合成覺照覺察。

了解人際關係如何影響我們的生活與大腦，一直都是驅動我專業生涯的動力。從一九九〇年代初期開始，我就開始致力於建立有關心智與心理健康的跨學門觀點。而人際神經生物學的觀點便包容了各式各樣的理解途徑，從各種科學學門到表現性藝術，乃至於冥想的鍛鍊等。我們將會運用這項整合學門的一些基礎原則，來探索覺照覺察。

人際神經生物學企圖整合來自各種領域的知識，以找出各領域共通的特徵。就像盲人摸象的寓言一樣，每個領域都必須聚焦於檢驗象徵現實的這頭大象當中有限的範圍，但是要看到全貌，要感覺到整頭大象，就必須結合各個領域。

因此我們會以整合方式結合各種理解途徑，試圖以更廣大的視野了解何謂覺照。在基礎層面上，首先要結合親身經驗與科學觀點。而在結合主客觀的知識後，整合神經科學研究與依附關係研究的見解。這項工作會幫助我們了解大腦中調整同頻的基本歷程如何可能引發人際共鳴，以及覺照覺察如何可能帶來自我內在的同頻。

我熱愛科學，很興奮能經由實證實驗探索自身與這個世界的深刻本質。但我也是個臨床心理醫師，必須深入主觀經驗的世界。我們的內在世界是眞實的，即使它不能以科學分析經常所需的方式量化。但是到最後，我們的主觀生活仍不可能簡化成只是神經的運作。是這個內在世界，心智的主觀內容，讓我們能意識彼此的痛苦、在沮喪時互相擁抱，能分享別人的歡喜、創造人生故事的意義，在彼此眼中找到連結。

不久前，我因緣際會對覺照產生個人與專業的興趣。我在寫了一篇文章探索大腦與人際互動會如何形塑人的發展後，受邀去我女兒的幼稚園演講。我為家長們主持了幾次工作坊之後，園長瑪麗・哈柴爾（Mary Hartzell）跟我一起寫了一本書，書中以「覺照」作為教養的第一個基本原則。身爲教育者，我們知道隨時留心，保持清楚認知，抱持覺照，是身爲父母（或老師、臨床醫療人員）在促進兒童心理健康時應具備的根本心態。

書出版之後，衆多讀者詢問我們怎麼會想到教導父母冥想。這是一個很棒的問題，因爲我跟瑪麗都沒有接受過冥想的訓練，也沒有想到我們是在「教導父母冥想」。覺照，在我們看來，只是以善意和關愛的態度，隨時保持覺察與慎重認眞。我們眞正教導父母的是如何以好奇、開放、接納和愛，對自己與孩子保持覺察與反思。

讀者所提出的於覺照與教養的問題激發了我去檢視正逐漸發展的，以覺照爲基礎的臨床治療模式。令我驚訝的是，這些臨床治療的評量指標，與我自己的依附研究，也就是親子依附研究，所用的評量指標，有許多相同之處。

安全依附與覺照覺察鍛鍊，這兩種提升心理健康與韌性的方式居然有許多相似處，這項發現非常引人深思。此外，大腦中一個極具整合性的區域，前額葉皮質的中央部位，也跟前兩者有相似處。我對這三者的重疊相當好奇，企圖了解覺照這個神奇的領域。我經由經驗與概念而探索覺照的旅途，最後寫就這本討論覺照大腦的書。

這本書是寫給有興趣深入了解心理，並了解如何培養自己與他人心智的人，甚且特別有益於幫助他人適應生活或成長的人，例如老師、臨床治療師、調解人，乃至於社群領導人。這些扮演助人角色者，都是幫助人類社會更加健康茁壯所不可或缺的。

我自己帶著人際關係、大腦與心智這三個世界的整合概念，潛入了心靈深處的直接經驗，也要在此邀請你一起踏上這趟心靈的發現之旅，探索其中逐漸顯露的覺照覺察的本質。

致謝

在這趟探索與了解覺照的路途上，實在難以用言語形容我對許多人的感謝。我在加州大學洛杉磯分校的「正念認知研究中心」（Mindful Awareness Research Center）的同事們，包括蘇・史邁利（Sue Smalley）、麗蒂亞・茲洛斯卡（Lidia Zylowska）、史吉・霍爾（Sigi Hale）、席亞・康寧漢（Shea Cunningham）、黛柏拉・艾克曼（Deborah Ackerman）、大衛・葛瑞斯威爾（David Creswell）、約南・卡普蘭（Jonas Kaplan）、南西・霍頓（Nancy Lynn Horton）、黛安娜・溫斯頓（Diana Winston）等人，一直都是我靈感的來源與學習的對象。而「席梅爾神經科學與人類行為研究中心」（Semel Institute for Neuroscience and Huamn Behavior）的所長彼得・懷柏洛（Peter Whybrow），始終給予我最大的支持，幫助我將覺照帶入學術領域。

「第七感研究中心」（Mindsight Institute）的艾瑞卡・艾利斯（Erica Ellis）爲我們的教育計畫提供了極大的行政協助，並與我密切合作完成本書的參考資料及改寫編輯。與我一起進行人際神經生物學研究的治療師們則不斷給予我源源不絕的刺激與挑戰，更幫助我將有關覺照大腦的錯綜複雜的概念，轉變成希望是對其他人有益且易讀的文字。在此我還要特別感謝「全球人際神經生物學研究學會」（Global Association for Interpersonal Neurobiology Studies, GAINS）的成員大力協助。

我要對長久以來合作的同事，艾倫・蕭爾（Allan Schore）跟路・柯佐林諾（Lou Cozolino）深表感激，更要感謝路讓我使用他的傑出著作，《人際關係的神經科學》（*The Neuroscience of Human Relationships*）中精彩的大腦繪圖（感謝 MAWS & Company 幫我繪製了圖 4.1、4.2、4.3、6.1 及 14.1）。

我的病人給了我許多很重要的啓發。因爲他們有如此大的勇氣，正面面對記憶與情緒，嘗試掙脫束縛許久的個人身分認同，在重重侷限下尋找新路徑，才使我多年的執業生涯有意義。

隨著探索覺照的路途逐漸進展，里曲・賽門（Rich Simon）也在他所舉辦的一年一度的「心理治療者網絡論壇」（Networker Symposium）中組織了一個聚會，讓黛安・艾克曼（Diane Ackerman）、喬・卡巴金（Jon Kabat-Zinn）、約翰・歐唐納修（John O'Donohue）跟我得以湊到一起。二〇〇六年二月的「心智與當下」（Mind and Moment）聚會，是我這趟充滿啓發的旅程的巔峰。我要爲我們相聚的時光，深深感謝黛安、喬，以及約翰。

卡巴金鼓勵我在學習了解覺照時，要親自浸淫到直接經驗深處，並指引我去參加了「精神與生命研究所」（Mind and Life Institute）的科學家聚會，親自體驗一週的靜默。我非常感謝他的建議、研究所的所長亞當・安格爾（Adam Engle），以及主持這項令人脫胎換骨的活動的「第七感冥想學會」（Mindsight Meditation Society）的喬瑟夫・葛斯坦（Joseph Goldstein）、莎朗・薩斯柏格（Sharon Salzberg），以及所有工作人員。

關於這本書的寫作，許多讀過早期初稿的人都給了我深具洞見的評論，而賦予這本書更豐富的聲音，包括黛安·艾克曼、艾瑞卡·艾利斯、邦妮·葛斯坦（Bonnie Mark Goldstein）、丹尼爾·高曼（Daniel Goleman）、蘇珊·凱瑟─葛林蘭（Susan Kaiser-Greenland）、傑克·康菲爾德（Jack Kornfiled）、琳恩·柯特勒（Lynn Kutler）、里曲·賽門、瑪麗歐·索羅門（Marion Solomon），以及卡洛琳·威許（Caroline Welch）。

里曲·賽門不但讀了本書及其他初稿，還是跟我並肩作戰的同志。我們一起面對了艱鉅的挑戰，設法寫出給專業人士閱讀的親身經驗敘述，並以清晰縝密的態度探索心理科學。他編輯《心理治療者網絡》（*Psychotherapy Networker*）雜誌三十年的資歷，顯示他不但是一位社會風水大師，還是一位深具遠見、視野涵蓋本書及更廣大議題的頂尖編輯。我要深深感謝他的支持。

我很幸運能仰賴多位專家對覺照與大腦的專業知識，來幫助我檢查書中有關科學研究和經驗探索的細節。傑克·康菲爾德與丹尼爾·高曼為我釐清了許多重點，提供極大的助益，我對他們的周詳評論至為感謝。我很開心能與艾倫·藍傑討論有關覺照學習和覺照覺察的差異。她的深刻見解，以及她願意花這麼多時間與我一起檢視其中種種議題，都讓我銘感在心。李察·大衛森（Richard Davidson）在新興的冥想神經科學領域中有極重大的貢獻，而他幫助我檢視本書中相關的大腦研究結果，給了我很大的支持。我由衷感謝他的智慧與和善。

此外我還要深深感謝大衛·葛瑞斯威爾、蘇珊·凱瑟─葛林蘭、莎拉·拉察（Sara Lazar），以及麗蒂亞·茲洛斯卡跟我分享他們尚未發表的研究，並容許我在本書中引用。他們的慷慨讓我得以藉由理論的結合及概念的整合，呈現出覺照大腦具有人際關係特質的這項前衛理念。

我也要感謝安卓雅・柯斯特拉（Andrea Costella）與黛柏拉・馬慕（Deborah Malmud）以專業的毅力對這項不尋常計畫的一路呵護。這本書試圖結合深刻的個人經驗與科學分析，而不同於一般著作，我非常感激她們始終支持這項計畫，讓它終於能誕生面世。我在擔任《諾頓人際神經生物學專業系列》（*Norton Professional Series on Interpersonal Neurobiology*）的主編時，就一直跟馬慕合作愉快。多虧有她清晰的思路，我才得以將這項跨學門的新觀點呈現給學術界、專業界，以及一般讀者。

最後，謝謝我的妻子與孩子，他們以永無止盡的耐心，支持我對這本書異想天開的想法與熱情。我深深感激能看到我兩個青春期的孩子愈來愈顯露反思的能力，並持續挑戰我，讓我記得充分地存在生活裡。我從妻子身上學到許多覺照的真諦，慶幸能夠經常與她討論探索這些不斷演變的想法。她的深刻見解是讓覺照大腦的理念活躍於紙上，不可或缺的幕後功臣。

1 心智、大腦與覺察

「心智」的實用定義：「調節能量與資訊流的歷程。」

人類的心智是由身體產生的，同時也會經由人際互動產生，牽涉到人與人之間的能量與資訊流，例如在作家與讀者之間。當我打出這些字句，釋放這股能量與資訊流，而讓你閱讀到這些字句時，這股流動就在影響你與我的心智。甚至當我在想像你會是誰與你可能的反應時，我也同時在改變我大腦與身體中的能量與資訊流。當我們發展出專注於當下經驗與心智本質的特定專注形式時，就能創造出一種特殊的覺察，也就是本書的主題：覺照覺察。

【第1章】

覺照覺察

充分覺察自己的經驗能夠喚醒我們，讓我們看見自己的心智世界，而完全浸淫於生活裡。這本書要談的是我們如何專注於當下，而直接改善身體與大腦的運作，以及包含感受、思考和人際關係的主觀心智生活。

我們在此用「覺照大腦」這個辭彙來表示所謂覺察，也就是用心的「注意或關照」，與心智和大腦之間的互動有密切關係。所謂「覺照」，英文原意包含了各式各樣的定義，從日常生活中常用的「謹記在心或易於察覺」，到我們會加以探索的，在教育上、臨床治療上，以及科學上的特定定義。我將以這項廣泛的定義，來討論科學界對特定的覺照形式，以及個人對當下生活的主觀經驗等相關的新近研究。

在日常生活中尋找心智

從八〇年代中期開始，西方世界愈來愈注意「覺照」。這個概念從此出現在我們日常生活，包括個人生活、兒童在學校的體驗、與病人在心理治療中的經驗等。在這個以科技驅動的文化裡，許多人常處於從事多項活動的忙亂狀態，持續不斷地在「做」什麼，而沒有辦法好好呼吸，只是「存在」。為了適應這樣的生活方式，年輕人習於受到高度的刺激，不斷從一個活動跳到下一個活動，幾乎沒有時間自我反思，或與人有直接且面對面的連結。

許多人發現這樣旋風式的人際關係讓人很不滿足。我們可以適應不斷驅使我們行動的驅力，但是不可能在這麼狂熱激動的世界茁壯。私底下，人人渴望學習能讓自己穩壯的新的存在方式。覺照就是最常見的一種概念，它讓人以新的覺察方式，獲得更有活力的存在方式：與自己同頻。

保羅・葛羅斯曼（Paul Grossman）曾寫道：「口語中所說的『覺照』經常意指在一個明顯需要加以評價的脈絡中，保持留意或關注。例如父母會要孩子『注意禮貌』或『小心說話』，暗示孩子要以文化要求的方式行動。又如『他留意到路況很差，所以開得很慢。』或『人算什麼，你竟顧念他？』（詩篇第八篇第四節）『我保證會隨時留心你的警告。』或『隨時都要將家庭責任放在心上。』這些句子都顯示出『覺照』的重點在於仔細留意，以避免無心的行為造成的後果。」

人類的心智同時是由身體產生的——會運用發生在身體內，包括大腦內的能量與資訊流——

也會經由人際互動產生，牽涉到人與人之間的能量與資訊流，例如在作家與讀者之間。當我打出這些字句，釋放這股能量與資訊流，而讓你閱讀到這些字句時，這股流動就在影響你與我的心智。甚至當我在想像你是誰與你可能的反應時，我也同時在改變大腦與身體中的能量與資訊流。當你吸收這些文字時，你的心智也會再將這股能量與資訊流融入到身體裡。

覺照最常見的意義是喚醒習於自動化反應的心智，並對日常生活經驗中的新鮮事物保持敏感。在覺照覺察的狀態下，我們的心智——也就是這股能量與資訊流——便能進入有意識的注意力中，讓我們能欣賞它的內容，並以新的方式加以調節。我們會看到，覺照覺察並不僅僅是保持覺察，還包括能認知到心智本身的各層面。覺照讓我們清醒，幫助脫離自動化與無心的反應。藉由反思心智本身，我們才能選擇，使改變成爲可能。

集中注意力的方式會直接塑造我們的心智。當我們發展出專注於當下經驗與心理本質的特定專注形式時，就能創造出覺照特殊的覺察，也就是本書的主題：覺照覺察。

科學家研究覺照覺察鍛鍊的某些面向後，發現這些練習能大幅增進身體的機能，包括復原能力、免疫反應、壓力反應，乃至於個人的整體健康感覺都會提升[1]。此外，人際關係也會改善，這或許是因爲我們更有能力感知他人的非語言情緒訊息，以及他人的內在世界（參見附錄二）。因此能夠同理地體驗他人的感覺，理解他人的觀點，而與他人同感。

當我們了解覺照覺察可能會直接形塑大腦中負責人際關係、情感生活與壓力下生理反應的部位，便不難了解爲什麼它能帶來如此多的益處。

覺照除了能帶來這些個人生活上與健康上的益處之外，由艾倫・藍傑（Ellen Langer）提出的「覺照學習」（mindful learning）概念，經證實能使學習更有效，更有趣，帶來更多刺激。這種方式的精髓在於以條件假設的模式提供學習的資料，而非將學習資料視爲絕對的眞理。在這種情況下，學習者必須以「開放的心態」探索新資訊可能適用的脈絡。藍傑認爲，以條件假設的方式學習，目的在於保持健康的不確定心態，促使我們積極注意新的事物。

教育家羅柏・史坦柏格（Robert J. Sternberg）認爲這種教育中的覺照跟認知風格（cognitive style）很類似。有關覺照學習的研究顯示其中包含了對新鮮事物保持開放；對細微區別保持警醒；對脈絡保持敏感；明顯，或至少是隱微地認知到多重觀點；以及專注於當下。在教育情境中帶入這些覺照面向，或許有助於學生在終其一生的學習裡，加深並拓展學習的本質（關於覺照在教育中扮演的角色，請參見第12章）。

不過，藍傑曾提出，她的覺照概念不等同於所謂的冥想鍛鍊中的靜觀，因此我們暫時以「覺照學習」這個限定性的辭彙來指稱。藍傑表示，當我們覺得很確定時，「就不會覺得需要加以注意。但是周圍的世界隨時都在變化，因此這種確定感其實是一種幻覺。」[2]追根究底，這種覺照形式就是有彈性的心理狀態，讓我們可以注意到新事物，對脈絡保持敏感，並積極參與當下。

覺照覺察

當下的直接經驗，是佛教、基督教、印度教、伊斯蘭教、猶太教與道教的教誨中，很根本的部分[3]。從神祕主義基督教[4]的歸心祈禱（centering prayer），到佛教的靜觀冥想[5]等各種宗教傳統，都在認知以外的層面，運用了覺照中覺察當下的概念。

許多文化傳統中的祈禱方式，都是要求一個人暫停下來，刻意連結到一種心理狀態，或超越日常生活模式以外的某種存在。祈禱及更廣泛的宗教信仰，都經證實與壽命增加及身心健康改善有關。歸屬於某個團體與進行祈禱，這兩者經常同時存在，因此很難將內外在歷程分開，但或許這正是重點所在：一個人要能停下來，進入覺照狀態，或許就必須擁有內在的歸屬感。

從佛教傳統衍生出的，臨床上的靜觀冥想運用，一直是科學家在研究覺照覺察相關神經機制時所專注的焦點。這些研究橫跨各種臨床情境，包括治療長期疼痛的生理疾病，到有情緒困擾或焦慮的精神疾病等。而所有研究都一致顯示，我們可以排除任何特定的宗教修行或團體歸屬，單獨教導有效的靜觀冥想。

許多學者都認爲，有將近兩千五百年歷史的佛教修行是一種研究心智本質的方式[6]，而非信仰神明的傳統。「臨床治療者讀到早期的佛教經文時，一定會相信佛陀基本上就是個心理學家。」所以我們確實可能實踐由佛教衍生的冥想，並相信由這個觀點而生的對心智的認知，同時仍維持個人原本在其他宗教的信仰與歸屬。在靜觀冥想練習中，你可以特定方式將心智聚焦，以發展出更強烈的當下覺察，直接減緩生活中的痛苦。

喬・卡巴金一生都致力於將覺照帶入現代醫學的主流中。他認爲：「覺照的一種操作性定義是：在當下刻意集中注意力，不加評斷地專注每一刻所發生的經驗。」[7]這種不加評斷的觀點，在很多方面可以詮釋爲類似「不執著於評斷」，因爲我們的心智似乎會不斷地對現狀加以評估與反應。或許不加評斷的實際感受，就是能夠注意到這些評斷，而設法擺脫。「刻意」則暗示這種狀態必須藉由有意念地專注於當下，才能創造出來。

卡巴金並進一步注意到，這種佛教對覺照的原始觀點，以及有關心智運作的自然法則是：

對心智、情緒、痛苦，以及痛苦的解脫等背後的本質，加以連貫的現象描述。這項描述的基礎是企圖經由覺照覺察，有系統地訓練及培養心智與心靈各面向的高度細緻化的練習。在亞洲的許多語言中，心智（mind）與心靈（heart）都出於相同的「心」字，因此「覺照」還包含了一種關愛的、同情的特質，具備心胸開放的、友善且感興趣的感受。此外我們還必須注意到，覺照跟注意力有關，因此是人類共通的。所有人都可能在任何時刻，有某種程度的覺照。這是人類與生俱來的能力。佛教的貢獻之一是，強調以簡單而有效的方式，來培養並精練這種能力，使其深入生活各個層面。

根本而言，培養覺照存在的鍛鍊都是在幫助個人感知心智運作的深刻本質。很多方式都可以培養覺照覺察，使我們覺察到心智的某項功能，例如思考、感受、對刺激的反應等。例如靜觀冥想，最主要是在訓練注意力，學習不要將心智的活動視爲等於個人本身。另一種培養心理覺察的方法則衍生自佛教的內觀冥想（Vipassana）。我們會在第二部深入探討。

我們在加州大學洛杉磯分校的「正念認知研究中心」（http://www.marc.ucla.edu）中所稱的覺照覺察練習（mindful awareness practices, MAPs），其實出現在各式各樣的活動中。人類在數千年的歷史裡已經發展出許多種覺照覺察練習，包括冥想、瑜伽、太極拳跟氣功等。在這些活動中，練習者都會以非常特定的方式，將心智專注於當下的經驗。

舉例來說，幾乎所有冥想沉思鍛鍊一開始都會以呼吸爲注意焦點，幫助人集中注意力。由於幾乎各種文化的練習都不約而同地使用呼吸這個焦點，因此我們將討論呼吸覺察，對於覺照大腦的整體歷程是否有獨特的重要性。

到了現代，當我們運用覺照這個概念時，通常以傳統的冥想技巧爲基礎，也發展出建立覺照的獨特方法。畢夏普（Bishop）與其同事提出一項很實用的基本觀點：覺照可能包含自我注意力調節的各面向，以及以某些特定方式看待經驗面向，包含：⑴對注意力加以調節，使其維持在即時的經驗上，讓人得以更深刻認知當下的心理事件；⑵以好奇、開放與接納的特定方式面對當下的經驗。而在辯證行爲治療（Dialectic Behavior Therapy）模式中，覺照則被描述爲⑴抱持非評斷的接納，⑵當下即時，並且⑶有效地加以①觀察、留意、刻意覺察，②描述、標示、註記，以及③參與[8]。夏皮洛、卡爾森、奧斯汀與佛瑞曼（Shapiro, Carlson, Austin & Freedman）則描述覺照包含了特定的意念、留意，以及一種態度，能使個人以他們所稱的「再感知」（re-perceiving）方式看待事物。在自我接納與務實改變療法（Acceptance and Commitment Therapy, ACT）中，覺照是：「一整套相關的歷程，可破壞語言網絡的主導性，尤其是在即時或評估性的關係中。這些歷程包含了接納、緩和緊張、接觸當下，以及超越侷限的自我意識等。」[9]（參見第5章）

在現階段的科學研究中，要找出覺照覺察的清楚操作定義，最簡單的方法莫過於以各種覺照鍛鍊者及該領域研究者累積的智慧爲基礎。我們就將以此爲基礎架構，探索覺照覺察是否牽涉到腦部的社會神經回路，而使內在同頻足以促進覺照。

對自己的心理歷程加以反思，是一種「後設認知」歷程，也就是最廣義的對思考加以思考。因此所謂後設覺察，就是對覺察加以覺察。不論是從事瑜伽或歸心祈禱，是每天早上靜坐感知呼吸，還是每天晚上打太極拳，每一種靜觀冥想練習都是在培養對覺察加以覺察的能力。

對覺察的覺察，是我們所稱的覺照反思中的一個面向。因此覺照覺察就包含反思生活的內在本質，反思每一刻即時出現的心理事件。

自動駕駛的生活

「缺乏覺照」地慢跑與「抱持覺照」地慢跑，差別是，在後者的狀態下，我們每一刻都覺察到自己在做什麼。如果我們一邊慢跑，一邊想著今晚要做什麼，或昨天發生了什麼事，那就不是「抱持覺照」地慢跑。心不在焉地做白日夢並沒有什麼不對。事實上，如果我們刻意讓自己做白日夢，並覺察到我們在覺察自己的各種想像，那就是一場覺照的幻想曲，但不會是覺照地慢跑，因爲我們不會覺察到自己的雙腳與前方的小路。

你可以注意到，我們經常是身體在做一件事，同時思緒卻陷入別的事情當中。腦中有神經回路，可以隨時執行這樣的自動化行爲，讓我們同時做好幾件事，例如同時慢跑跟做白日夢。還好我們通常不會因此跌倒或撞上車子。

對有些人來說，這種「自動駕駛」是慣常的生活方式。但是如果大部分的生命裡，我們的注意力都不在當下所做的事情上，最後就會覺得空虛而麻木。當這種自動化思考完全主導我們對世界的主觀感受，生活就會變得重複而沉悶。我們不再像小孩子第一次感受到世界時一樣，體驗到每項經驗的即時感與新鮮感，反而會覺得死氣沉沉，生活有如槁木死灰。靠著自動駕駛生活，我們很可能因此做出反射反應，並引發他人也以缺乏覺照的方式反射反應。這樣一連串地強化缺乏覺照的反應，最後可能導致整個世界的互動都變得欠缺思慮、殘酷，而具有破壞性。

覺照使我們更容易充分體驗當下，並與自己的存在狀態同頻率。當我們覺察到自己的覺察時，也就能更專注地聚焦於當下，而在人生的旅途上更真確地感覺自己的雙腳。我們會投入去感受自我與他人，建立更眞實的連結，對關係有更多反思與體諒。當我們覺察到存在、活著，以及活在當下的美妙經驗時，生命自然更豐富。

我對病人跟學生所描述的覺照，除了在當下對覺察加以反思覺察以外，還包含其他特質，也就是以好奇（curiosity）、開放（openness）、接納（acceptance）跟愛（love），面對每一刻的經驗。這四個特質剛好拼成 COAL 這個字。

請想像一下，一個人撞到自己的腳趾頭時感到的強烈疼痛，可能會說：「我感受到痛。」但是如果在腦袋裡想：「我居然會撞到自己的腳趾頭，眞是白癡！」那麼他所體驗到的心理痛苦，會比僅是腳趾頭傳來的痛楚更大。在這樣不幸的狀況裡，他同樣覺察到痛，卻沒有抱持 COAL 的心態，此時大腦會因爲自責而導致更大的痛苦。增加自己的痛苦，與感受到疼痛卻不痛苦，兩者的差別就在此。

黛安・艾克曼在「心智與當下」聚會中，說了她在日本發生一場意外而差點死亡的經歷。當時她在一座小島上，爲了觀察幾隻罕見的鳥爬下一座懸崖，結果摔了下去，跌斷數根肋骨，連呼吸都很痛苦。她在描述[10]自己如何抱著好奇、開放、接納與愛的心態，去面對當下遭遇的每一刻。這種心態讓她從中學習，獲得支撐下去所需的力量，甚至因此茁壯。

抱著COAL的心態加以覺察，以及只是帶著禁錮心理的成見加以留意——「我不應該撞到自己的腳的，我眞是笨手笨腳」或「我怎麼會掉下懸崖呢？我在搞什麼！」——兩者的差別就會造成天壤之別。這就是覺察與覺照覺察的不同。

要培養覺照覺察，不僅要覺察到自己的覺察，還要留意到這些「由上而下」，認爲凡事應該如何的成見，是如何壓制我們，讓我們無法帶著覺照生活，或和善對待自己。所謂「由上而下」的歷程指的是記憶、信念與情緒，都會形塑「由下而上」的直接感官經驗。而對自己和善，則會讓我們有力量與決心，去突破由上而下的牢籠，以COAL的態度，面對計畫中或意料外的事件。

覺照覺察的研究顯示，我們確實能培養這種對自己的愛。將覺照視爲與自我的關係，或許就能一窺覺照覺察如何幫助我們愛自己。而如果覺照是一種內在同頻，覺照練習當然就能幫助我們成爲自己最好的朋友。同頻是各種關愛關係的核心，包括治療師與病人、愛人、朋友，跟親密的同事之間的關係，都是如此。

我們可以假設，在覺照中，心智會進入一種狀態，而能直接感受當下的經驗，完全接納它們，並和善而尊重地認可它們。這樣的內在同頻就會引發愛，覺照覺察因此能提升我們對自己的愛。

研究顯示，和諧的人際關係有助於延長壽命、獲得身心的健康[11]。我要提出的是，覺照覺察是一種自我關係，一種內在的同頻率，因此能創造出相同的健康狀態。這或許就是覺照之所以有益健康的機制之一。

喬・卡巴金因爲意識到覺照具有強大的力量，在一九七〇年代後期開始一項計畫，嘗試將這些古老的理念運用到現代醫學裡。由於醫院樂見這些病人或許能找到一些慰藉，他因而得以設立了「正念減壓療法」課程（Mindfulness-Based Stress Reduction, MBSR）。

「正念減壓」將古老的覺照練習，介紹給有長期健康問題的病人，包括背痛到乾癬等等。卡巴金與其他同事，包括任教於威斯康辛州立大學麥迪森分校的李察・大衛森，最終證實了「正念減壓」確實有助於減輕主觀的痛苦感覺，增強免疫功能，加快復原速度，滋養人際關係，並增進整體的心理健康感。

「正念減壓」現在已經爲全球數百項醫療計畫所採用，研究證實，確實可提升各類型疾病人口的心理健康、生理健康與人際關係。這些一致的研究結果，加上科學界對覺照覺察練習與日俱增的興趣，自然使得我所處的心理醫療領域也開始融入覺照的精髓，作爲治療心理疾患個案的基礎。

此外，新近的研究也顯示覺照對許多疾患的助益，包括症狀減輕與復發預防等[12]。在認知治療中運用覺照也能幫助預防慢性憂鬱症復發[13]。同樣地，覺照也被用在治療邊緣人格疾患的「對話行爲治療」中（dialogical behavior therapy, DBT）。此外，在自我接納與務實改變療法，覺照原則也是運用現代行爲分析時不可或缺的一環。在最早證實心理治療可以改變大腦運作的研究中，研究人員在強迫症治療中也運用到覺照原則[14]。目前有已經好幾部專業著作檢視覺照與接納在心理治療中的運用，其治療範圍廣泛，包括飲食疾患、焦慮、創傷後壓力症候群及強迫症等[15]。

覺照之所以會帶來臨床上的益處，其背後大致的理念是，接納自我經驗有助於減輕個人對生活的期待與眞實的生活不相符時，而發生的內在衝突[16]。抱持覺照包含了感受當下的狀況，甚至感受自己的評斷，並且留意這些感官感覺、心像、感受跟思緒都是會來來去去的。如果你能抱持COAL心態，一切就會迎刃而解。你不需要追求特定的目標，不需要費力「去除」某個東西，只要刻意地存在，尤其是刻意去體驗當下。

在這種反思的COAL覺照狀態中，就會衍生出我們稱爲「區辨力」（discernment）的重要歷程，也就是讓你能覺察到心智的活動並不等於你整個人。

「區辨」是指不將心智活動等同於身分認同：當你覺察到感官感覺、心像、感受跟思緒時，你會將這些心智活動視爲只是心理海洋表面上的波浪。你可以從心裡深處，覺照覺察的內在開闊空間，僅對於這些來來去去的腦波加以留意。對很多人而言，光是擺脫這些喋喋不休的起伏，辨別它們只是「心智的活動」，就足以帶來徹底的解放。覺照之所以有助於減輕痛苦，區辨力是其核心。

區辨力也會讓我們更有同情心，更思慮周全地與人互動，因爲當我們對自己和善時，才可能對別人和善。才能夠自由地帶著更深刻的連結感與同理心，與別人建立連結。

覺照的教育與心理治療

在抱持覺照的教育與心理治療中，我們會對工作對象有不同的態度。當學生在學習歷程中主動參與，教師也就能成爲探索旅途中的協力探險家。我們帶著 COAL 的態度，同時擁抱知識與不確定。教育者與學習者可以一起面對令人興奮的挑戰，建構知識的骨架，同時擁抱知識的本質，接受知識運用必然要由脈絡決定，以及體會各種微小的區別與新鮮感。

在心理治療中，以類似的方式看待個人，對很多治療師而言都是很新的嘗試。傑曼、席格與佛頓（Germer, Siegel, and Fulton）在共同撰寫一本有關覺照與心理治療的書時，光是爲了用詞就掙扎許久。書中寫到：「整合這本書的挑戰之一是要對使用『案主』（client）或『病人』（patient）哪一詞達成共識。我們這一行對此仍未有定論，我們也是。但在經歷一番探索後，我們決定使用『病人』一詞。就語源學來說，病人指的是『承受病痛的人』，而『案主』則指『讓自己接受照顧者保護的人』。由於英文中『醫生』（doctor）的原意是『導師』，可以說我們是在指導病人，或說『指導承受病痛的人』。這個意義等同於覺照在兩千五百年前最初的意義：教人如何減輕痛苦。」

我們於是決定也在本書中使用這種意義的「病人」一詞。此外，這項討論也讓我們決定探索覺照大腦這個概念如何適用於心理治療與教育這兩個領域。覺照有助於處理各種生理與心理上的壓力與疾病，應可直接改善個人在教室裡與在醫療環境中的經驗。

知名的認知治療師辛德・西格爾（Zindel Segal）、馬克・威廉斯（Mark Williams）與約翰・蒂斯岱（John Teasdale）在探索如何有效治療慢性憂鬱症這項極普遍的疾患時，發現覺照技巧或許大有幫助[17]。他們認爲覺照可成爲注意力技巧訓練中的一環，而帶來助益。接著也發現，治療師的覺照存在更是成爲治療效果的關鍵。他們在參訪了解卡巴金的「正念減壓療法」後，決定大幅扭轉研究重點，最終創造了「以內觀爲基礎的認知治療」（Mindfulness Based Cognitive Therapy, MBCT），成爲最早證明能防止慢性憂鬱症復發的心理療法。他們對於這個轉變的描述非常發人深省：

> 在我們所受的訓練中，當我們面對困難的慢性問題時，應該與病人合作，找出可能是哪些思緒、詮釋與假設，導致或加劇問題，而設法加以解決。我們在發展注意力控制訓練時，也抱著同樣的預期，試圖將覺照技巧安置在基本的治療架構裡。然而，在參訪了正念減壓中心後，我們清楚地意識到，除非改變治療的基本結構，否則在試圖解決最困難的問題，只會找到比問題更複雜的方法。因此我們認為整體治療結構都必須改變，從身為治療師的模式，轉變成身為指導者的模式。這兩者有何不同？身為認知行為治療學派的治療師，我們總覺得有責任幫助病人解決問題，解開他們思考與感受中的結，並

減輕他們的壓力，讓他們持續面對問題，直到化解為止。但是，我們看到正念減壓療法當中的指導者清楚地把責任留給病人自己，他的主要任務是賦予個案權力，讓他們能抱持覺照地，感受自己每一刻的經驗。

當治療師擁抱覺照當中的接納與區辨，便能與病人同行在不確定的人生道路上。同樣地，身為老師的我們也能與學生同行，一起透過創造性的不確定鏡頭來觀看世界，深刻體認到多變的人生中，內在與外在世界不斷變化的風景。

覺照的大腦

唯有探索與覺照相關的大腦中的機制，我們才能看到日常生活中的覺照觀點、教育中的認知覺照概念，以及心理與生理醫療臨床上的反思覺照覺察，三者有何關連。這些不同的「覺照」一詞的使用方法，雖然在實務上截然不同，實際上可能有相同的神經管道。闡明跟「認知覺照」及「反思覺照」相關的神經機制，可能有助於推展科學上的理解，也讓我們得以提出更確切的、可驗證的問題。這類對神經的理解應該有助於我們設計並實踐新的覺照運用方法。此外，揭露覺照與腦部社會神經回路的關係，或許還能讓我們更進一步了解覺照對生理與心理健康的影響。

另一個原因是我們可藉由了解與覺照覺察相關的神經機制，找出覺照覺察所具有的人類共通的特質，讓更多人能夠接納並運用，畢竟人類都有相同的大腦構造。你可以想像，當所有人都能在生活中實踐這種提升健康、加強同理、增強執行注意力、滋養自我同情，又便於實踐、具有彈性的練習時，這世界會是什麼樣子嗎？

在準備探索這些議題之前，我深入感受了兩種不同的理解方式：親身的經驗與科學的實驗。我參加了許多練習，密集而直接地浸淫在覺照覺察中，希望能體會它的力量。這部分的旅程讓我們可以由內而外地觀看覺照的內在面向。第二種理解方式來自科學對覺照覺察的觀點，雖然截然不同，一樣具有同樣強大的力量。

我曾經受邀主持一項由「精神與生命研究所」贊助的夏季研究計畫。該研究所一直在達賴喇嘛的領導下，追求科學與冥想的整合。我所主持的小組是討論覺照的臨床運用，以及如何藉由冥想達成個人性情的徹底轉變。在開始討論之前，我想大致了解一下參與者對基本神經解剖學知道多少，以便調整講述的細節。當我問道：「在座有誰知道大腦如何運作？」與我共同主持的夥伴，也是知名的情緒神經科學（affective neuroscience）研究者李察．大衛森回答：「沒有人知道！」我們發現他的回答極其正確，而哄堂大笑起來。

大腦是個極為複雜的系統，我們確實不完全「知道」它如何運作，或者它的運作究竟是如何與心智的主觀本質相關，更不要說知道覺照覺察是怎麼產生的。但我們確實可以從許多有趣的暗示中看到心智經驗及大腦結構與運作，兩者之間的交互作用。大腦運作與心智生活兩者並不等同。

在探索覺照覺察時，我們必須非常謙卑。以開放的心胸探索與覺照相關的神經活動，將讓我們更清楚相關的歷程，並知道如何在主觀生活中培養這個重要的面向。這些啓發或許還有助於提升我們在生理上、心理上與人際關係上的健康。

有關大腦運作的初步研究已經顯示，覺照或許眞的能改變大腦。爲什麼專注當下會改變大腦？我們集中注意力的方式，有助於激發神經可塑性，也就是使神經連結因應經驗而改變。接下來我們將檢視覺照覺察的各個面向是透過哪些可能的機制，顯現爲腦部活動，並刺激這些區域的連結生長。藉由深入探索直接經驗，我們將了解爲什麼覺照的研究會發現這些傾向左腦或右腦的變化，或影響到大腦整體的整合功能。

人類是首先演化成社會性動物，並在許多之後，才開始反思自己。我們的大腦預設模式中的大部分神經回路都跟了解他人有關[18]。我們最初就是藉由大腦中的社會回路來了解心智本身，了解他人的感受、意圖與態度。因此，如果將覺照覺察視爲培養心智對自我的覺察，很可能也會運用到最初用來覺察他人心智的神經機制。當我們覺察自己的意圖與注意焦點時，便會運用到大腦中過去用來描繪他人意圖與注意力的神經回路。給予孩子安全依附的父母，就是以 COAL 的心態面對孩子。我們因此可以假設，安全依附關係中父母與孩子之間的人際同頻，與覺照覺察中的內在同頻是相似的。這兩種同頻都會使人更容易擁有親密關係、韌性與心理健康（參見第九章）。

安全依附研究與覺照覺察練習的結果衡量指標，兩者有驚人的重疊[19]。我也發現，這兩種看似不同的狀態中出現的許多基本功能，都與前額葉皮質有關，包括了身體系統的調節、情緒的平衡、與他人的同頻、恐懼的調節、反應的彈性，以及自我洞見跟同理心（參見附錄二）。

前額葉區域有高度整合性，意指前額葉中神經元的長端會延伸而接觸到大腦與身體中，距離遙遠且功能分化的各個區域。將各分化部位連結起來的歷程，就是整合的根本定義。我們將在後面討論到，基於許多理由，我們認爲導向心理健康的許多途徑，其背後共通的機制就是整合[20]。

當親子之間有同頻的關係時，孩子會感覺受到照顧者的注意，並在當下獲得安定感。在這樣當下的互動裡，孩子會覺得很舒服，與人連結，而且有人愛。父母清楚看見孩子的內在世界，因此能與孩子的狀態共鳴。這就是同頻。

長時間下來，這種同頻的溝通就會促進孩子發展出腦中的調節回路，包括整合性的前額葉神經連結，這是他在成長過程中韌性的來源。所謂的韌性意味他有能力自我調整，能與他人互動，建立同理的關係。

前額葉的九大功能，也與我後來所知的覺照練習的成果，有相當的重疊。我在一次研討小組會議上，跟卡巴金提出這個想法[21]，他也認同，而且更進一步認爲，這九大功能不僅是經研究證實的成果，也跟覺照生活的歷程有關。

我對於找到依附研究與覺照練習的共通點，感到十分興奮，因此更進一步加以探討。在初次的會談之後，我經由直接的體驗、自己在臨床上的運用，以及用參加者或指導者的身分，浸淫在一連串的避靜或研究計畫中，而對覺照練習有了更深的了解。這趟追尋心智發展與心理健康的旅程，一路走來都充滿驚喜，也讓我大開眼界。

【第2章】

有關大腦的基本知識

神經系統最初發源自胚胎的外胚層，也就是後來會變成皮膚的最外層細胞。這些外層細胞中的特定群集會向內折，形成一個神經管道，也就是脊髓。神經元，也就是大腦基礎細胞，是先源自「外面」，然後再往身體內部發展，這揭露了一個重點，也就是大腦最初是從由身體區隔的內外世界之間的界面開始。在思考覺照大腦時，我們應該隨時謹記著它來自內／外世界的交界。

大腦是遍佈全身各處的神經系統的最上面部分。看到「大腦」這個詞時，務必記得神經分布於全身的特質對我們觀點的影響。完整神經系統的基本架構在子宮中就已經發展完成了。遺傳基因對於神經元如何移動、如何連結，有決定性的影響。事實上，我們有一半的基因會直接或間接影響神經的結構，因此基因對神經發展非常重要。但是當胎兒快要離開子宮時，神經元之間的連結也會開始受到經驗影響。

對神經系統而言，「經驗」就是被刺激引發的神經啓動。當神經元被啓動時，彼此之間就會長出連結，而支援性的細胞跟血管構造也會大量增加。經驗就是經由這種方式影響神經構造。神經元啓動就等同於啓動一道電流，使一股動作電位經由細胞長軸傳送到尾端，並在與其他神經元連接的空間，也就是突觸中，釋放出激發或壓抑的神經傳導素。另一頭的「接收」神經元就會基於此刻刺激或壓抑的傳導素之間平衡的結果，而被激發或不被激發。

平均而言，每個人的腦大約有一千億個神經元，經由一萬個突觸互相連結，而這些連結是由基因創造出來，再受到經驗形塑。先天的構造仍需要後天培養才能發展茁壯。後天的發展與神經的運作，是相輔相成的。

神經可塑性

神經元會在我們經歷經驗時啓動。當神經元啓動時，就會創造出電位，促使生長出新的突觸，或強化現有的突觸，甚至刺激新神經元生長，製造出新的突觸連結，因而改變神經元的連結。大腦之所以能長出新的連結，靠的就是突觸新生（synaptogenesis）跟神經新生（neurogenesis）的能力。而大腦在生長新連結時，必須仰賴基因與經驗來導致神經元連結的改變，所謂「神經可塑性」（neuroplasticity）指的就是神經連結會因經驗而改變。

經驗就是神經的啓動，而神經啓動在某些情形下可能促進基因的啓動，進而導致某些蛋白質產生，使新的突觸形成，或強化已有的突觸。研究也顯示，經驗可能刺激新的神經元生長。所謂神經新生指的就是大腦可能長出新的神經元，甚至在成年人身上也會發生。大腦中沒有特定用途的細胞，也就是神經幹細胞，會經常性地分裂，而分裂後的成品之一會延續幹細胞株，另一個成品，也就是「子細胞」（daughter cell），則可能受到刺激，長成大腦中完全整合的神經元。我們知道在成年人的大腦中，神經新生的現象至少會發生在海馬迴中，而這些子細胞可能在為期數個月的時間內，因受到刺激而生長為有完整功能的，整合於大腦中的神經元[1]。

經驗可以引發大腦結構的改變。這些改變通常發生在極細微的細部結構，例如當我們對記憶產生新聯想時。除非這些變化非常強烈，否則對腦部的掃描也很難實際偵測到。莎拉・拉察等人有關神經結構改變的發現，所看到的是相當大量的神經纖維生長。如果它們確實是受到經驗刺激而產生，重點就是神經的可塑性：顯示以覺照練習反覆啓動特定區域的神經元，會導致該區域的突觸密度大量增加，而支援性細胞與血管的生長也可能有助於提升這些區域的功能與突觸密度。可見覺照覺察這種經驗似乎有助於提升神經可塑性。

當我們以特定方式集中注意力時，就是在啓動大腦的神經回路，並經由啓動強化這些區域的突觸連結。如果將覺照視為跟自我的一種關係，那麼不只會動用注意回路，還會啓動社會回路，我們因此能進一步探討覺照經驗所牽涉的其他大腦面向[2]。

有關大腦因應經驗而變化的研究，還可以參考來自大腦功能造影（例如功能性磁振造影

〔fMRI〕），或電子監視儀器（例如腦電波儀〔EEGs〕或相關測試）的資料。藉由這些科技，我們不只可以看到大腦的物理結構，還可以看到實際運作的情形，而了解神經可塑性帶來的改變是如何導致大腦運作的變化。李察・大衛森發現，在情緒刺激的測試中，某些人的情緒處理功能主要由左半腦前側區域（left anterior）主導，顯示覺照練習能讓人以比較積極的方式來處理情緒。此外，研究也發現，左半腦主導的程度愈強，正面免疫功能也愈強，顯示覺照不僅能幫助我們感覺良好，較快從負面感受中復原，也能實際改善生理健康。

神經可塑性不僅會帶來結構改變，也可能帶來大腦功能、心智經驗（例如感覺與情緒平衡），以及身體狀態（例如壓力反應與免疫功能）的改變。

接下來，我們會檢視心理活動，例如專注於當下，如何能刺激大腦的某些區域變得活躍，而促進生長。這也顯示了心智會利用大腦來改變它自己。我們可以從神經連結的生長，以及心智專注而導致的神經可塑性變化中，了解覺照覺察的鍛鍊與創造心理健康的關係。

你手上的大腦

科學家已能畫出大腦的結構、神經回路的詳盡複雜地圖，以及實際上的大腦掃描影像帶來很大幫助。但是我們在探索覺照大腦時，其實只需要對神經的位置有基本的認識。圖2.1與圖2.2的基礎圖解是很好的開始。

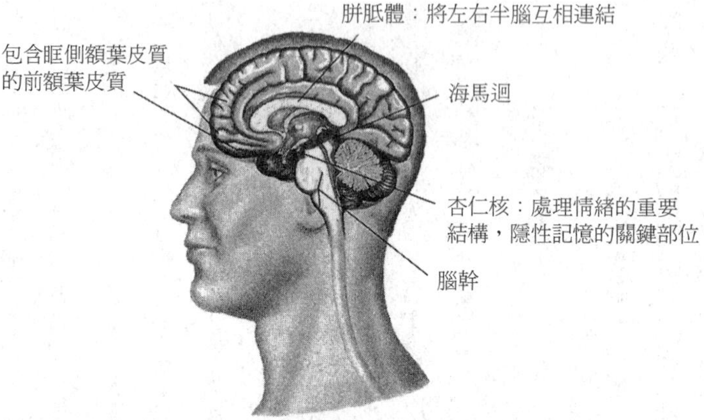

圖 2.1：從中央往右側看的人類大腦圖。腦部的一些主要區域都在此標示出來，包括腦幹、邊緣區域（包括杏仁核、海馬迴、前扣帶皮質）跟大腦皮質。大腦皮質中，包含眶側額葉皮質（orbitofrontal cortex）的前額葉區域，加上前扣帶皮質及其他內側與腹側區域，都屬於我們所稱的「中央前額葉皮質」（Siegel & Hartzell, 2003；授權重製）。

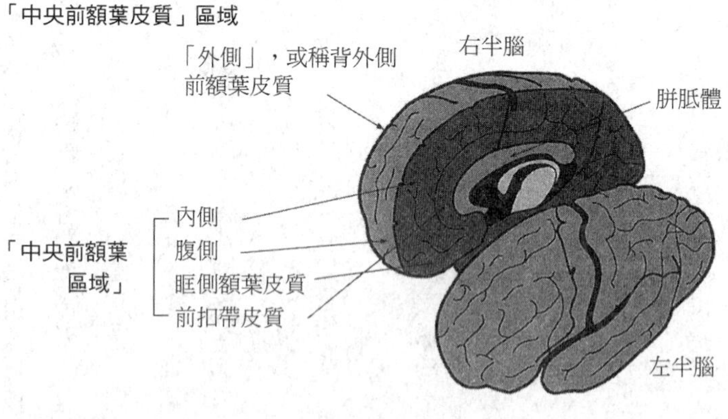

圖 2.2：左、右半腦。這張圖也顯示了「中央前額葉皮質」的位置，其中包含兩邊半腦都有的內側與腹側前額葉皮質、眶側額葉皮質及前扣帶皮質。胼胝體則將兩邊半腦連結起來。

另一個幫助你檢視大腦的便利工具就是手。只要伸出你的手，將拇指放在掌心，用其餘四指蓋在上面，就有了一個垂手可得又相當精確的大腦模型。在這個手部模型上，手腕就代表你背部的脊髓，而手指甲前方就是你的臉，手的上方就是腦的頂端。腦幹就是你的手掌心，邊緣區域則是你的拇指（理想狀況是你手掌左右邊各有一隻拇指），而皮質層則由你彎曲起來的手指代表。

腦幹負責執行一些重要的基本歷程，例如調節心跳、呼吸、警覺與睡眠程度，以及戰鬥—逃跑—凍結反應的各個面向。腦幹在出生時已經發展完整，是腦中演化歷史最古老的區域，有時候也稱爲爬蟲類腦（reptilian brain）。

邊緣區域是在爬蟲類演化爲哺乳類時發展出來的。邊緣區域會牽涉到親子依附（我們與照顧者的連結）、記憶（尤其是將事件處理成爲事實與自傳性記憶）、意義的評估、感覺的產生，以及內在對情緒的覺察。邊緣區域也包含了荷爾蒙分泌的主控者——下視丘（hypothalamus），而會直接影響嚴格意義的身體。

邊緣區域控制內分泌激素，加上大腦經由自律神經系統（包含副交感神經系統控制的煞車與交感神經系統控制的油門）而影響免疫系統，都使大腦與身體緊密連結。大腦皮質下方區域，也就是邊緣區域與腦幹，會共同影響我們的動機性驅力，以及求生、依附與意義等基本需求的啓動。

皮質是腦的最外層部分，這部分在哺乳動物中特別大。皮質讓我們能處理比較複雜的歷程，例如感知、計畫與意圖等。皮質又分成不同的腦葉，各自執行不同的功能，因此可以多種不同方

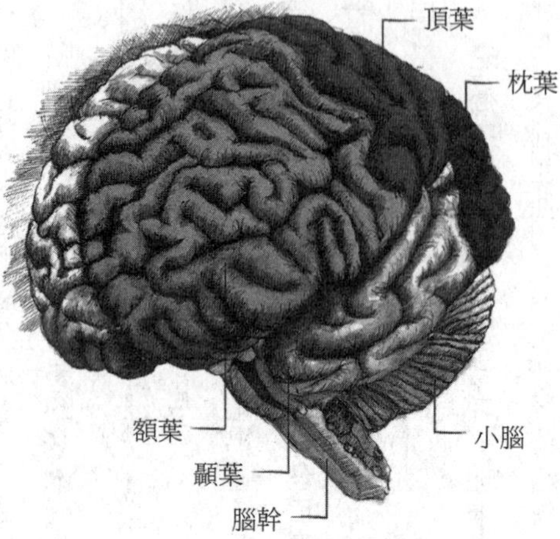

圖 2.3：對大腦的傳統觀點：將皮質層區分為不同的腦葉（Cozolino, 2006；授權重製）

式來描述其複雜能力。皮質層在我們出生時尚未發展完整，可受到經驗影響而大幅改變（圖2.3）。

皮質基本上是厚度爲六層細胞的多重折疊區域，由灰質與白質構成。這一層層的皮質是由垂直排列的一組組「皮質層細胞柱」（cortical columns）構成，而不同群集的皮質層細胞柱經常處理不同的特定模組，例如視覺或聽覺。垂直的細胞柱之間由水平分布的中介神經元（interneuron）互相連結，而能彼此對話，使不同的活動模組（如聽覺、視覺）整合起來，形成「跨模組」的神經啓動。這些分隔區域間的連結創造了最重要的複雜性，也是皮質層最了不起的能力。

大致而言，後方的皮質，也就是從你的第二指關節往後的區域，負責對外界的感知，但嗅覺及對四肢位置的覺察除外。這些後方區域讓人可以經由感知察覺外在的世界。

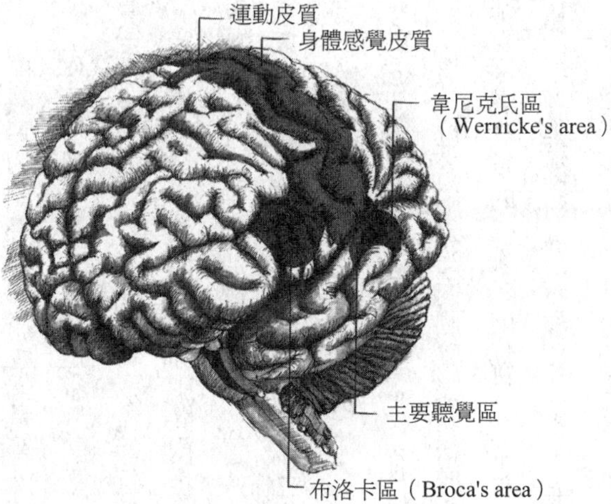

圖 2.4：對大腦的傳統觀點：功能分區（regions of interests. Cozolino, 2006；授權重製）

前方的皮質負責以運動、注意力及思考爲基礎的各種歷程。人類在成爲靈長類時，額葉有大幅的發展。研究顯示，在哺乳動物當中，社會生活程度愈高的，額葉的結構就愈進化。

在你的第二指關節到最上方指關節之間的額葉區域，其中第一區負責執行運動動作，往前的第二區則負責運動的計畫——稱爲運動前區皮質（premotor cortex，圖 2.4）。科學家最初就是在運動前區發現鏡像神經系統（mirror neuron system）。這種系統讓我們能接收到別人的意圖與情緒，並在自己體內創造出同樣的狀態，而形成更大的「共鳴回路」（resonance circuit）的一部分（參見附錄二）。我們將在之後討論，人類社會大腦中的這個共鳴系統可能會在覺照覺察中扮演重要角色。

在運動區與運動前區的更前方，就是前額葉皮質。在人類身上發展程度最高的前額葉區域負責了許多我們認爲是人類獨有的功能。我們還可以不同方式將前額葉皮質劃分成負責不同功能的區域。但目前僅先劃分成兩區：側邊與中央前額葉區域。前額葉皮質的各個區域通常都會協同運作，因此大可視爲一個系統。

前額葉的側邊區域，也就是背外側前額葉皮質（dorsolateral prefrontal cortex, DLPFC），對於處理工作記憶很重要，就像是心靈記事板，可以讓我們把某件事「放在心上」。這個側邊區域也負責一些重要的執行功能，可以調節行爲，並影響當下的注意力流動。

中央區域，也就是從你中間兩隻手指的指甲往上到指關節處，則包含了好幾個互相連結的區域，負責九大中央前額葉功能。這些區域包含眶側額葉皮質、前扣帶皮質（anterior cingulate cortex, ACC）、腹外側前額葉皮質（ventral lateral prefrontal cortex, vlPFC），以及內側前額葉皮質（medial prefrontal cortex, mPFC）。在圖2.5中，眶側額葉皮質與內側前額葉皮質合稱爲「眶內側前額葉皮質」（orbital-medial prefrontal cortex）。從圖2.6中可以看到這個區域與前扣帶皮質緊密相接。

這些位於中央的內側與腹側結構會接收來自整個腦部與嚴格意義的身體的直接訊號，尤其是來自腦島皮質的輸入。腦島是一個管道，負責在外層皮質、內層邊緣區域（杏仁核、海馬迴、下視丘）與身體區域（經由腦幹及脊髓）之間來回傳遞訊息。中央前額葉區域似乎會利用腦島所傳來的，有關情緒與原始身體狀態的資訊，創造出他人心智的表徵，因此中央前額葉區域不僅攸關對自我的觀察，對人際溝通也很重要。這個區域是腦部社會回路中的一個重要核心（參見附錄二）。

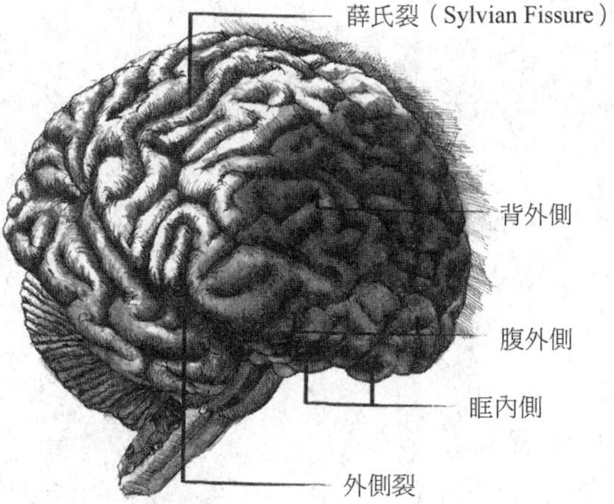

圖 2.5：前額葉皮質分區（Cozolino, 2006；授權重製）

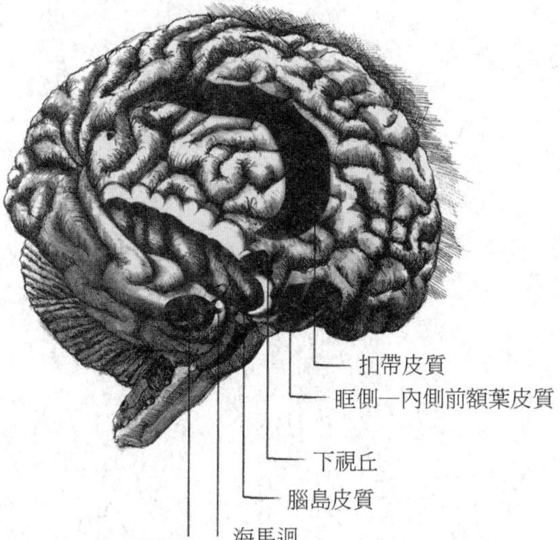

圖 2.6：社會大腦的結構。這張圖中的結構是隱藏在腦的表面之下（Cozolino, 2006；授權重製）。

請注意中央前額葉區域會連結到身體、腦幹、邊緣區域、皮質層跟人際交往歷程，而形成一個功能性的整體。如果你把四隻手指張開來，再蓋回去，就會注意到，由中央兩隻手指代表的中央前額葉區域確實會在構造上碰觸到腦部的所有部位，這就是神經整合的本質：遍佈全身的突觸連結甚至會讓我們與他人彼此連結。

從人際神經生物學的觀點來看，社交生活有助於心理健康，因爲同頻的人際關係會導致神經整合。安全依附中的同頻率似乎會提升神經的整合，使腦部各區域連結起來，創造功能性整體所需的協調與平衡。這些初步的資訊或許足以讓我們假設，覺照覺察也會藉由內在的同頻率，而提升神經整合。

覺察每一刻，讓我們有機會直接意識並接受自己的心智經驗。這種覺察狀態可能會動用到腦部多個區域，包括很重要的額葉皮質層和皮質下方的邊緣與腦幹區域，而使腦部整合成連貫的狀態。由這些額葉區域負責的神經的整合，可能正是促進自我調節的平衡時不可或缺的，因此要隨時謹記這些前額葉區域的功能。

神經整合、覺照與自我調節

我們可以用神經整合這項非常廣泛的概念，來看大腦的功能。在神經科學中，你可以聚焦在極細微的領域，檢視神經元的細胞膜，研究神經傳導素與受器，或探究某些群集的神經元及其緊密相連的鄰近細胞。除了這些重要的微觀觀點以外，我們也可以往外移動，將大腦視爲整個系統來檢視。這種巨觀觀點不僅能讓我們將大腦與身體視爲一個完整的功能性系統，還能更進一步往外檢視，來自某人大腦／身體的訊號如何在人際關係、家庭與社會中，與他人的大腦互動。這也是我們在加州大學洛杉磯分校的「文化、大腦與發展研究中心」（Center for Culture, Brain, and Development at UCLA）的主要工作。

我們必須大量地翻譯，才能兼顧微觀與巨觀觀點的分析。在中心裡，我們必須樂意接受各種研究方法，謙卑而尊重地認同這些不同觀點的價值，才能將拼圖的各個片段組合起來。而從我自己抱持的，兩個心智可以經由同頻率而連結的整體系統觀點來看，大規模的系統連結，也就是神經的整合，是健康人際關係的關鍵。當我們以神經觀點看待人際之間的同頻，並將覺照視爲內在的同頻，很自然也會認爲神經整合可能在覺照狀態中扮演很重要的角色。所謂神經整合，就是在自動化反應或功能上各自分化的神經區域可以交互連結，使遍佈腦部跟嚴格意義的身體各處的區域整合起來。這種交互連結在結構上就是突觸的連接，而在功能上創造出協調與平衡。

神經整合之所以會使大腦功能最優化，可能是因爲這種整合會帶來神經啓動的協調與平衡。協調指的是我們能監督並調整各個不同區域的啓動模式，使其形成一個功能良好的整體。平衡則指互相制衡區域之間相互的啓動、壓抑與反應。

一個很明顯的例子就是，自律神經系統中分別扮演煞車與油門角色的兩個分支之間的平衡。

我們可以看到中央前額葉區域必須監督交感神經與副交感神經這兩種系統的活動輸入的訊息，才能決定如何改變它（壓抑或啓動）。

這就是前額葉九大功能的第一種：「身體調節」的機制。我最初是在一家人看診時擬出下面這張清單。這家人中的母親在車禍中倖存，但是額頭後的腦部受到嚴重創傷，家人則因爲她的個性大變飽受困擾。我希望能幫助他們理解她的經驗，並設法適應新生活，於是求助於基本的大腦研究文獻，試圖回答：哪些功能跟中央前額葉區域的活動有關？請記得，這張清單所列的功能不但包含了安全同頻率依附的成果（頭七項），也包含了我們認定爲內在同頻形式的覺照覺察所能導致的成果：

1. 身體的調節。如前所述，當煞車與油門的功能彼此協調平衡時，就能達成身體的調節。
2. 同頻的溝通，包含協調來自他人心理的輸入資訊，與自己心智的活動。這是一種與中央前額葉皮質區域相關的共鳴歷程。
3. 情緒的平衡。情緒要平衡，則產生感覺的邊緣區域必須有足夠的啓動，爲生命帶來意義與活力；但是也不能過度啓動，而導致混亂。中央前額葉區域有能力監督並抑制邊緣區域的啓動，這必須用到皮質下方邊緣區域與中央前額葉區域之間高度的雙向溝通。
4. 回應的彈性，指的是先暫停一下，再採取行動的能力。這個歷程包括評估持續流入的刺激，延緩反應，從各種可能的回應中加以選擇，然後再採取動作。中央前額葉區域會與側邊區域共同合作來執行這項功能。

5. 同理心的基礎似乎是由共鳴回路引發的內在變化，也就是使邊緣區域與身體因為我們感知到別人的訊號，而產生改變。接下來，中央前額葉區域似乎會對內在感知——皮質下方區域及身體狀態經由腦島傳送到中央前額葉的訊息——加以處理詮釋，而評估結果就會歸因到對方身上，使我們想像對方內心可能經歷什麼，而形成同理。

6. 洞察力，或說自我覺察。這種能力讓你能連結過去、現在與未來。中央前額葉皮質有連結到許多區域的輸入與輸出神經纖維，而在自我覺察方面，則會連結到皮質層中的自傳性記憶的表徵，以及為過去的覺察、人生故事，以及未來心像賦予情緒的，邊緣區域的啓動。

7. 恐懼的調節。中央前額葉皮質可能會分泌一種稱為珈瑪—氨基丁酸（gamma-aminobutyric acid, GABA）的抑制性神經傳導素到下方邊緣區域中跟恐懼有關的部位，例如杏仁核，而藉此調節恐懼。因此我們可能經由邊緣區域學到恐懼，但也可經由這些中央前額葉纖維的生長，學會「擺脫」恐懼（圖2.7）。

8. 直覺似乎牽涉到感知由內臟，例如心臟、肺臟、腸胃等，周圍的資訊處理神經網絡所輸入的資訊。所謂「身體的智慧」，並不只是詩人的比喻，而是一種神經機制，讓我們能經由身體中空洞器官周圍的神經處理歷程，獲得深刻的認知。這些輸入的資訊會為中央前額葉皮質所記錄下來，進而影響到我們的思考與反應。

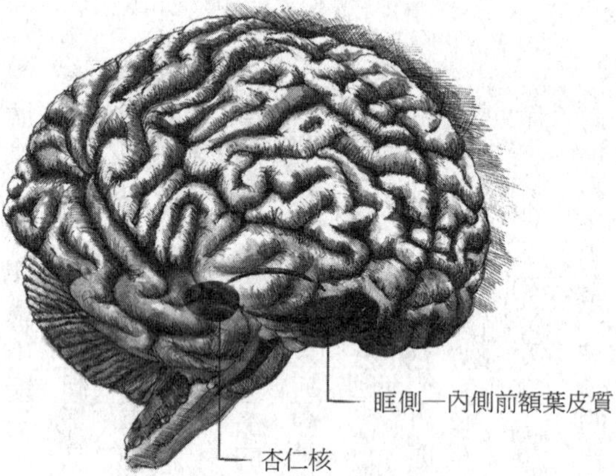

圖 2.7：眶側—內側前額葉皮質與杏仁核的網絡（Cozolino, 2006；授權重製）

9. 道德感。研究顯示，中央前額葉皮質與道德感有關。所謂道德感可以包含考慮大局，即使在單獨一人時，仍能想像對群體最好的做法等。中央前額葉區域受損可能導致道德思考受損，導致某種無道德感。

左與右

我們可以在圖 2.2 中看到大腦分成左右兩邊。在考量左右半腦的區別時，很重要的一點是避免「二元對立」的想法。

在我們演化爲脊椎動物的過程中，神經系統的左右兩邊逐漸發展出不同的功能[3]。這種魚類、青蛙、蜥蜴、鳥類、老鼠與人類都共有的非對稱性，好處可能是藉由更多的分化而達到更複雜的功能。爲什麼左右兩邊，或上下兩邊，應該一樣？前面提過，腦幹跟邊緣區域比皮質層發展得早，它們的不對稱性也促使與左右半腦的皮質層的連結有所不同。這種逐漸發生的結構上的差異，導致左右兩邊半腦的功能產生相關卻又相當強烈的不同。右半腦會先發展，並在生命頭兩年到三年內特別活躍。左半腦大約在滿兩歲時才開始發展。之後，兩邊半腦各自在不同時期經歷大幅的發展。連接兩邊半腦的胼胝體（corpus callosum）也在兩歲後開始大幅發展，一直延續到二十幾歲。

要大致了解兩邊半腦的差異，你可以想像右腦的皮質細胞柱彼此可能有比較多的水平連結，因此當中的表徵歷程會比較「跨模組」，也就是分化的各區之間比較能溝通。這項發現可能有助於我們了解為什麼右半腦似乎比著重細節的左半腦，更擅長看到整體的脈絡與全局。在左半腦，皮質層細胞柱比較各自獨立作業，比較能進行深度的、分析的、專注於問題的、監督細節的、累積事實的歷程。

皮質下方區域會把不同來源的感官資料供給左右半腦，這點也有助於我們了解左右半腦的差異從何而來。我們經常問為什麼男女大不同，因為女性的大腦有比較粗的胼胝體連結左右半腦，能發展出比較高的整合性。男性的大腦相對比較分化，或比較專門化，讓各個區域能夠比較專注地執行自己的工作。我其實有點擔心不該作這樣粗略的歸納，但這確實是科學研究的大致結果。

左半腦的功能比較容易記住，因為它的專長是語言（Linguistics）、線性（Linerity）、邏輯（Logic），以及文字（Literal）的思考。

相對地，右半腦則有下列特徵：非語言、整體、視覺空間，此外還有一大堆互不相關的專長，例如自傳性記憶、全身的整合圖像、原始自發的情緒、一開始的非語言同理反應、壓力調節，並且可單獨決定注意力的轉變。從某些觀點而言，右半腦負責傳達沮喪或不舒服的情緒，因此與迴避新鮮事物有關。左腦則負責傳達比較正面的情感狀態，因此與正面積極的行為有關。覺照覺察之所以能改變情感反應，或許原因之一就是左右半腦之間的協調會影響我們整體的情緒基調。如前面所看到，覺照似乎會使額葉的電流活動集中在左半腦，而導向比較正面積極的狀態。

當各種功能分開之後，大腦就能將它們加以組合成各種連結狀態，而達到更複雜、更有適應力的功能。這就是神經的整合。複雜的大腦系統及心智運作，就是藉由這種方式變得有彈性，創造出新的各種功能的結合。由於左右半腦在實體上分隔開來，在功能上又各自分化，若能將它們整合成一個整體，就有機會達到更有適應性的功能。因此我相信創造力並不是來自其中一邊的半腦，而是來自兩邊半腦的整合。

要覺察來自身體的完整經驗，我們可能需要將右腦的全身整合地圖，連結到外側前額葉皮質的啟動。我們經常在覺照覺察中，將注意力集中在身體功能的某些面向。這個動作所牽涉的不只是由腦島與中央前額葉皮質達成的內在感知，還需要運用到大腦右半邊的全身地圖。在進行覺照練習時，如果我們的心智充滿了左半腦以文字為基礎的喃喃自語，可以想像右腦（身體感官感覺）與左腦（文字—思考）必定會在當下競相爭取有限的注意力。因此在覺照覺察中將注意力轉向身體，可能包含了要讓大腦從文字概念的運作，轉向右腦的非語言影像與感官感覺。

但是如果人生敘述，包括非文字的、由觀察自我而形成的自我敘述，眞的是屬於左半腦的功能，那麼啓動的區域應該包含左半腦的前額葉（主動敘述觀察的執行注意力）、右腦的中央前額葉（內側前額葉中的非語言自我反思與後設覺察），還有負責傳遞內臟周圍神經的資訊的右半腦腦島。這點可以幫助我們理解大衛森與其同事發現的，傾向左腦／積極面對的轉變，以及拉察所發現的，中央前額葉與右腦腦島增厚現象。這些推論都需要實證研究才能確定其眞實性；但是這個例子顯示我們可以利用現有的關於大腦功能的知識（大腦功能單邊性），對現象（覺照覺察）與一般通則（神經整合與心理健康）提出可驗證的假設問題，以加深我們對主觀生命與神經活動的理解。

「大腦」與「心智」

本書用到「大腦」這個詞時，指的都是整合全身神經系統的部位。這會徹底改變我們對於大腦與心智之間關係的想法。因爲心智可以視爲是由身體與人際關係中產生的，因此大腦實際上可以視爲是身體中的社交器官：我們的心智是經由身體中天生設定要接受彼此訊息的神經回路，而互相連結。

在檢視心智——也就是能量與資訊流，以及大腦——也就是神經連結及其複雜的啓動模式，兩者之間的關係時，必須小心一些先入爲主的想法，以免侷限了理解，或使思考有所偏頗。我們必須在認知上保持覺照：開放接收當下的脈絡，擁抱新鮮的感知方式，區辨概念之間細微的差異，並在覺察概念時創造新的思考類別。

神經啓動的時機與位置，與心智活動的時機跟特徵有正相關。如果用功能性造影儀器來觀察一個人在看一張照片時的大腦活動，會看到大腦後方有明顯的活動（神經啓動時，血液流量通常會增加，因此可以在功能性磁振造影中看到，而在腦電波儀上也可以觀察到電流活動）。由此得到的最準確結論是，大腦枕葉的啓動與視覺或空間感知有正相關。

至於爲什麼不直接說是神經活動創造出視覺感知？因爲這樣的因果結論會強化一個錯誤的概念，那就是心智只不過是大腦創造的結果。如果我們在此保持認知上的覺照，就必須開放接受，看照片的動作實際上會創造神經啓動。心智與大腦之間的箭頭是雙向的：心智實際上可以利用大腦來創造它自己。

如果缺乏認知上的覺照，我們就可能忽略了大腦與心智間的雙向性。舉例來說，檢視人類這個物種的演化歷史可以發現，在過去四萬年來，人類已經因爲文化的演變而有很大的改變。所謂文化，指的是意義在個人之間，或在族群的世代之間的傳遞。文化的演變就是這股能量與資訊流長時間下來的模式演變。因此在這段期間，人類這個物種的改變，不是來自由基因驅動的大腦演化，而是來自「心智」的演化，來自我們集體在世代之間傳遞的能量與資訊的變化。

這種觀點也符合現代科學對於心智與大腦之間關係的理解。心智並不「單單」只是大腦的活動；能量與資訊流會發生在身體中的大腦裡，也會發生在人際關係中。我們可以想像心智是與大腦的神經啓動模式同行，而它們行進的方向，取決於這兩者的互相影響。神經活動與心智活動這兩者是交互影響，而「相關」或「連結」的。

人與人之間的關係也會用到能量與資訊流，因此也跟神經啓動模式相關。我們將在後面一再提到大腦、心智與人際關係的交互連結，這同一現實的三個層面。這種觀點能讓我們看到這不可縮減的三個面向之間的「三向」影響。

人際關係會形塑能量與資訊流——就如這些文字此刻會在你的心智發生作用。但是大腦也會直接影響能量與資訊流的調節。此刻你的大腦或許正在啓動某些特定模式，妨礙你專注於文字內容，減損你此刻的覺照覺察。此外，外界也可能發生吸引你注意的事，影響你的能量與資訊流，也就是你的注意力焦點。

覺照覺察的專注當下面向，可能受到人際交流的影響，也可能受到自己腦中的活動影響。實際上，要存在當下，最大的挑戰就是大腦中由上而下的啓動模式。這些不停轟炸我們的神經啓動與心理喃喃自語，都會妨礙我們存在當下。

接下來，我們將深入探索直接經驗與覺照念覺察的本質，暫時將這些有關大腦、心智與人際關係的概念都拋到腦後，任由自己沉浸在內在生命的主觀現實中。

2 浸淫於直接經驗中

我走在石子路上，感覺到赤裸腳底下的石頭。當我提起一隻腳，感覺它在空間中移動時，我也覺察到腳將放下時即將發生的感覺。我再度往前跨，這種感覺變得更明顯。我幾乎可以在腳放下之前，就感受到前面的小石子。我腦中有鏡像神經元這個概念，因此我聽到自己的思緒：「喔，你在跨步前就會先感覺到石頭，這是為未來準備的對記憶的覺察。你的心智感知到這個有意念的行動，因此在為接下來的步驟準備。」

概念本身也有它自己的質地跟感受。甚至認知本身也感覺像是一種突然顯現的歷程，是自然而然地從這三股分流的匯聚中而生，而變成獨立的一股分流。於是我在覺照中感覺、觀察、感知與認知覺察範圍內的一切。

【第3章】

一週的靜默

我正從洛杉磯飛往波士頓，要去參加為期一週的冥想避靜，有些緊張。接下來七天，我將與一百位科學家，在位於麻州的「洞見冥想學會」（Insight Meditation Society）一起靜坐，而這個學會的宗旨便是對覺照與同理進行科學研究。這項活動非常獨特：過去何時有過一百位大多專攻大腦研究的科學家齊聚一堂，一起沉默靜坐一星期，學習「靜觀冥想」？

我知道學會覺照覺察可以大幅改善一個人的身心健康。我們之前在加州大學洛杉磯分校的「正念認知研究中心」才進行過一項為期八週的初步實驗。結果顯示，一般人，包括因基因遺傳而有注意力缺乏／過動疾患的成人與青少年，在學會冥想後，都能大幅降低分心與衝動。然而我並沒有任何冥想的經驗，腦袋經常處於高速運轉狀態，也從來沒有那麼長時間保持沉默過。

身為對大腦運用和人際關係極感興趣的精神科醫師，我十分好奇，在冥想期間，假設應該是陷入沉默的左腦語言處理區域會產生什麼情況。語言是一小捆一小捆的數位資訊，會對自己跟他人傳達我們對於概念現實所形成的模型，也就是我們對世界的想法與看法。它們屬於大腦由上往下，對外界輸入的感官資訊加以排列和理解的裝置之一。

但是接下來我想到詩這種不同的語言使用方式。詩的寫作就是刻意壓抑這樣嚴格階級性的，由上而下的，將原始經驗套到預先設定格子裡的歷程。詩，就像沉默一樣，會創造出記憶與當下的新平衡。我們會透過詩人，以嶄新的眼光看到原本隱藏在日常語言下，此刻卻爲詩句所照亮的全新風景。日常語言可能是一種牢籠，將我們鎖在重複累贅的用字裡，讓感官疲憊麻木，焦點模糊。但是詩人與詩句則能呈現模稜兩可的可能，以陌生的方法重組字句，以新的組合並列感官現實的不同元素，並喚起影像，讓我們以新鮮新奇的方式體驗生命。

或許這一週的沉默，對我也會有同樣的效果。

第一天

我抵達了即將與其他科學家共度一週的「洞見冥想學會」。在簡短的晚餐、參觀、分配日常打掃工作，以及簡介說明後，我們就開始靜默。重點是要完全沉浸在自己的主觀現實中。在工作人員指導下，我們將潛入內心之海。這週要學的冥想形式來自有兩千五百年歷史的佛教修行中的內觀禪修（Vipassana meditation）。

第一天，我們在大廳裡坐下來冥想，一邊聆聽簡短的指示，學習「觀看自己的呼吸」。這種集中注意力的能力，是覺照覺察訓練的第一步。指導者說，每當我們發現注意力不再專注在呼吸上時，只要溫和地將注意力再轉回來就好。就這樣。反覆進行。我鬆了口氣，這會有多難？

但是一整天練習之後，我的信心跌到谷底。我以爲我有指導者所稱的「好的注意力」，事實上，我的心一再拒絕合作，無法像指導者所說的「只要專注在呼吸上就好」。幾分鐘之後，我發現我幾乎在一次呼吸當中，就被拉向許多不同的思緒，就像一隻狗在散步時總爲路上各式各樣的氣味所引誘。

指導者說，這樣不斷分散的路徑其實是心理本身自然的一部分，並建議我們一次只要專注於半個呼吸就好：先吸氣，然後注意呼氣。這有些許幫助，但是我的心思還是不斷往各個方向漫遊。我接收到的是，這種情況有時稱爲「心智的蔓延」（proliferation of the mind），也就是思緒會產生愈來愈多的概念性思緒。當我們發現自己的心爲迷失的思緒所綁架時，解決的方法是平靜地重新專注於呼吸，一再反覆——我覺得自己在那四十五分鐘的靜坐冥想中，至少反覆了一百萬次。

每一次靜坐結束時，會進行大約半小時到一小時的步行冥想。在步行時，我們要專注在腳與小腿、在每一步的感覺。如果發現心思離開了腳步的感覺，就要再把注意力轉回步行上。結果還是一樣：我的心智有它自己的意志，想去哪裡就去哪裡，而不願意去「我」要它去的地方。

一整天下來，指導的內容逐漸擴大。我們了解到，專注於呼吸有助於達成覺照的第一個步驟，就是集中並持續注意力。學會集中及持續注意力，可避免產生組成概念的一連串任意思緒，而妨礙我們眞正體驗感官感覺。他們說，感官感覺是通往直接經驗的大門。當我們可以「只是」經由頭五種感官而看見、聽見、嗅到、品嚐、碰觸，就能進入身在當下的領域。那跟我一邊坐下、行走、坐下、行走，一邊心裡堆塞滿東西時所處之地，相距何止千里。接近自己的感官知覺，似乎是要讓我們學會純粹地體驗，不受到思考的干擾。

第一天感覺怪異又充滿壓力。整天靜默，沒有跟他人溝通，讓我煩亂得快發瘋。我迫切地想跟人連結，但是又不能以語言、手勢、眼神交流，或臉部的認可表情，與任何人溝通，而我覺得大腦的某個部分渴望著伸出手，去碰觸周圍如此多人。我開始跟自己講話，不只在腦袋裡，而是眞的說出來。我甚至跟自己說笑話，然後笑出來。接著我想起維持靜默的最高規則，又趕緊跟自己說：「噓！」規定是不可以跟任何人溝通，但如果是跟自己呢？

在這項練習中，我試著記住在練習開始前告訴自己的話：讓每一次呼吸都是一場冒險。現在我對自己說：「讓每半個呼吸都是一場冒險。」但我是用語言在說這件事，而語言莫名地成了敵人，是那些會繁衍蔓延，不讓我直接體驗感官感覺的概念。我陷入兩難，覺得困惑。我直接感覺到感官感覺，我覺得是，或者我認爲是，但是我也不肯放棄腦中概念化的，以語言爲基礎的對話——總結我的作爲的語言，例如散步或吃蘋果。我心底有個旁白就是不肯放棄：「去啊，試試看只專注於喝豆漿。」我讀著紙盒上的字「豆漿」，這些字就像失去連絡許久的老友跳進眼裡，甚至在我靜坐和行走練習都活躍在心。這讓我覺得我沒有「全心全意地冥想」。或許我太重視知性思考，腦中充滿太多想法跟問題、太多文字跟概念，而沒辦法做到這樣的要求。

第二天

今天有了一點改變。早上五點十五分起床，五點四十五分時開始靜坐冥想。而在頭一個四十五分鐘冥想時段結束時，我很驚訝，時間似乎一下子就過去了。我坐下來，開始觀看自己的半個呼吸，而在不知不覺間，六點三十分吃早餐的鐘就響了。我沒有睡著，仍坐得筆直，頭朝向前方，雙腿在身體下交叉著。之後我到大樓外的森林雪地專注地散步了很長的時間。在某個時刻，我看到一棵高大松樹覆滿雪的一根樹幹，框起了白雪覆蓋山谷的美麗風景，而鄰近一顆巨石上還垂下許多冰柱。令我自己吃驚的是，面對這樣動人的景色與氣味，還有吹在臉上的冷空氣、樹林間的風聲，以及靴子底下積雪的軋吱聲響，淚水突然奪眶而出。但是同樣快速地，我聽到腦袋裡一個聲音說：「有一天你會死去，就再也看不到這一切了。」一狂喜瞬間消逝，頓時心煩意亂。我覺得挫敗氣餒，就像一場思考與感覺的古老戰爭剛在我孤獨的腦中廝殺過。

後來，在簡短的團體聚會中，我把這段經驗描述給老師聽，並詢問他所教導的覺照練習是否有不公平的偏好，似乎感官感覺就比思考，或我們可能做的其他事都好，甚至好過跟彼此說話。為什麼我們應該重視感官感覺勝過思考？一位老師說，我們之後很快就會學到，不帶評斷地接受任何出現在心中的事，從感官感覺到思考。她的指示帶來很大的幫助，讓我覺得直接的感官感覺與概念性的思考，從此不再需要在腦袋裡爭執不休了。或許我可以促成這兩者的休兵；但是我也很訝異這麼簡單的指示就可以讓我的感受有這麼大的變化。

有了這樣的新看法之後，我在晚餐吃蘋果時，體會到非常特殊的經驗。在吃每一頓飯時，事實上，是在正式靜坐和步行冥想以外的所有活動中，都要保持「覺照」，也就是隨時保持清明，充分覺察正在發生的任何事。晚餐後，我決定吃個蘋果當作甜點。我覺得可以自由地同時思考與感覺，因此決定做個實驗，看能不能強化吃蘋果的經驗。我切了一片蘋果，觀看它的質地，觸摸果皮、果肉及兩者相接的邊緣。我嗅聞它的香味，吸入那縈繞不去的香氣。我甚至決定把那片蘋果拿到耳邊，看看它會不會發出聲音（這很荒謬，但是分子會振動，而聲音就是分子振動產生的，試試看又何妨？）不過我只聽到房間裡其他人的聲音，並沒有呼呼旋轉的原子振動耳膜。我把蘋果緩緩放進嘴裡時，聽到嘎吱的清脆聲響，嚐到爆開來的滋味，感覺到一片片碎片抵著我的舌頭與牙齒，以及被壓爛的一片片變得愈來愈小，然後往喉嚨下去，進入食道，再往下到胃裡。

現在我自覺可以自由地容許概念化的思緒浮現，因此容許我的心延伸擴大蘋果進入消化系統，為身體吸收，成為我身體不可分割一部分的整個過程的心像與感官感覺。然後我想到蘋果是從哪裡來的——廚房裡仔細清洗它的人、採買它的人、採下它的那個果園、它所生長的那棵果樹，還有發芽長成那棵果樹的種子。在自由享受這些意象時，我突然意識到自己如此完整，並與萬物成我輕飄飄地走出餐廳，好想跟某個人說話，但是記起要保持靜默。先前一個朋友也在房間裡，但是我們不能說話。我走到外頭，凝望著飄散雲朵的天空中近乎全滿的月亮，我感覺到身邊有個存在，發現朋友也出來了。他要走回去睡覺的地方，但是在我身邊停下了腳步，跟我一起靜默地在星空下站了一會。千言萬語也無法描述我們同在那寂靜中，在月光下共享片刻的感覺。

第三天

今天我跟另一位導師單獨會談。我試著描述吃蘋果的經驗。我說我覺得彷彿有一條河流在創造我的覺察，而冥想練習讓我能夠逆流而上，探訪流進河裡的每一條涓涓細流——其中一條是感官感覺，還有一條是概念思考。這意象讓我比較能自在地接受心智浮現的一切。他回答說，他經常覺得他「終於懂了」，但之後又發現自己的覺察中還有更多新東西可以體驗。他建議我最好不要執著於任何固定的「應該就是這樣」的想法，只要靜觀其變，看會發生什麼就好。

他的回應讓我覺得受到貶抑而氣惱。在這十分鐘的會談過後，我腦中充滿了文字組成的思緒，而使接下來的幾次冥想時間都很難熬。一段艱難的冥想時間感覺就像死路一條。我不但沒因為平靜穩定而感覺到開闊的空間，反而覺得被排擠到外頭，被趕到空間之外。我很容易迷失在思緒裡，而且很難再回到呼吸上。

但是到頭來，那位導師說的是對的。那經驗確實會變得更複雜，而且會不斷改變。不論你經驗過多大的啓發，都無法預料下一次冥想時會有什麼感覺。心智是隨時都在變化的，無法以任何方式加以預料。重點是放棄預期，接受發生的一切。

在團體指導中，我們從接收到訊息是只要觀察呼吸，前進到同時注意聲音及感覺身體。呼吸就像個下錨點，讓你有個起步，而注意聲音則有助於擴大知覺。身體掃描——逐一意識到身體的每一個部分——讓我們能夠刻意敞開覺察，接收到主宰身體的感官感覺。我們只要全心投入對身體或感官的知覺，吸收所出現的一切。

第四天

我們現在要擴大覺察的領域，從專注呼吸，擴大到保持覺照，並接受出現的一切，包括覺照本身。沒有任何事物排除在外。但是這時心智並不是消極地接收。其中有種主動投入的特質，而且不只投入所有被注意的客體，還包括投入覺察本身。只是這種主動的意識不是緊繃的，而是有種流動的、根基穩固的、刻意的特質。

今天的步行冥想練習中，一項非語言的頓悟進入我的覺察：一個人在深刻的覺照中不可能覺得無聊。語言可以描繪出概念，形諸語言的思緒可以形容出非語言的概念，但是像這樣的頓悟感覺比較像是內在觀點的改變，而不是概念性的思緒。

今天還有一項奇怪的改變，彷彿我心中渴望與他人連結的部分已經放棄，而開始往內轉向我自己。我每走一步，心底就湧上一股強烈的覺察，一種過去不存在的與自己的連結。每一刻都不相同，甚至每一步都不相同。我每走一步，都可以感覺到壓力從前腳掌傳到掌心，再傳到腳跟。接著我會感覺到下一步承接了身體的壓力時，雙腿上重量的變化。每一步都是獨一無二的。除了此處沒有其他地方，除了此刻沒有其他時刻。我滿是興奮，在步行冥想中感到飄飄然，彷彿每一刻都充飽了來自我心裡的氦氣。

我想把這種感覺告訴某個人，於是我告訴我自己。

第五天

我們今天都在練習抱持覺照地體驗自己所有的感官知覺、感受、心智活動與心理狀態。其中一項練習是先聚焦在呼吸上，穩定自己，然後移動到更開闊、更延伸、更探索，感覺像「儘管放馬過來」的覺察狀態。會來的就會來。我們聽到的是，有些人會覺得，想像一個思緒、感官感覺或心理狀態，從牆上的一個洞鑽出來，有助於他們注意到這些心智活動，但不會陷入其中。還有些人想像思緒是出現在螢幕上，他們隨時可以關閉或打開。

但這兩種方法都不適合我。我對當下的覺察出現在我的心之眼時，反而像是一座河谷。思緒、感受跟影像像雲朵一樣飄進這座河谷，讓我可以看到它們，加以命名（這是「思緒」，或「感受」，或「意象」），然後就讓它們飄走，飄出我對此刻的覺察之外。有時候一個念頭浮現時，我沒有認知到它出現，而會在一瞬間「陷入思緒中」。這時我與我的思緒之間便無法分割。我不但陷入其中，還會「成爲」這個思緒。在這樣的時刻，我就不在那河谷裡，而是被捲入了雲朵當中。

當我認知到我不在覺察呼吸時，關鍵是不要生氣或沮喪，也不要覺得很失敗，只要留意這個經驗就好。記起老師所說的話也很有幫助：就算一個人花了數十年練習覺照覺察，還是可能經常「陷入思緒中」。因爲人就是如此。但是建立覺照覺察可以幫助你將思緒視爲來來去去的東西，不再被思緒綁架，成爲它的俘虜。

我們也練習一種古老的冥想技巧，試圖培養「慈愛心」（loving kindness）。慈愛心是靜觀冥想的基礎之一，目的是讓我們對天地萬物抱持正面看法，包括對自己及整個世界。首先要專注於自我，然後重複一整套的陳述。以下是莎朗・薩斯柏格所教導的用語：「願我平安不受傷害。願我快樂而擁有寧靜喜悅的心。願我健康而擁有給予我能量的身體。願我身心健康而生活自在。」在心裡描繪自己的影像，有助於加深這些練習。當你在陳述這些用語時，可以將覺察集中在心臟區域，注意吸氣與吐氣時，胸口下方的地方。先練習對自己慈愛，是絕對必要的，因爲如果我們無法對自己有這種感覺，怎麼可能這樣對待別人？

在專注於自我之後，便要練習專注於他人。首先要祈願對我們有恩的人（曾經在生命中支持我們成長茁壯的人）獲得快樂、健康、自在。然後爲朋友祈願，接著爲沒有特殊感覺的人。當你在表達這些願望時，在心中浮現那個人的形象通常會有幫助。接下來的步驟比較困難——對生命中某個「麻煩」的人給予這些祝福，即使我們跟他的關係帶來許多艱難挑戰。接下來的步驟更加困難：對這個人給予及請求原諒：「我請求你原諒我曾經說過或做過的，曾造成傷害或讓你感覺痛苦的任何事。」然後，再以同樣的字句原諒這個人。

我選擇了一位相交多年、最近卻在困惑與敵意中結束友誼的朋友。我在心頭描繪出他的臉，看到了導致兩人決裂的麻煩，然後請求他原諒我們之間發生的事。這很困難，因爲他從來不曾試圖重修舊好。但是這項練習，包括原諒他所做的一切，都讓我有種釋懷的感覺。

我覺得這項練習很令人感動，但是團體裡有好幾個人表示他們很難原諒曾經傷害自己的人。還有些人覺得這整個「後設」或慈愛心的練習讓人很不舒服，有些人甚至不再參加以此爲主題的引導冥想練習。

第六天

我覺得現在好像有三股非常清晰的覺察流匯流到我的意識之河裡。其一是「直接的感官經驗」。這些身體或感官的感覺非常原始而赤裸。走路時，我會感覺到腳跟承受的壓力，接著感到壓力傳遞到前腳掌，重量不平均地傳送到各個腳趾頭，還有我的另一條腿緩緩擺動越過重心，以及身體前傾時臀部的移動，然後是另一邊腳跟碰觸到地面，而原來那隻腳的腳趾頭放鬆地飛起來。

我不是觀察到這些感知，而是直接感覺。當這一切發生的當時，我覺得沒有任何語言可以描述這些感官知覺，沒有任何概念可以用來分析組合。它們只是完完全全的感官感覺——景象與聲音、體內的咕嚕流動、緊繃、壓力。我也很淸楚地認知到第二股覺察流——走路這個念頭的概念之流。我幾乎可以聽到這個念頭在心裡形成幾乎聽不到的這個字——「走路」。但是除此之外，還有另一股流動，我稱之爲「觀察者」——感覺就像從遠方，從頭腦之外，來觀看自己。彷彿我漂浮在我頭頂上的大廳裡，或棲息在我走路的小徑旁的大樹上。

每一道流動——感官知覺、概念與觀察者——似乎都共存在當下的河谷裡。我留意它們，甚至觀察那觀察者。眞的很怪異。在某個時點，我覺得自己彷彿失去了理智，似乎看到我的現實意識就在眼前崩解。又或者我根本還沒找到？我繼續走。一步接著一步。我看著自己的心。我感覺我的腳步。我觀察我的感覺，甚至感覺我的觀察。

除了短暫地跟老師談話以外，我已經將近一星期沒有跟任何人對話。沒有互動，沒有談話，沒有對應交流。身邊圍繞著人，但是我十分遙遠，又十分親近。我每天都打掃大廳的廁所。我一開始很恐懼這項例行公事，但是逐漸樂在其中，甚至會細細品嚐。我在拿著拖把，刷著馬桶，洗著水槽時，感覺到一種連結。一天天過去，我也逐漸期待從淸潔劑、菜瓜布跟抹布上得到同樣的反應。知道這一切當中有某種可預期性，讓人感到安慰。我用力刷，污漬就不見了，有如魔法。但是在當下的，開放的河谷裡，我永遠不知道會出現什麼。

走路的時候，因為需要一個定錨點，所以我試圖為這整件事想一個縮寫記憶法。我知道我們應該對任何有趣的念頭說「現在不用」，或「謝謝，不了」，而不要陷入任何思緒中。但我就是管不了自己。又或者我是在幫自己？一步接著一步，我沒穿鞋的腳像是漂浮在這房間的木頭地板上。一步接一步，我想著：感官感覺（Sensation）。不錯。觀察（Observation）。沒問題。概念（Concept）。很好。這三股覺察流都帶來一種覺察當下的感覺，一種矛盾地沒有語言、沒有概念，沒有感覺的認知。這種認知就像是當下山谷的地底河流，是一種無形的認知（Knowing）。我要怎麼記住這種神奇的頓悟呢？然後我想到這四個字的首字母剛好拼成「SOCK」。沒錯！一隻襪子（sock）正包圍著我的腳掌，而「SOCK」也隨著每一個步伐、每一個時刻，包圍住覺照的靈魂：感官感覺、觀察、概念與認知。

之前我在一段問答時間描述了這三股覺察之流，問自己是不是快瘋了。我說，我覺得當觀察變得太過活躍時，似乎就要摧毀直接的感官經驗，就像概念性思考會做的一樣。「我需要擺脫這個觀察者嗎？」我問。「不用，」老師回答，「重點是平衡。」這我可以接受。事實上，這讓我悠游其中。於是在接下來的步行時間，另一個縮寫法出現了——覺照的「ABCDE」：概念與直接經驗間的一種平衡（A Balance of Concept and Direct Experience）。我的左腦就是不肯放棄。

第七天

這是我們「打破靜默」的一天。大會規劃了三小時的正式討論，接著是閒聊與社交互動的晚餐時間，我想這當中我們不可能覺察到食物的滋味。接下來是入睡前的傍晚靜默冥想，以及明早最後的冥想與討論。首先兩兩討論，而我真是迫不及待想描述我的經驗。我告訴夥伴這些縮寫，而他最喜歡「YODA」（尤達）：經由觀察而擺脫自動反應（You Observe and Decouple Automaticity）。這個縮寫描述的是反思可以喚醒我們，以觀察打斷自動導航，讓我們進入覺照覺察。我們把我的縮寫記憶串起來，笑談「尤達的襪子」（YODA's SOCKs）。覺照可能不只包含感知，還包括有能力認知到覺察本身，能夠觀察自己的體驗等。當我們觀察時，就能脫離喋喋不休的自動反應，以及比較不明顯的，情緒與習慣基模所製造的，讓我們與直接體驗保持距離的過濾網。矛盾的是，觀察似乎是打開直接感覺之門的鑰匙。我們藉由觀察而注意到自己的概念化心理，才能自由而充分地進入當下的河谷裡。

當我們脫離靜默時，奇怪的現象隨即出現，我後來得知這種現象相當常見，不只是出現在科學家身上：一旦這種孤單沉默的狀態結束，瘋狂的感覺隨之而來，像是狂歡派對的氣氛。但是之後再度進入沉默時，我感到意外的輕鬆，而一種開放空曠的心理意識又回來了。當我知道不能對任何人說話時，我可以感覺到我的覺察裡出現一塊空地。這種缺乏接觸會讓我的心獲得解脫，再度變得開放，能夠跟自己連結。靜默帶來某種清明。

那天晚上，當我一星期來頭一次打電話回家時，還是很高興能連結到我的太太和孩子。儘管家裡一切都好，我心裡還是無法停止思考我們的對話、聲音的語氣、該做的事情。整個星期以來，我第一次很難入睡，還醒來數次，想著這星期當中，從我的覺察裡消失不見的各種事情。日常生活的拉力讓我明白，我先前竟沒有覺察到自己的心變得多麼安靜。

我整個星期都在喝熱燙的茶，一點問題也沒有。但是打電話回家，脫離了覺照，回到吵雜瘋狂的文明生活後，我就燙到了舌頭，只因爲想著別的事，沒有充分覺察我正在喝的茶。缺乏了覺照，我們就可能受到干擾，而遭灼傷。

最後一晚，針對我們的體驗與想法的簡短科學討論中，我的頭腦就是無法進入狀況。令我驚訝的是，這些對話感覺起來是如此概念化，而我還無法進入可以重新以那種方式思考的心理框架。最後那晚我在重新進入靜默時，感到滿心歡喜。第二天跟兩個朋友一起搭車去機場途中，我又覺得可以深刻地、緩慢地、不受干擾地進入經驗裡。能將這週的體驗化爲語言，互相分享，讓我覺得很滿足。我覺得彷彿我的心過去都與別人連結的部分，到了這週的中間或後面時，終於將焦點轉向它唯一能接觸到的人：我自己。在描述自己的經驗時，我可以感覺到他們跟我同一頻率，就像我在這週當中覺得跟自己同頻一樣。在我的科學家心智，我想像這是因爲大腦中讓彼此共鳴的社會神經回路，現在聚焦到我自己身上了。這種內在與人際的同頻率帶來了深刻的滿足感。

【第4章】

靜默與覺察流

連同我在內的一百五十個與會者，大部分都是臨床治療師，齊聚在北加州，跟喬・卡巴金及沙奇・桑托雷利（Saki Santorelli）學習他們已經運用超過二十五年的「正念減壓」[1]。為數衆多的研究已經證實了前面所講的，覺照覺察練習確實與免疫功能、心血管、心理功能，以及人際關係改善有關[2]。這段時間我也密集浸淫在覺照裡：一個月內參加兩次爲期一週的靜修營。一切都在沉默中進行，不得與他人有任何互動。

這個星期比較像是實習，多數時間我們都可以交談，除了從明早開始的三十六小時以外。你現在看到的這些語言，就來自於自知在接下來一天半，將被迫進入冬眠的左腦。除了不能說話以外，最好也不要書寫或閱讀，甚至不要跟人有任何互動。

魯米（Rumi）的詩〈旅店〉（Guest House）就掛在牆上，以美妙的文字形容出這幾天內浮現出來的，我對覺照覺察核心的感覺。這首詩的開頭是「人生就是一間旅店」，接下來它敦促我們邀請所有不速之客進入我們的家，歡迎它們，款待它們。每天早上我都讀一遍這些文字，走過兩旁有松林和鹿群的小徑，來到會議廳。在稱爲人生的這趟旅途中，我們在內在與外在，都會遇到許多賓客。

我們在靜思營中討論過「YODA's SOCK」的觀念：藉由觀察以擺脫自動反應，藉此有足夠的距離，而能在心智的門口帶著笑容迎接任何心理歷程。而SOCK則是指感官感覺、觀察、概念等三者之間的平衡，達成非概念化理解（圖4.1）。

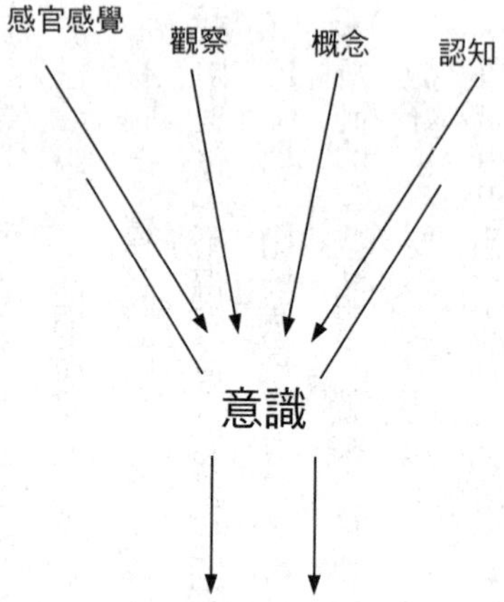

圖 4.1：四股覺察流

如果我們跟浮現的各種心理歷程對抗，就很容易深陷巨大的內在戰鬥，而製造出心智上的痛苦。這也是覺照覺察的矛盾：其核心就是完全的接納。不企圖達到某種結果，反而能脫離痛苦。以下是一個例子，說明這個根本的理念。

我們進行了一連串的練習，來顯露覺照覺察的重要性。我站在房間中央，準備練習瑜伽。老師指示我們以單腳站立。我站在他旁邊，試圖模仿他的動作，好難。我覺得很怪異也很意外，因爲前一天，我才一場演講中做過同樣的練習，還以這個姿勢站立了很久。兩者有什麼差異？

在這個映照對方、模仿對方的經驗裡，我把注意力放在創造他的動作，包括他手臂的角度、他舉起的單腳的高度，甚至是頭的方向。雖然這個姿勢很適合他，但我卻是在進行次級的「由上而下」的歷程驅動的行爲，而沒有準確感知自己的原始平衡需求。前一天，我比較容易與自己同頻，因爲當時沒有別人表演同樣的平衡動作給我模仿。今天我在吸收他的身體動作的同時，就失去了與自己的同頻。試圖配合他，壓制了我感知自己平衡的能力。由此可以看到，即使是一個感知，也可能成爲由上而下的障礙，阻礙我們與自己同頻。

就是這種不平衡，讓我們跟自己疏離，遠離自己的心。我們感知管道裡的由上而下影響扭曲了我們閱讀自己訊號的能力。在這個例子裡，我的覺察需要「完全投入」感官感覺，才能達到內在的同頻。覺察中的四股分流似乎都會影響我們充分存在當下的能力，因此有時我們必須記得邀請自己，完全進入自己這間旅店裡。

覺察分流

我走在石子路上，感覺到赤裸腳底下的石頭。我的覺察裡包含了石頭給予的感官感覺、壓在腳掌心的壓力、我的腿的提起與移動，接著是腳再度落在小石子上等等。此時我開放接納的覺察接收了來感官感覺的第六感，以及對周圍聲音、景象、氣味和碰觸的五種基本感官感覺。

當我提起一隻腳，感覺它在空間中移動時，也覺察到腳將放下時即將發生的感覺。我再度往前跨，感覺更明顯。我幾乎可以在腳放下之前，就感受到前面的小石子。我腦中有鏡像神經元這個概念，因此我聽到自己的思緒：「喔，你在跨步前就會先感覺到石頭，這是爲未來準備的對記憶的覺察。你的心智感知到這個有意念的行動，因此在爲接下來的步驟準備。」因此我是同時感覺到自己的意圖，也以概念方式思考意圖。我也觀察到自己將一個概念與一個感官感覺配對，並經由觀察者「留意」整個歷程——所以我同時觀察到我的意念。這一切使我的覺察像是一種認知，是有穩固根基的模糊意識。但是其中的感官感覺很清晰，觀察似乎很明顯，概念本身也有它自己的質地跟感受。甚至認知本身也感覺像是突然顯現的歷程，是自然而然地從這三股分流的匯聚中而生，變成獨立的一股分流。於是我在覺照中感覺、觀察、感知與認知覺察範圍內的一切。

我在其中突然清晰地意識到，覺照有種「赤裸」或直接的特質，而不限於頭六種來自實際身體的感官感覺。這種接納的覺察有種開闊的特質，能「感謝任何人出現」，並帶著開放的心胸與笑聲，邀請他們進來。我意識到，有時候觀察流會排擠接納的覺察，讓生活感覺疏離，不眞實，失去活力。有些時候概念化則會讓喝水變成只是一個念頭，讓我完全不感覺到清涼的液體流過雙唇之間、舌頭之上，即使我眞的在喝水。我想，應該也有很多人的生活充斥過多的感官感覺，而阻擋了觀察與概念，但是我從來沒有這種情形，即使從外界來看，陷入這種不平衡似乎會帶來許多獎賞，至少有時如此。

難處在於，平衡並不等於同時存在。並不是所有不速之客都必須同時待在旅店裡，但是我們必須培養這種接納的覺察，讓心開闊，才能歡迎每個客人在各自適合的時間到來，好好加以款待。

親身直接的經驗會帶來一種肯定與熟悉的感覺。這種「直接經驗」可能包含感官感覺、觀察、概念化與認知的四個領域。你可能覺得我接下來要寫的這個想法很奇怪，我自己在寫的時候也覺得怪，但是實際上我們可以把這四股分流的任何一種用在另一種上：我可以感受認知，也可以認知感受。或許認知是前面三者平衡後的結果，後面會進一步討論這個可能。

我此刻想起的是，同樣這個月，先前我參加沉默靜思營時，「只是」專注於任何一道分流，都是艱鉅的奮戰。那就發生在這個月嗎？一個月包含了多少個片刻？但只有這一刻是現在，現在也只有這一刻。我之前根本無法只是感覺或觀察，它們會競相爭取某種注意力，就像你回到家時，等著迎接你的小小孩會搶著要跳到你的懷裡，說他今天做了什麼。但是當我可以進入接納的狀態，歡迎這些覺察流全都進來，不論它們以何種形式到來時，似乎就能充分而自由地匯聚在一起。

沉默與意外

爲什麼要保持沉默？因爲靜默會創造難得的機會，讓你暫停下來，墜入寂靜中，與自己親密共處。我們太常有事要做，有地方要去，有人要見。在忙碌的生活裡，我們的心總是塞滿東西、反射性的。但是當我們暫停下來，進入寂靜，踏上與自己心智同頻的旅途，便會進入新的經驗領域，當中每一刻都會帶來意外。

其中一個意外是，心永遠不會「空白」。一項常見而明顯的迷思是，心會在冥想時變成沒有活動的眞空。但心智其實充斥著持續產生的影像、思緒、感受與感知，隨時充滿永不停止的活動。心智就像忙碌的蜜蜂，不斷在神經構成的蜂巢裡到處飛舞。有些人以爲進入靜默狀態後，他們的心智很快就會變得空白，結果卻發現恰恰相反。與一個充滿活動的蜂窩爲鄰已經不容易了，要直接踏進去是難上加難。

但是當靜止狀態讓心「安頓」下來，我們便能覺察到各種心智功能的細部結構。靜止並不同於缺乏活動，而比較像是令人穩定的力量。

另一個意外是，你會體驗到心智活動瞬息萬變的特質。當我們忙於日常生活的柴米油鹽，我們的思考與感受很可能就會接受一種穩定而永恆的表象，忽略背後隱藏的、眞實的、隨時變動的特質。但在靜默中，你就有可能剝開這表面的穩固假象，而看到心智活動如雲霧一般，隨時會蒸發消失的本質。

每個角落都有意外。還有另一項意外是，這些不同的覺察流會混合在一起，創造出當下的覺察的質地。「覺察的特質」（quality of awareness）或「覺察的本質」（nature of awareness）顯示覺察本身也會不斷改變。在我自己的經驗，清晰而直接的覺察似乎會伴隨著一種「匯聚」的歷程產生。我想像在這歷程中，一叢叢啓動的神經似乎會互相共鳴，而創造出互相回應的強化回路。由於這些回路有不斷循環的特質，實際上眞的會不斷呼應彼此共同創造的頻率，因此感覺上這些自我強化歷程就可能造就一個強大的「力量」，而強行進入形成覺察的神經「結構」中。這裡所說的結構是由這些神經啓動所創造出的一種功能。在這種情形下，我們可以直接感受到感官感覺、觀察、思緒或認知。但是覺察本身呢？

如果我們認爲當下的覺察具有模糊的本質，要如何覺察到覺察？我們可以清楚地覺察到覺察的模糊特質嗎？人這個物種之所以被稱爲，也就是認知的、思考的人類，就是因爲我們有後設覺察這樣的後設歷程。身爲人類的我們總是知道自己知道什麼。

意識之河

許多研究都指出，覺照覺察有助於提升生活中許多面向的健康。但是爲什麼？爲什麼「不評斷」地集中注意力於當下，是一件好事？我們前面看過，不評斷可能意味著不要執著於來自皮質層的，由上而下的歷程所製造出的評斷。從很多方面看來，脫離這種自動化就是「清醒過來」，眞正擁有自己人生的關鍵。

我們可以在視覺上，把覺照覺察想像成心智覺察輪的中樞，是開放開闊的，可以容許輪框上的任何元素進入意識經驗，但是不會讓它取代覺察（圖4.2）。輪框上的任何元素都可以直接感受到（基本感官提供的感覺經驗），被觀察，被概念化，然後被認知。這四股匯入意識，進入心智中樞的覺察流就能讓我們對每件事加以反思覺察，例如對某個情緒反應、某段記憶（第七感）、腹中的緊繃感、胸口的沉重感（第六感），或一個景象、聲響、味道、觸覺或嗅覺（五官感覺）。我們甚至可能經由與自己或他人連結的第八感，而感知到彼此的關係。

我們經常是透過這些覺察流（感官感覺、觀察、概念化、認知），篩選決定讓覺察輪框上的哪些點（七種感官感覺，甚至第八感），進入直接意識，而覺察到自己的經驗。有時候覺察會被頭三種覺察流主導：感官感覺、觀察跟概念化，有時候則很平衡，認知能隨之浮現。所以或許這四重奏在篩選資料進入心

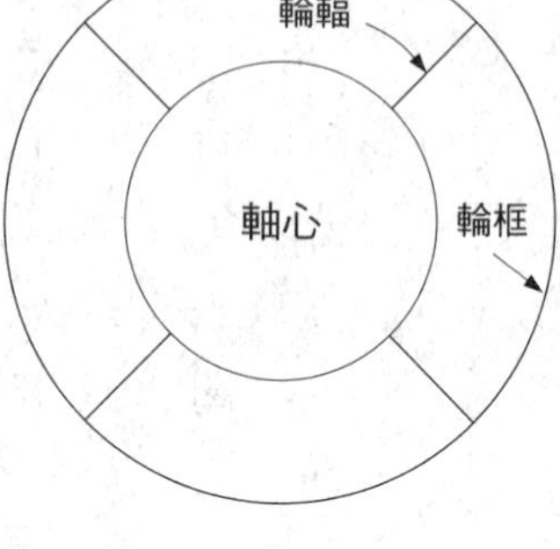

圖 4.2：覺察輪

智的接納軸心時，彼此間的平衡就能決定「覺察的特質」（圖4.3）。

當我們運用身體時，六種感官感覺可能居於主導地位。在當下，覺察會被身體輸入的資訊，被感官感覺的浪潮充滿，完全不受語言限制。如果我們完全沉浸在對一幅景象的視覺感覺裡，就可能陷入那視覺美景中，而不會對所見之物形成概念。相反地，視覺輸入也可能被輕易概念化，忙碌的皮質層模式探測器可能會忙著將此刻看到的景象，與過去見過數十次的景象「交叉比對」，而這種歷程讓我們很難「見樹就是樹」。同樣地，左腦皮質層比對者也會試著將視覺輸入資訊配上語言表徵，將看到的景物加以分類及標示。這種類型化歷程也會讓我們遠離頭五種感官的直接感覺。我們也可以「感覺」到思緒，但那跟感覺一棵樹並不相同。此時概念會主導流入意識的覺

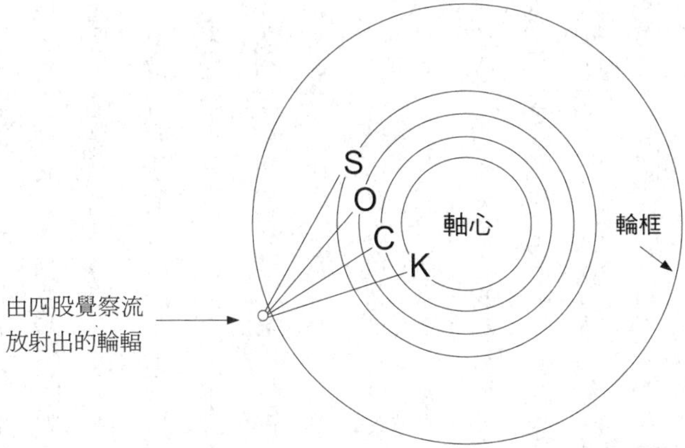

圖 4.3：感官感覺、觀察、概念與認知（SOCK），這四股覺察流會過濾進入心智軸心的資訊流。

察流，「樹」變成只是一個類別，而非一種感覺。

這四股覺察流的平衡似乎是覺照覺察的要素。有些人會強調感官感覺，但是我到目前爲止的親身經驗讓我認爲，這四股分流都有助於覺照的清晰與穩定。

自我與痛苦

我們可能會質疑，赤裸的覺察究竟在「哪裡」？有人認爲，它在哪裡並不重要，對個人而言，最重要的是，那經驗是「什麼」。這種對主觀經驗的重視提醒了我們，即使在假定「覺照的大腦」具有某些特質時，還是要小心，不能將科學、神經生物學，或其他任何科學學門的論述視爲是具體的事物。

但是了解大腦還是可以幫助我們釐清一些向內的觀察與感官感覺，讓我們在加以概念化時，至少與各個科學學門的研究相符。但這只是表示科學與主觀經驗並不相同，不是說科學比較偉大。

以下我將簡短總結有關壓力與痛苦，以及覺照覺察練習如何降低這兩者的大致概念。這個概念是我汲取自直接經驗與現有科學文獻，並經由我腦中的人際神經科學鏡片所過濾出來的。我認為，當心理緊抓住預先設定的想法時，便會製造出「實際情況」與「應該情況」之間的緊張。這種緊張便會導致壓力與痛苦。

而覺照覺察扮演的角色就是讓心智能夠「區辨」出心智自身的本質，讓個人領悟到，我們的思考與反思回應中其實嵌入了許多預先設定的想法及情緒反應，因而製造出內在的壓力。當我們不認為這些思緒跟情緒等同自己，領悟到心智活動並不等於「自我」，也非永久不變時，它們就會如水煮沸時的泡泡一樣，出現後隨即消失。

之後留下來的就是感官感覺的精髓，而非囚禁我們的概念。當然，並非所有思考與習慣性情緒都是由上而下的心理事件，但在這個模型裡，我們指的是那些會製造外來痛苦的思考與習慣情緒反應，也就是我們的心緊抓著概念與自動化反應，而遠離了直接感官經驗，所製造出來的心理痛苦。當我們只生活在自己的想法與預先塑造的情緒裡時，概念與感知過濾器便會使覺察變得遲鈍模糊，並由此組織我們的世界觀。但是清醒接觸感官經驗，不僅可以使生活充滿活力，也讓我們得以直接感受每一刻經驗的本質。思考與情緒只要不會毀掉感官的覺察，其實都是好的。我終於明白，重點在於平衡，而不是讓任何一者獨裁專制。

所以感官感覺在日常生活中扮演的功能是喚醒我們，讓我們脫離自動化反應，使覺察更銳利，生活更豐富，更存在當下。清醒後的成果就是我們在生活中更能接納事物的眞實樣子。外在世界中（頭五種感官）、身體中（第六感），以及自我跟他人心智的世界中（第七感）的同頻率會帶來共鳴的特質，同時帶來連貫性與穩定性。覺照中的同頻，就是感受事物原本的樣子，讓「活著」的自我，與「覺察」的自我，以及「感覺被自己感覺」的自我，直接而清晰地共鳴。我們可以經由所謂的第八感，感受到這種連貫的同頻狀態。

當橫跨時間的整合系統形成時，有彈性的、有適應力的、連貫的、充滿活力，而且穩定的（flexible, adaptive, coherent, energized, stable, FACES）「FACES」之流，或許就是心理健康所需的整合狀態。

同頻的歷程是將不同的元素帶入一個共鳴的整體中。當我們在覺照中，抱著COAL的態度，積極面對事物本來的樣子，就會獲得內在的同頻。這種共鳴狀態讓自我達到FACES之流，擁抱出現的一切。當整合形成時，同頻就會自然出現。

擁有不執著評斷的對當下的覺察，我們就能達到跨越物理、身體與心智三個現實層面的內在同頻。這種內在同頻會帶來共鳴的FACES狀態，使覺察更加清晰，使注意力焦點中的一切元素更加穩定。生命會變得更有活力，更清晰。覺照覺察不但會讓人感覺良好，實際上也有益於個人整體的生活，以及個人跟世界及他人的人際關係。

當我們的反思覺察褪去由上而下的偏見時，感官感覺、觀察，以及概念化的三股覺察流就會

的客體就等於自己。這種由觀察而生的區辨力，就是覺照覺察。所謂的「心流」（flow）是無自我意識地浸淫在感官經驗中，因此兩者的差別就是區辨力。在心流中，我們會浸淫在感官感覺或思緒中，讓自己消失在這股自主的流動中。有時候這是一件好事，例如在吃東西、做愛、散步，或思索一個問題時。但是在日常生活中，這四股覺察流互相平衡才是覺照生活的核心。當我們在臨床上幫助病人減輕痛苦時，可能還需要盡量放大觀察能力，以便瓦解自動化反應（YODA），使療癒的過程得以開始。

舉例來說，專注於四肢中某處的疼痛，可能幫助我們接近感官感覺，超越預先設定的想法（例如「我不應該覺得痛」）。但是如果缺少了強大的觀察，即使概念化的思考減少了，疼痛仍舊可能很強烈。感官感覺本身無法提供任何解脫，對感官感覺的覺照覺察才能帶來改變。當我們專注於疼痛，並同時啓動觀察時，接納一切的心智軸心才能辨識出疼痛所具有的短暫的，或許也是無可避免的本質。甚至「我不應該感到疼痛」的想法也會受到檢視，而像泡泡一樣消失無蹤。

壓力與痛苦，一生中都會不斷出現。但有了覺照覺察，就有新的機會來重新塑造痛苦，同時不逃避感官經驗。沒有任何覺察會遭刻意排拒，所有客人都會受到歡迎。當一個預先設定的想法出現在門口時，它會被看見、觀察、思考、指認出。例如在我寫作的當下，四股覺察流似乎都匯聚到我的覺察裡，來到心中那接納一切的軸心。

現在分詞

這次的沉默時間只有三十六小時。我不斷提醒自己不要比較，不要去想前不久才參加過的避靜。但是那時學到的東西仍會影響我的經驗——「YODA」的「SOCK」持續過濾我當下的覺察。我無法抵抗，只能從善如流。我試著說「現在先暫停」，但沒什麼用，只能任由思緒流動。

第一天早上的冥想中，所有人一起靜坐了四十五分鐘，感覺很短。我進入一種特殊的覺察中，不但時間似乎消失了，我與身體的連結，以及與外界感官感覺的連結——包括聲音、閉上的眼睛透進的光——也脫離了我。我彷彿毫無重量地懸浮在半空中，不屬於任何事或任何人。鈴聲響起，有人宣佈接下來是步行冥想時間。但我無法移動，或者就是沒有移動。我擔心其他人或許會覺得我很傲慢，不遵從指示，卻又意識到他們會莫名地了解我正處於「毫無選擇的覺察」中，平常都存在覺察中的自我意識消失了，融化了，不重要也不存在了。我留意到自己擔憂別人忌妒，而按照之前那次避靜時老師的建議，只是溫和地記下「忌妒思緒編號一」，然後它就漂浮到遠處去了，沒有完全消失，但也不是那麼重要了。

我在感官感覺中觀察到這種「無我」的感覺。我知道這聽起來很奇怪。如果不是經歷將近三十年前的事件，「我」也會覺得這整件事聽起來很詭異。那時我在墨西哥被一匹馬拖行後，有一整天完全失去自我身分認同，而完全進入平常由上而下的「我」的意識之下，一種不同的認知方式裡。足足一整天，我經歷了「暫時的全面性失憶」，感覺像是感官感覺完全飽滿，但是身分認同完全消失。後來身分認同回來了，但是我始終不曾忘記所謂的身分認同其實可以多麼「輕盈」。這樣充滿強烈感官感覺，卻沒有個人認同框架的一天徹底改變了我的觀點。

但是這次的經驗在質地上有些不同，因爲連感官感覺似乎都不再依附著「我」。在墨西哥時，我有「我」的感覺，只有在當下的我。那一天裡，我無法得到任何來自過去的我。但此刻的感覺是，所有發生的一切都是現在進行式，聽著、坐著、呼吸著、覺察著。我一直坐在那裡，直到其他人散步回來，同時覺察到編號二的擔憂忌妒思緒。但這思緒只被記下，就隨即飄散。我們又靜坐了一段時間，而當我感覺鈴聲在幾秒鐘後再度響起時，已經過了三十分鐘。我又靜坐了一個半小時，沒有移動分毫。我進入一種無邊無際的意識裡。

無我的覺察

在這個避靜營隊裡，他們稱這種「無我」的狀態是「無選擇的覺察」。而在我的經驗裡，那感覺比較像是無自我的覺察。所有經驗都只在當下發生，如卡巴金所說，是進行中、發生中、存在中、浮現中的現在進行分詞。「這種身爲人的存在」，在空間上，確實感覺像是一間旅店，讓我能邀請所出現的一切帶著各自奇妙的質地進入，甚至包括憂慮在內。

在這次靜坐跟用完早餐之後的一整天，我發現自己不斷覺察到思緒、預設概念跟邏輯的轟炸，進入完全不同於這種無我或無選擇覺察的觀察流中。我於是嘗試，當我結合感官感覺、觀察、概念建構，甚至是非概念認知，這環繞心智軸心的各個同心圓如何組成不同的反思狀態（參見圖4.3）？覺照覺察中的接納就跟無我覺察（Selfless Awareness）一樣嗎？這種無選擇實際上是主動的接納嗎？透過觀察的鏡頭，觀察者跟被觀察物之間的距離是否會創造出開闊的自由，而使我們獲得選擇，脫離自動反應？好多的概念化思考！

在我的腦海裡，我還不只是形諸語言而已，甚至描繪出這整個架構的大腦圖像。我的左右腦火力全開。我可以看到中央前額葉區域阻斷由上而下的流動，而選擇專注於感官感覺。這讓我覺得自己彷彿能在當下的河谷裡逆流而上，從意識河流一路追溯到感官感覺的源頭（參見圖4.1）。

我也可以稍稍涉入概念建構的分流中，覺察到構成內在對話與影像的思緒和心像，探索心智表徵的世界。這股分流可以被直接感受到，也就是所謂第七感。但是它跟覺察有不同的特質、不同的質地，感覺很眞實，卻又與河谷外的世界緊密交織，充滿錯綜複雜的聯想。

我再從感官感覺與概念建構的分流中後退一步，而進入觀察，變成當下的叙述者。我想到我正利用覺照覺察練習加以治療的青少年病人。他的憂鬱症症狀已經大幅降低，並不需要藥物治療。是因爲他的觀察能力提升？還是他的無我覺察提升？在我自己的觀察流中，我覺得那強大的力量是來自遠離自我與自我觀察，而非缺乏自我意識的覺察形態。之後跟老師討論後，他也認爲發展觀察或見證的覺察，確實能幫助有情緒疾患者大幅緩解症狀。「以內觀爲基礎的認知療法」便是利用這個方法，有效防止慢性憂鬱症個案復發[3]。

這點很令人安心，因爲對剛接觸覺照覺察的一般人而言，發展觀察能力，似乎比擁抱無我的感覺，更有直接的幫助。至少在一開始，要求他們做到或甚至只是想像這種無我意識，都太過困難。「你願意現在就體驗看看，定義自己的自我意識完全改觀嗎？」答案大概都是否定的。

回到靜默中時，我發現我很珍惜跟自己的親密。我知道這只是第二次避靜，但是我可以感覺到，我將會渴望將來經常空出一段時間，來眞正了解自己。

同頻率的時刻

奇妙的改變發生了。這一次，觀察反而可以加深覺察，而不是像上次那樣，與直接的感官感覺對抗。在那一整天裡，在傍晚的冥想中，我任由自己玩耍：我思考，我感受，我讓自己歡迎出現的一切，盡情探索自己的心。我先從身體開始，注意到胸口沉重的感覺，而選擇以探詢、好奇，而充滿活力的態度加以追蹤。我想開放接納出現的一切，並以專注、平靜、沉穩爲指導原則。前一次的避靜教導我們清醒的心智包含七個元素，最後三個就如上所述，另外四個則是：覺照、探究、活力，以及對新發現感到狂喜。

我直接感受胸口的沉重，而不只是經由觀察。我涉入感官感覺的分流，感覺自己的臉沉重。淚水開始在眼裡形成，突然之間，又或許是經過一段時間，我感覺到肚子痛，然後開始啜泣。我讓啜泣持續，觀察它，感受它，對它保持好奇。我仔細過濾自己的心智，以感官感覺爲基礎，開始探索心像、感受跟思緒。母親的影像浮現我心頭，伴隨著恐懼與哀傷的感受。我想到她下星期要接受的手術，感受到小時候照顧我的那個母親，也想到她的手術可能帶來的併發症，同時我也由啜泣逐漸轉成空洞地瞪著前方。

我循著關於母親的思緒，刻意深入探索這思緒在這時刻對我而言是什麼意義。我的心智前景中，浮現了母親跟我的照片的校樣。我哭得更厲害。所有的親密，所有的距離、煩惱與哀傷，以及現在長大成人後仍舊留存的眷戀渴望，全都以非概念的形式充滿在我的認知中。我只是感受它們，理解它們——不只是感官感覺而已，而是意識、觀察與思緒，全都被去蕪存菁到只剩感官源頭，是一種純粹的對我的內在精髓的理解。我告訴自己，萬一發生什麼併發症，我必須準備好跟她道別，所以我做出概念化的決定，要在手術前去看她，並在手術進行時陪伴父親。

我繼續散步，啜泣也逐漸停止。我的身體變得輕巧，胸口的沉重感消失，取而代之的是輕盈的存在感、深入的呼吸跟腹中自由的感覺。我會清醒地面對這段時間，不論發生什麼事，都準備好充分存在當下。

我不知道無我覺察跟非概念認知有什麼關係。這兩者感覺非常不同。我在此刻「認知」到我對母親的擔憂、失去摯愛的哀傷，以及生死的傷痛。但是我看著這個句子，「我」「認知」這兩個字眼明顯地就在其中。在無我覺察的狀態中，感受是截然不同的。那是一種深刻寧靜的漂浮狀態，覺察就像空中的雲朵，隨時會出現或消失，沒有任何定著點。但在非概念理解中，則有明確在認知的「我」。重點是，這一切都是「眞實」的。失去自己意識，縮小自我認同與自我，以及擁有「我」的焦點，創造出「我」跟「我的」意識，這兩者並沒有優劣之分。這都是很好的狀態，只要能互相平衡。

因此在那一刻，我甜美地感受到匯入意識河川的四股覺察流。這四股覺察流可能都環繞著覺察輪的中樞，隨時在篩選引導我們當下的經驗（參見圖4.2）。我想，即使在純粹的接納狀態中，我們也可以感受到任何一股分流居於優勢。而在那種情況下，包含缺少自我的接納狀態，也是經驗的一部分。認知者、認知，以及被認知者，在那樣「昇華」的狀態（transpirational state）中，都成爲一體。我們在昇華狀態中會超越所有面向，整合出與萬事萬物互相連結的深刻意識。這種歸屬感會持續存在，讓生活感覺輕盈，讓我們稱之爲「自我」的經驗變得如雲朵般無足輕重。我們不需要把以身體定義的自我看得太嚴重，而且可以把甜美的每一刻都接收進來。

結束三十六小時的靜默後，我們先跟一個夥伴互相講述經驗。我首先開口：「我叫丹尼。」她則說：「我叫芭芭拉。」我們又回到了有個人身分的世界。兩兩成對夥伴中的一人，總共七十五個人，同時開始低聲說話，用言語敘述自己的故事，盡可能地將那個非語言的世界翻譯成極有限的語言的包裹。

那天早上，幾項團體練習具體呈現了心智的覺察。首先一百五十個人同時任意快速地走動，居然沒有人撞到一起。我們之間的空間形塑了我們的經驗，就像音符之間的空間會決定這旋律是爵士或搖滾，是經典或垃圾。接下來的練習則是慢慢地倒退走，每一次碰到別人，就要稍微靠向對方一下，然後繼續走。就像第一個練習代表的散漫敘述性思緒一樣，這裡代表的則是覺察流的碰撞。最後所有人全都背對著房間的幾何中心，慢慢地倒退走回中心。當然，到最後我們像蜜蜂般擠在一起，被包圍起來，無處而去，只能待在原地。當我們必須分散開時，我突然覺得哀傷，我領悟到我們之間的連結，也領悟到我們在成長過程中學會了以各自分離的方式生活，被蒙蔽在愛因斯坦所貼切比喻的，各自分離的幻覺中。那種幻覺在當下消散了，讓我渴望再度擁抱萬物一體的眞理。

3 覺照大腦的各面向

接納、自我觀察與反身覺察，這些反思的特質都是覺照覺察的一部分，而且不可能隨意出現，必須經由刻意的意念才能達到。覺照是在當下，「刻意」運用注意力的一種方式。雖然我們也可能有不針對特定目標的接納性，一種不刻意驅使的注意形式，但是覺照的存在方式確實充滿了意念。

這種有目的的反思狀態並不只是被動地觀察或記錄覺察經驗，而是可能改變覺察本身的流動。因此接納、觀察與反身覺察都可能是覺照覺察中改變的因素。

【第5章】

主觀與科學

我們現在要轉向第三人觀點的「客觀」科學。前面探索了一個人的直接內在經驗，現在要將這些第一手敘述，結合不同科學領域的研究，尤其是大腦的研究，以加深我們的理解。

之所以要加上這些遠離親身經驗的概念，是因爲概念可以讓我們看到跨越衆多人的重要模式。這些見解不是經由一兩個人敘述自己的親身經驗，就可以顯露出來的。科學能擴大視野，但不會取代個人敘述與親身認知所具有的力量。

羅傑・華許（Roger Walsh）的重要研究[1]顯示「意識的鍛鍊」（consciousness disciplines），例如冥想，能讓我們有機會藉由實際的經驗，獲得超越知性理解的知識，而擴大自己的理解。專注於親身經驗的鍛鍊，讓我們得知意識包含了各種變化，同時可以是內觀探索的客體，也能經由密集訓練而大幅擴展。意識的鍛鍊是承認語言跟抽象思考的侷限，而將理解奠基在直接的經驗上。

我們將從科學觀點深入了解如何體驗覺照，創造自我意識與感受時間。

對主觀性的研究

我們首先要藉由檢視一項研究，來了解科學與主觀的關係。這項研究結合了五種評估覺照主觀經驗的獨立問卷，作者表示，這種方法讓他們得以了解科學家對覺照的廣泛概念，以便從中檢視覺照是否具有一個核心面向，還是包含許多不同層面。研究者將這五種評估方式放在一起，並請相當人數的大學生接受測試，以回答上述問題，並藉此探究整體的回應模式。

問卷包括「覺照注意覺察量表」（Mindful Attention Awareness Scale, MAAS）、「佛萊堡覺照量表」（Freiburg Mindfulness Inventory, FMI）、「肯塔基覺照技巧量表」（Kentucky Inventory of Mindfulness Skills, KIMS）、「認知與情感覺照量表」（Cognitive and Affective Mindfulness Scale, CAMS），以及「覺照問卷」（Mindfulness Questionnaire, MQ）。每一種都有特定的焦點，大致而言，都是試圖從受試者的直接反應，整理出覺照的各個面向，並從綜合的評量結果得出覺照有五個大致「面向」或「層面」，包含：(1)對內在經驗不反射反應；(2)觀察／留意／注意感官感覺／感知／思緒／感受；(3)對行動保持覺察／不自動駕駛／專注／不分心；(4)以文字描述／標示；(5)對經驗不加評斷。

接下來巴爾（Baer）等人探討這些特徵究竟是一個面向的不同部分，或者是覺照中各自獨立的面向。統計分析與邏輯思考顯示，覺照實際上應該是由好幾種面向組成，每個面向有其獨特特徵，雖然之間有所重疊，但仍各自獨立，至少從受試者的回答顯現是如此。其中一項特質——觀察——在各種統計分析中都發現跟其他特質有太多重疊，而無法成爲單獨區隔的面向。因此他們建立了一個「四元素階層性模型」，該模型「支持覺照具有階層性的結構，而描述、對行動保持覺察、不評斷，以及不反射反應，可以被視爲廣泛的覺照結構中的不同面向」[2]。

有趣的是，若針對有冥想經驗的受試者分析，則統計結果會顯示觀察是一個獨立的面向。「因此我們對有一些冥想經驗的受試者測試這個模型（樣本數190），結果發現五個面向在整體覺照結構中都十分明顯。」他們因此認爲「有冥想經驗的個人所抱持的覺照，很可能是階層性的，由五個面向構成的結構」。

此外，將這些面向與其他量表交互分析後，顯示出每個面向似乎都會與其預測的人格特質相關。舉例來說，抱持覺察行動（「行動覺察」面向）就與心不在焉及人格解離成負相關；「以語言描述」則與情緒智商有正相關，並與「情感表達不能」（alexithymia，無法描述自己的內在狀態）有負相關；「不加評斷」與低度心理症狀、神經質、思考壓抑、情緒調節困難及經驗迴避（experiential avoidance）有最強烈的正相關。有趣的是，「不反射反應」與自我同理的相關最強，而「觀察」則與開放接受新經驗最相關。

巴爾等人認爲，在無冥想經驗的人身上，觀察這個面向不會單獨凸顯出來，部分原因可能是在未經訓練的心理中，觀察這個行爲會同時交織著自責。換句話說，沒有其他覺照面向存在時，僅僅觀察自己的內在世界可能不會產生預期的相關性。

以下總結他們的結論，有助於我們了解這項思考：「驗證性因素分析（Confirmatory Factor Ana-ysis, CFA）顯示，能夠描述、抱持覺察行動、不加評斷，以及不反射反應，都是廣泛的覺照結構的構成元素，其中後三項更顯示了可以預測個人是否有心理疾病症狀，而且愈多項相加，預測準確度就愈高。」[3]換句話說，愈是擁有其中後三項特徵的人，出現心理症狀的機率愈低。

巴爾與同事從原來的量表中，找出了最有助於探索覺照各面向的問題，並整理成一整套的問題，用以釐清覺照的五個面向。這項分析所得的結果是一份覺照五面向的問卷，受試者則回答「從不」、「偶爾」到「經常」或「一直如此」等。以下摘錄自巴爾與同事整理的五面向問卷（改編自 Table 3, 2006；原始問卷的縮寫會出現在問題之後的括號裡）。

⑴對內在經驗不反射反應

「我會感知到自己的感受與情緒，但不需要加以反應。」

「我會看到自己的感受，但不陷入其中。」

「在困難的情況下，我會暫停一下，不會立即反應。」（FMI）

「當我心裡出現令人難過的念頭或影像時……

……我可以只加以留意，但不反應……

……我很快就能覺得平靜……

……我會退後一步，覺察到這些念頭或影像，但不被它們淹沒……

……我只會加以留意，然後就放下。」（MQ）

⑵觀察／留意／注意感官感覺／感知、思緒、感受

「我走路的時候，會刻意留意身體移動的感官感覺。」

「我沖澡或泡澡時，會對身體移動的感覺保持警醒。」

「我會留意到食物與飲料如何影響思考、身體感官感覺及情緒。」

「我會注意感官感覺，例如風吹過頭髮或太陽照在臉上。」

「我會注意各種聲響，例如時鐘的滴答聲、鳥的叫聲，或車子經過的聲音。」

「我會留意東西散發的氣味與香氣。」

「我會刻意對自己的感受保持覺察。」

「我會留意藝術或大自然中的視覺元素，例如色彩、形狀、質地，或光與影的圖案。」

「我會注意情緒如何影響我的思考與行爲。」（KIMS）

⑶對行動抱持覺察／不自動駕駛／專注／不分心

「我發現我很難專注於當下正發生的事。」
「我似乎都靠著自動化行動，不太覺察到我在做什麼。」
「我匆匆忙忙地進行各種活動，很少加以注意。」
「我以自動反應的方式完成工作或任務，不覺察自己在做什麼。」
「我發現自己會心不在焉地做事。」（MAAS）
「我做事時，心思很容易飄到別處，很容易被其他事物分心。」
「我不會注意我在做什麼，因爲我在做白日夢，在擔心，或被其他事分心。」（KIMS）
「我很容易分心。」（CAMS）

⑷以文字描述／標示
「我很擅長找到字句來描述感覺。」
「我可以輕易地用文字說出我的信念、意見與預期。」
「我很難找到適當的字句來描述我在想什麼。」
「我經常想不出對的字句，來表達我對事物的感受。」
「身體裡有些感官感覺時，我會因爲找不到正確的字句，而很難加以描述。」
「即使在很難過的時候，我還是能設法將感受訴諸文字。」

「我會很自然地將經驗形諸文字。」（KIMS）

「我通常能在當下相當詳細地描述感受。」（CAMS）

(5)對經驗不加評斷

「我會批評自己有不理性或不適當的情緒。」

「我告訴自己，不應該有當下的感受。」

「我相信有某些念頭是不正常或很糟糕的，我不應該有那種想法。」

「我會評斷我的想法是對或錯。」

「我告訴自己不應該有當下的想法。」

「我想我的某些情緒很糟糕或不適當，我不應該有這些情緒。」

「當我有不理性的念頭時，會對自己不以爲然。」（KIMS）

「當腦海出現令人難受的念頭或影像時，我會依據它們是關於什麼，而評斷自己是好或壞。」（MQ）

從神經現象學（neurophenomenology）的觀點來看[4]，我們必須將這些問卷中，對直接經驗的第二手描述所顯露的洞見，結合個人的第一手經驗，以及神經科學的第三手發現，才可能確定人類的心智現實是否眞的包含這些不可縮減的面向。

我們的假設是：我們可以在一定程度內認知到會篩選輸入資訊，影響感知詮釋的，由皮質層往下傳遞的概念，而獲得盡可能淸晰的視野。我們擁有的人類的心智與人類的大腦，會在共有的人類社會經驗結構裡共舞。意義並不是某種單純的發明——我們必須謙卑地面對，人類會將種種象徵加以整理、選擇、排列，並輸入到共有的認知系統中。所有人無可避免地都必須經過這個歷程，藉由概念認識這個世界。如前面所看到，我們也可以有非概念認知的直接親身經驗，但這個理解領域很難形諸文字，在人與人之間傳遞。而且，對心智的概念地圖即使有侷限，卻可能相當實用，因爲眞實的概念可以幫助我們度過艱難時刻，減輕痛苦，並提升身心健康與同理。我們並不需要拋棄概念，只要謹記它們只能作爲理解的基本框架。

覺照是可學習的技巧

每個人的心智都有極大的潛能。我們有可能讓全世界的人都擁有同理心與身心健康，也有可能帶來無心的暴力與破壞。另外一項發人深省的發現是，人類腦部具有深遠的可塑性。實際上，從小到老，我們一輩子都可以用特定方式聚焦心智，藉此改變腦部的構造與功能。如果覺察當下而不執著於評斷的狀態成爲固定的心態，將會是通往同理心與內在心理健康的一條康莊大道。這是科學已經佐證，而數千年來的各種修行也一再教導的道理。

但是這全世界各地的冥想傳統所共有的「修行」，究竟是什麼？基督教的歸心祈禱、瑜伽、太極拳跟佛教的冥想方式，在近年來都受到研究，而這些練習似乎都有助於促進練習者的神經與免疫功能[5]。

在紐約州北部的「葛瑞森研究中心」（Garrison Institute）所舉辦的「心智與生命夏季研究營」中，來自全世界一百四十多位科學家齊聚一堂。科學家發表對各種冥想的研究結果，臨床治療師、哲學家、心理學家及神經科學家也都共同參與。我則與資歷不一的科學家們「會談」，並主持座談會，討論如臨床工作中的覺照、兒童的治療、情緒調節與靈性等主題。在此我特別提出當時一些令人興奮的想法。

除了演講跟討論以外，我們還非常廣泛地閱讀，深入探索注意力、情緒、記憶、冥想、祈禱跟覺照的本質。當時有三位學者發表了一份論文，〈冥想與意識的神經科學〉（Meditation and the Neuroscience of Consciousness）[6]，回顧檢視了許多有關訓練心智的科學。冥想就是對心智的訓練，我們在此特別關注的則是靜觀冥想。但是有很多種創造覺照狀態的心智訓練，似乎都會促使人發展出覺照的特質。注意歷程、情緒調節、向內觀察的能力及內省與反思的能力，都是可以經由訓練獲得的技能。路茲（Lutz）等人寫道：「我們已經顯示，即使是非常短期的情緒調節訓練，也能使大腦功能產生相當明確的改變。」他們特別檢視正念減壓療法中的臨床上運用：

這項方法的成功關鍵，似乎在於幫助病人區分出原始的感官經驗（例如慢性疼痛、焦慮的生理症狀），與回應原始經驗而生的次級情緒或認知歷程。病人接受訓練運用覺照練習而深入探究經驗的細節，並直接感知到涉及厭惡跟退縮的感受與感官經驗，本質上都是短暫而不穩定的。結果病人因此較能對抗任何回應生理或心理痛苦而生的厭惡或退縮傾向。從神經科學的觀點來看，正念減壓療法的明顯效果提出了一個關於神經可塑性的疑問——它會造成腦部功能與結構的改變嗎？

路茲、唐恩與大衛森認爲，對於與冥想相關的神經活動，現今的認知仍在剛起步階段：「儘管有爲數衆多的科學報告與引人深思的理論假設……我們必須承認，對於冥想所牽涉的神經生理歷程，以及它對腦部的可能長遠影響，我們所知甚少。」

冥想練習有些舉世皆然的共通點，例如重視呼吸覺察。但是除了有共通的起點之外，每種練習會各自專注於培養心智的不同面向。其中靜觀冥想的目的則是開啓自我調節的心理監督歷程，最終達到對覺察本身的覺察。

呼吸覺察能幫助人培養「集中並持續」的注意力功能，但是接下來，靜觀冥想就會促使人發展出比較接納的狀態，允許出現的一切進入意識中。這種不加評斷的特質似乎涉及一種比「自我反思」更自動化的，對覺察的覺察，有時候也稱爲「反身覺察」（reflexivity）。雖然冥想會使人進入開放的狀態，但並非只是「空洞」或「消極」的，退縮或空白的狀態。

如路茲、唐恩與大衛森所討論[7]，覺照訓練可以視爲包含以下各面向：

1. 以冥想練習將注意力集中於某個客體，例如專注於呼吸。
2. 經由一些技巧培養對主觀性——心智運作狀態——的覺察，逐漸不強調剛開始專注的客體。
3. 個人接著能體驗到反身的覺察——對覺察的覺察——顯露出心理歷程的赤裸面向。
4. 隨著訓練進展，愈來愈不強調主觀性，以及接收各種經驗的接納狀態。
5. 此時開始增強感受反身覺察，也就是自動化的對覺察的覺察。
6. 創造出一股流動，使個人能在冥想中完全感受到覺察的赤裸面向。

本來自我：赤裸的根本

以文字敘述個人生命故事的敘述功能，與當下的直接感官經驗，有非常大的差別。我們的敘述功能會被敘述時的環境脈絡（不論是對自己或對他人）影響，顯露了腦部由上而下歷程的深遠影響力很可能模糊遮蔽直接的經驗。

在正式的靜觀冥想訓練中，練習者會直接讓這個敘述的「主體」，這個故事的敘述者，完全沉浸在「赤裸的覺察」（bare awareness），或根本本質的意識中。路茲、唐恩跟大衛森把這種不受自我阻礙的對生命的體驗，稱爲「本來自我」（ipseity）——在重重的思緒與反應、認同與適應方式底下根本的存在方式。這裡所說的「根本」暗示了一種不變的特質，穩固的存在精髓：

本來自我是「我」在經驗中的最低主觀意識，是由「最低限度」或「核心」的自我所構成。相對地，敘述或自傳中的自我則包含了明確的或道德的評斷、情緒、對未來的期待，或對過去的回憶。這種外顯的敘述式或自傳式自我意識，通常都會與清晰外顯的脈絡或客體或經驗，有正相關。但它似乎也要在某種程度仰賴本來自我決定，因為敘述自我有某部分就是立基在最低限度的主觀「我」意識上。

有關受過高度訓練的冥想者如何接近本來自我，路茲、唐恩與大衛森寫道：

最後，在最高層的鍛鍊中，前面所稱的淡化強調客觀與主觀，最後就會使修行者，至少在理論上，進入一個境界。在其中，任何客觀或主觀的元素——不論是以概念結構、時間或空間分類，或其他特徵出現——都會留在經驗裡……各種冥想鍛鍊的傳統認為，只有極少數的修行者真正達到這種程度的修行。

爲什麼要大費周章地接觸自己的根本本質？因爲當你經由心智訓練獲得本來自我，得到在重重敘述與記憶、情緒反射與慣性底下的根本的「我的」意識，你的心因此解放，達到更新一層的心理健康。

化解了自動化模式後，心智似乎就能自由地獲得更高程度的自我調節。這就是覺照改變情感反應的力量。對自己的根本本質有更開放的意識，會創造一種「調節自我情緒的能力，讓人比較不容易爲情緒狀態所干擾。心智會變得更細緻敏感，更有彈性，而培養正向狀態與特質的能力也會大幅提升」[8]。

詹姆斯・奧斯汀（James Austin）的兩項深入整合研究，是將第一手經驗與科學對大腦的洞見，加以結合的優美示範。奧斯汀認爲：「你不可能深入探索這類狀態，而不在神經科學上有重大發現。事實上，你會發現，冥想經驗不僅會引發神經科學上的發現，而且這兩個領域如此緊密相關，能夠互相『釐清』。」奧斯汀自己處於深刻冥想的經驗也顯示，這種經驗「不會讓你拋棄身體的自我，但所得的洞見會徹底改變你先前對於現實的根本概念」。例如意識到我們都屬於這個互相連結的整體，其所帶來的心態就可以改變我們看待及存在這個世界的方式。奧斯汀接著說到這些洞見與努力，對於科學與冥想的結合非常重要：「我們需要神經生物科學家所能提供的所有幫助，才能在接下來的千禧年中抱持覺照地生活。」

路茲、唐恩與大衛森也談到整合的重要性，並表示心理健康與同理心可以經由刻意訓練獲得：

我們的許多核心心理歷程，例如覺察、注意、情緒調節，包括獲得快樂與同理的能力，都被認為是可以訓練獲得的技能。各種傳統冥想提供了經由長時間演化出來的、能夠大幅增強提升個人潛力與心理健康的策略和技巧。對於這些傳統的神經科學研究仍在萌芽階段，但是初步的發現證實，未來我們能由此揭露這類訓練發揮效果的機制。此外，這些發現也凸顯出，複雜的心智功能背後大腦回路的可塑性。

科學家的聚會

在華盛頓舉辦的「神經科學學會」（Society for Neuroscience）會議，總共有三萬六千人與會，超過一萬七千篇論文發表。開幕演講是由達賴喇嘛主講，談的是科學與冥想修行的結合。有人問他，如果科學證實佛教冥想的教條是不準確的，他會怎麼做。他的回應是，那就必須修改佛教的修行與思想。雖然周圍還有許多「衛星講堂」，可以讓人很近地坐在大螢幕前，經由現場轉播觀看，但是數以萬計的神經科學家仍耐心地排隊兩個小時，希望能在超級龐大的演講廳中坐到一個位子。你可以把人這麼努力要在現場視爲只是出於好奇心，或是因爲他們渴望親身感受開放的心。

我參與了這場聚會，盡可能地聽了很多場論文發表，之前也參與了三天的「精神與生命」會議，達賴喇嘛在會議中與其他修行者、許多神經科學家見面，探索冥想與科學的關係。有些發表的論文談的是靜觀冥想可以改變大腦運作的單邊性，使其偏向處理比較正面且積極的左半腦，藉此避免臨床憂鬱症的負面心理。靜觀冥想之前就已經證實了是使心智聚焦的強力工具，而在我自己的經驗裡，它似乎也能增進我關注其他人非語言訊號的能力。我在靜思營之後的感覺就是：我能夠準備調頻，感受到最細緻的反應。但是為什麼安靜一星期，可以讓人對別人變得更敏感？

感知他人的非語言訊號，所需的歷程似乎會牽涉到腦島跟相關的中央前額葉區域的活動，包括內在感知、詮釋，然後將自己內在狀態歸因於對方的狀態。內在感知來自心智覺察內在的身體狀態。腦島則會將來自身體的資料傳送到腦部[9]，並且可能直接牽涉到「向內觀看」的經驗，而這是任何文化的冥想修行中不可或缺的部分。事實上，我們描繪全身的地圖只會在右腦中表現出來。臉部表情跟其他非語言訊號，例如眼神接觸、口氣聲調、身體姿態、手勢，以及回應的時機跟強度等，都是由右半腦傳送與感知的。因此，花費一個星期向內觀看整體的身體經驗及自己的非語言身體狀態，或許就運用到右半腦中的前額葉與腦島功能。我們在此一窺了當中可能的機制：向內觀看，也就是反思的練習，會啓動腦島與中央前額葉區域，尤其是在右半腦。

如前面所討論，拉察等人發現，長期靜觀冥想的人，不但其中央前額葉區域會增厚，右腦的腦島也會增大。這些發現符合我們對於內在感知的根本歷程的認知。由於這些結構也讓我們擁有心見（mindsight，亦即第七感）——有能力看到自己與他人的內在心智——因此拉察的研究顯示，靜觀冥想或許就能改變腦中負責同理心與自我觀察的部分結構。或許這就是向內觀察練習與連結他人能力增強，兩者之間的關連（參見附錄二）。

增加「奇形怪狀」

與內在同頻，似乎也會改變我們對時間的體驗。道理何在？在神經科學學會的會議中，有一篇論文談的是我們如何延展主觀的時間。毛姓（Tse）科學家設計了一項絕妙的概念實驗，讓受試者觀看一連串幾何圖形，這些影像的放映有固定模式，使各種幾何圖形以仔細安排的間隔交替出現。當這些形狀在螢幕上出現又消失時，受試者必須說出他們覺察到經過了多少時間。研究結果發現，當一個奇形怪狀出現，一個不符合原先建立模式的不尋常形狀出現，受試者會覺得時間變慢。研究結論是，奇形怪狀所導致的「資訊密度」增加，很可能是主觀上的時間感延長的關鍵。

在日常生活中，我們都會感知到每一個單位時間出現的資訊量，並加以處理。這就是資訊的密度。當一個不尋常的事物出現時，我們會對它付出比較多的關注，因爲它不符合原先的預期。預期是由皮質層記憶處理，也稱爲新皮質（neocortex）的腦部最外層是由皮質層細胞柱所組成。這些一叢叢垂直排列的細胞體，讓我們可以藉由記憶形塑感知。

腦部中這些由六層細胞柱構成的新皮質似乎同時有輸入與輸出的纖維，能夠在細胞柱當中創造出雙向的資訊流。例如，我們在看到一朵花時，會輸入感官感覺，將這視覺資訊傳送到細胞柱較下層的地方（經由第六層，然後第五層，依序往上，從感官感覺輸入到最終的「處理」），而往上傳送到皮質層的較高區域，讓我們最終能「感知」被檢視的客體。皮質同時也會從最高層（第一層與第二層）往下傳送資訊，到比較低的「輸入」的底層。結果就是這兩波資訊處理會在中央區域（等於第三及第四層）撞在一起，讓我們能實際上混合這兩股資訊流[10]。

我們會從過往的經驗或記憶「知道」一朵花的樣子，因此皮質由上而下的處理歷程就會把這種感知的偏見往下傳送，而修改輸入的感知。這裡的「修改」是不需要特別注意就能達成的，也就是所謂的由上而下歷程。我們會用左半腦的皮質把這個客體標示為「花」，然後把注意力轉移到別的地方。傑佛瑞・霍金斯（Jeffrey Hawkins）跟莎朗・布來克斯里（Sharon Blakeslee）把這由上而下的影響稱為「不變表徵」（invariant representation），意思是我們對花這個分類有著不變的心像。不變表徵讓我們可以快速評估環境的本質，然後前進到想去的目標。先前的學習讓我們變成比較快速的處理器，因為會有許多隨時可用的不變表徵，不斷地對輸入的感官資訊狂喊：「我知道這是什麼，我來幫你，我以前看過一個特定的模型，就跟這一樣！」

但是在很多方面，這樣的先前學習會壓抑原始感官經驗，因為它使原本清澈的感知因先前的預期而變得混濁。隨著我們長大成人，這些累積的眾多感知模型與概念分類很可能侷限了主觀上的時間感，讓我們變得死氣沉沉。少了刻意的清醒努力，生命從身邊匆匆流逝。我們對經驗變得習以為常，總是透過以往的記憶篩選感知，而不再引導自己發現當下這一刻的嶄新不同[11]。

不變表徵會降低資訊的密度，因為它們會篩選過濾，而侷限我們眞正看到的內容。如果我們眼前有一朵新的花，可能會因爲預期是以前看過的花，而對它視而不見。清醒過來，眞的「聞聞玫瑰花香」，就是要叫腦部的不變表徵暫停一下。

當我們抱持覺照覺察而清醒過來時，是否就能暫時關閉由上而下的不變表徵流，而改變資訊的密度，更完整地體驗的感官感覺？或許覺照覺察就是因此能增加資訊密度，而延展了主觀上的時間感。

我們會看到更多，聽到更多，聞到更多。藉由抑制不變表徵，我們確保感官輸入的密集資訊不被歸納簡化，細節不被忽視省略。一旦這些輸入的資訊被保留強化，過去的「只是一朵花」，就可能變成實際上獨一無二的這朵花。以這樣的覺照覺察體驗每一刻的經驗，萬事萬物都可以變成不尋常的形狀。當不變表徵中止，普通的事物也變得不平凡。我們假設，覺照覺察之所以會增加更多不尋常的事物，就是因爲它瓦解了由上而下的恆常表徵的限制，使每一刻都變成獨一無二。

覺照覺察，將注意力聚焦於當下，不執著於由上而下的不變評斷，就此壓制住過去經驗對我們當下經驗的侵犯。當我們喚醒心時，就會拓展了人生的主觀時間。如果你願意花一分鐘靜靜坐著，請留意你的覺察中出現的一切，你的手臂與雙腿的感官感覺。留意周圍空氣的聲響。你現在意識到的一切，可能本來就都存在，但是暫停一下，接納、開放，就足以改變你的時間感，以及你對世界跟對自己的整體感受。反思會打開感官感覺的門。在我們持續前進時，可以全心擁抱前面這些探索的文字之間的寂靜。

【第6章】

運用軸心

注意力與覺察輪

在這一章，我們將會討論注意力如何幫助自己在行動時保持覺察，以及學會觀察心智生活的本質。刻意將某件事物帶入覺察中，並不只是將來自感官的輸入（例如來自眼睛的光線），記錄到腦部後方的初級感官皮質區域（primary sensory cortical regions）而已，而是要進行主動的搜尋歷程，有目標地尋找覺察範圍中的感知資訊。

抱持覺照覺察時，我們擁有的就不只是對感官感覺的覺察。當我們說觀察到自己有感官經驗，這就包含了後設覺察，也會動用到大腦中，後方感知皮質細胞柱跟側邊前皮質區域以外的地方。後設認知跟中央前額葉的啓動有關，自我觀察也是。因此根據研究，覺照覺察啓動中央前額葉區域（參見圖2-3）的幅度，會更勝於只持續專注於同一目標（內在文字或外在物體）的冥想形式[1]。

覺照覺察的後設認知層面會牽涉到比較複雜的「次級聯想皮質層」（secondary associational cortices），例如中央前額葉區域的皮質。它們會執行我們的見證覺察功能，讓我們覺察到自己在覺察。我要強調的是，覺照並不只是一種放鬆的技巧：我們可能在覺照中變得穩定而清明，也可能變得積極投入，準備行動。覺照覺察的精髓是存在當下的感覺。但是爲什麼中央前額葉的參與，就會使包含經驗觀察的感官覺察不同於單純的直接感官經驗？這個問題的答案基本上就在於「覺察」跟「覺照覺察」的不同。

要讓臨床心理治療的種種涉入顯現正面效果，必須運用覺照覺察練習，而不僅是單純的覺察。因此我們務必了解這兩種覺照的差異。

一項對於「框架效果」（framing effect）的研究[2]顯示，當受試者面對同一賭博問題的兩種不同版本時，那些能「看穿」語言帶來的偏見的人，會在執行實驗任務時運用到中央前額葉區域。而那些遭偏見「陷害」，以自動方式回應的人，則沒有看出其中的陷阱，也不會啓動中央前額葉區域。在這項研究中，受試者獲得的外界刺激可能是「如果你這樣賭，有百分之四十的機會留住你的錢」，而不是「如果你這樣賭，有百分之六十的機會輸掉你的錢」。當受試者啓動中央前額葉區域（眶側額葉皮質以及內側前額葉皮質，OMPFC；參見圖2.3），似乎就能脫離自動化反應，進入比較能反思的狀態，以更廣的視野考慮眼前的問題。這不是一項針對覺照的研究，但是包括這項研究在內的許多研究都顯示，中央前額葉區域對於讓我們脫離由上而下的影響，例如先前的預期或自己的情緒反射反應等，扮演了很關鍵的角色。

中央前額葉區域對自我觀察與後設認知也很重要，讓我們能想像自己在過去、現在和未來的形象，也能描繪出自己心智活動的本質。由此我們看到，覺照覺察之所以不僅只是覺察，其背後的神經因素：在覺照中，我們會主動感知自己的心智，並覺察自己的覺察。

有關注意力的神經活動

大部分有關注意力的研究都專注於具有主動本質的任務，例如要注意某個外界刺激，或在刺激出乎預期的改變時有彈性地改變注意方向，或是要處理互相衝突的資訊流等。但覺照覺察具有不同的特質。覺照狀態會帶來接納與後設覺察的歷程，截然不同於這些研究中由刺激引導的主動注意歷程。然而，這些針對主動任務的研究仍舊有助於我們了解覺照，因爲它提供了目前的科學研究成果。

注意力並不只有一種形式。大多數科學家認同注意歷程包含了對能量與資訊的三種調節方式：執行（executive）、定向（orienting），以及警醒（alerting）。既然心智本身也可以定義爲由身體與人際關係產生的，調節能量與資訊流的歷程，可見注意力是心智活動的核心。

阿密・拉茲（Amir Raz）與傑森・布勒（Jason Buhle）對過去有關注意力網絡的研究加以分析檢討後，認爲人類的理解狀態具有高度複雜性。他們寫道：「皮質層與皮質下方區域的網絡分別負責注意歷程的不同層面；如果沒有皮質下方區域的調節影響，腦部應該無法有效地進行注意歷程。」這些注意系統包含了專門負責處理注意力的皮質層區域；而皮質下方區域雖然比較沒有受到研究，卻負責在腦中提供深刻的動機、驅力與激發。這些皮質下方的歷程很顯然會涉及覺照覺察中專注身體的部分。因此我們會感受到覺照並不只是注意力的目標，而是一種存在狀態。它絕不僅是由皮質層負責的，對刺激加以反應的注意歷程。

拉茲與布勒接著表示：「隨著神經造影技巧開始揭露心智鍛鍊對大腦基質（brain substrates）的效果，有愈來愈多研究顯示這些注意網絡是可以修改的。在幼稚園或托兒中心引入注意力訓練課程，會是一項教育的創新。」關鍵是，對心智本身如此重要的注意歷程，並不是固定不可變動的。如前文所言，我們在「正念認知研究中心」的初步研究就證實，因天生遺傳而有注意力缺乏過動疾患的成年人與青少年，在經過八週的覺照覺察訓練後，其注意力都有明顯的改善[3]。

麗蒂亞・茲洛斯卡（Lidia Zylowska）與加州大學洛杉磯分校的同事設計了這個八週的初步研究計畫，跟第三章靜修營所描述的冥想技巧是類似的。如前所述，這種形式的洞見冥想，首先是要求個人將注意力集中在呼吸上。發現注意力轉移到別的地方，只要溫柔地將注意力轉回呼吸上就好。在重複多次將注意力轉回目標物的練習之後，似乎就有助於我們的心智注意力發展出「集中並持續」的能力。經由「身體掃描」將注意力集中在身體上，或在步行冥想中集中於腳底，都會教注意力擴大到更多身體感官感覺，以此作為定錨點，讓個人可以在注意力分散時將其引導回很自然就會發現這些來自慈愛心練習的刻意同情狀態有助於強化關愛連結的重要狀態——不論是跟自己或他人連結。

經過為期八週、每次持續兩小時半的團體經驗，冥想時間從五分鐘延長到十五分鐘之後，研究者測量這些參與者的注意能力，並與參加計畫前的基準數據比較，發現參加者的執行注意力大幅提升。但由於這只是初步計畫，並沒有對照組可供比較，無法說這些結果一定是某個特定原因所導致。此外，不但受試者表示有較強烈的心理健康感覺，測試結果也顯示他們集中注意力與抗拒衝動的能力都提升了。一項重要可能是，注意力是可以經由訓練獲得的技能。

既然注意力對心智與行為都很重要，設法訓練注意力便是教育與心理治療中很重要的一環。注意力訓練包括了刻意專注於心智，而能使「集中並持續」的注意模式變得根深柢固。電腦輔助跟冥想技術都證實有助於訓練腦中的注意力網絡[4]。接下來我們將討論科學文獻普遍認同的三種注意力面向。

警醒

警醒功能包含了持續的注意力、保持警戒及警覺，而使我們有能力加強或維持在準備狀態，以因應預期的刺激。警醒可以是特定的（針對一項特定任務），也可以是本質或基調的（廣泛的、受控制的警醒狀態）。當我們做好心理準備，開放接收可能發生的一切時，那就是一種警醒。

造影研究顯示，大腦的額葉與頂葉區域，尤其是在右半腦，跟警醒注意力中的持續面向息息相關。右半腦的背外側前額葉皮質似乎會監督我們的表現或警覺程度，並加以調節，而形成執行注意力。前扣帶皮質跟其他中央前額葉區域可能也會合作進行這些調節功能，讓我們有回應的彈性。此外，當我們對內在與外在刺激變得警醒時，右半腦的下頂葉區域也會活躍起來。

定向

定向指的是經由掃描或選擇的歷程，從各種選擇中挑選特定資訊的能力。這個領域有很豐富的研究，但大多數都是以視覺刺激進行，因此所得到的大腦結構發現特別針對這個感知功能。

定向注意力所牽涉的腦部神經構造，端視刺激的形態而定。這項領域中針對視覺的典範研究顯示，包括枕核（pulvinar）、上頂葉（superior parietal lobe）、連結顳葉跟頂葉的上丘（superior colliculus），以及上顳葉（superior temporal lobe），都會被啓動。研究者並認爲，上頂葉皮質在自主的注意力改變中尤其重要（圖2.3）。

執行注意力

執行注意力包含許多特徵，因而也稱爲選擇性注意力、監督注意力或專注注意力等。當各種刺激競相爭取注意力時，化解之間的衝突也是執行注意力一個很重要的功能。我們常用「刻意的控制」來描述執行注意力的這種控制功能。這種注意力背後的歷程通常與「計畫或決策、錯誤偵測、新學習的或不熟悉的反應、被認爲困難或危險的情境、思緒或感覺的調整，以及習慣性行爲的克服」等有關[5]。由此可以想像，爲什麼覺照覺察能夠讓我們藉由執行注意力的控制，脫離自動化習慣性的思考。

腦部造影研究顯示前扣帶皮質應該是執行注意力網絡中不可或缺的環節。前扣帶皮質可以視爲是大腦的總執行長，因爲它負責分配注意力資源。前扣帶皮質的各部分，包括背側跟腹側，會分別扮演不同的角色，使其負責連結起身體、情感跟思緒。大致而言，前扣帶皮質負責決定一個注意力焦點會得到多少資源，並且調節情緒騷動。我們在此看到，思考與資訊處理的歷程，以及身體和邊緣系統的情感製造歷程，兩者在物理結構上本來就互相連結。當不同的注意反應之間有衝突時，前扣帶皮質尤其會發揮作用。如果有更複雜的衝突，則前扣帶皮質可能還會連結到中央前額葉皮質加以處理，甚至還可能利用到更深層的皮質下方系統，例如藍斑核（locus coeruleus）與腹側被蓋區（ventral tegmental areas）。

研究也顯示，靜觀冥想會涉及前扣帶皮質的啓動[6]。此外，冥想時似乎也會引發腦波儀上所顯示的「阿爾發波」（alpah waves）與「西塔波」（theta wave），而有些科學家認爲這兩種腦波跟穩定平靜的感受有關。

從發展的角度而言，從三歲到七歲似乎是執行注意力的發展關鍵時期，因此我們可假設有關注意力的治療最好在這時候開始。當孩子接近青春期時，神經突觸會再度大量增長，此時皮質層的處理效率實際上可能降低[7]。在青春期的幾年當中，前額葉區域會經歷許多重塑，神經連結會被篩選修剪，而該區域執行的功能也可能在壓力下變得不穩定或失常。但是當青少年度過這段時期之後，就可能擁有更複雜的後設思考能力，能以更複雜、更懂得自我觀察的方式思考。

路達、波斯納與羅斯巴（Rueda, Posner & Rothbar）寫道：「刻意的控制是重要的基礎，讓大腦可由偏向反射反應，發展爲偏向自我調節。刻意控制系統之所以有助於這種發展，可能是因爲它會提供必要的注意力彈性，讓我們得以管理負面情緒，從道德角度考慮行動及協調自主反應。」而前扣帶皮質在類涉及自我調節的神經結構中扮演很重要的角色：「執行注意力網絡的主要環節，前扣帶皮質是邊緣系統的一部分，並且強大地連結到涉及情緒處理的結構。」

在發展方面，路達與同事認爲：「這所有資料綜合起來，顯示支持執行功能的大腦回路會變得比較集中精緻，而更有效率。這個成熟的歷程不僅涉及生理結構的更加專業分工，也會降低這些系統在處理每個歷程時所需的時間。」[8]作者接著討論了可以改善執行注意力的「注意歷程訓練」（Attention Process Training）[9]，並表示這些初步的發現顯示，「與注意力控制有關的大腦機制可以藉由訓練改善，相關的行爲能力指標也會因此提升。基於注意力與自我調節之間的連結，執行注意力背後的神經系統可塑性似乎開了一扇窗，讓我們可藉此提升幼童的自我調節能力。」

從中央前額葉區域的結構與功能，都可以看出注意力調節與執行注意力兩者的重疊。舉例來說，前扣帶皮質似乎涉及負面情感狀態的減輕，而這個結構會與其他位於中央的腦部結構互動，例如內側與眶側的前額葉皮質（見圖2.6）。在腦傷而導致前扣帶皮質功能失常的情況下，病人行爲會有重大變化。而改變的程度雖然更嚴重，但在性質上與所謂的「下下之策」歷程相當類似。德文斯基（Devinsky）、莫瑞（Morrell）與伏格特（Vogt）寫道：「前扣帶皮質受損後的行爲變化包括：攻擊性增加……情感遲鈍，動機降低……母嬰互動受損、缺乏耐心、恐懼或驚嚇反應的門檻降低，以及不適當的同物種間行爲。」某個案例在腦部受傷之後的經驗顯示：「前扣帶皮質與眶側額葉皮質同時受損時，可能帶來極嚴重的社會性後果……在前扣帶皮質與眶側額葉皮質都受傷時，一個人對影像的智性了解與他的自主性表達，將無法連結在一起……會大幅影響我們能否將情緒刺激連結到回應情緒刺激的自主改變，並連結到刺激之後的行爲改變。」[10]

當我們考慮各種有關前扣帶皮質及眶側額葉區域的研究觀點，再考慮內側前額葉皮質在覺察自我及他人心理歷程時，以及調節情緒反應時，所扮演的重要角色[11]，就可以看到大腦的執行功能跟我們稱之爲「中央前額葉」的數個區域息息相關。這些區域的發展攸關個人的情感與社會功能，因爲心理的自我調節面向，與這些區域結構及功能似乎是密不可分的。

我們可以看到，額葉的執行注意力網絡與警醒注意力網絡，跟比較偏外側及後側的注意力定向功能，三者的神經運作有些重疊之處。而關於這三種系統之間有多少重疊與互動，雖然還有許多爭議，但是大致上，科學家似乎都同意這三種功能是注意力的不同核心層面。

不論一個人練習何種覺照覺察，最初的步驟都是集中並維持注意力。這些功能包含了注意力功能中的警醒（維持）與定向（瞄準目標）面向。當然一個人還需要有根本的注意能力，也就是注意力的執行面向，才能進行瞄準及維持。

不費力的覺照

長時間下來，覺照覺察有可能成爲一種存在方式或個人特質，而不只是由冥想、瑜伽或歸心祈禱等特定方式引發的暫時的心理狀態。我們認爲這種從狀態到特質的轉變，代表一個人培養出了長期的能力。從研究的觀點來看，這種轉變應該是從刻意費力地進入覺察，到不必刻意費力，有時候甚至不必經由覺察引發。

不需要覺察的覺照？這裡的想法是，我們可以不需要經由覺察，就能引發開放與接納的存在狀態，接收發生的一切；但是接下來，當我們反思當下的經驗時，仍會牽涉到覺察。這種一開始不費力的歷程可能被認爲是「自動」的，因此我們或許會誤解這也是被由上而下影響力囚禁的一個例子。但是涉及中央前額葉功能的不費力特質，與被動地接收由記憶形塑的由上而下的評斷，兩者性質截然不同。中央前額葉的運作是充滿活力的，積極投入的，後設認知的，自我調節的，連結的，而且整合的。如果至少在一個經驗剛開始發生時，就能啓動這些中央區域，而不動用到側邊區域，那會是什麼樣子？我們之所以要將大腦分區，例如中央區及側邊區，就是爲了便於這樣的討論。我們可以想像，當一個人受過良好「訓練」，經由覺照練習強化而活躍的中央前額葉神經回路，那麼他甚至不需要利用側邊區域（背外側前額葉皮質，DLPFC）來操作記憶，就可以馬上進入覺照狀態。這可能就是不費力的覺照。

前面提過，中央前額葉區域可以深刻地整合身體、腦幹、邊緣區域、皮質層，以及包含他人心智的人際世界，由此我們不難了解應該如何創造這種不費力的覺照覺察。覺照覺察練習（涉及側邊前額葉區域的刻意努力）會激發神經可塑性，促使中央前額葉的整合性神經纖維生長。而當這些神經纖維因練習而大量生長，個人就能達到不費力的覺照生活的特質。

覺照似乎包含了好幾種互相交織的狀態，而使個人能專注於當下經驗，脫離由上而下的評斷與習慣性情緒反應；以及獲得後設覺察，而能深刻認知到整個流動的歷程。雖然我們認爲覺照特質可能是不費力的，但不表示我們不會在當下覺察到它的完滿。不費力與覺察並非對立的兩方。因此從費力的狀態轉變爲不費力的特質，並不意味著覺察的降低，即便它可能改變「覺察」這種感覺的性質。

如前所述，曾經有一項研究對靜觀冥想者進行結構性（而非功能性）腦部掃描後，發現他們有較厚的中央前額葉區域跟右腦腦島。或許是靜觀冥想練習啓動這些區域，使其變大；也或許是這個區域本來就比較大的人比較會走入冥想。但是其增厚的程度與冥想鍛鍊的年數成正比，因此可見確實是靜觀冥想練習的結果，而不只是互有相關而已。皮質層之所以增厚，有可能是因為神經元本身長出更多連結，連結到其他神經元，也有可能是這些區域長出更多支援的細胞，又或者是因為此處的血管系統增生。這每一種使皮質層「變厚」的可能因素都代表一種強化神經功能的方式。這些發現至少符合我們的想法：反覆的啓動會使一組神經回路的突觸連結性增強，因此增加這些區域的厚度。

當神經連結更豐富時，我們在日常生活的每一刻，就可能更容易利用這些互相連結區域所執行的歷程。原本需要刻意費力的練習就會變成不費力的生活方式。一種狀態就是經由這樣而變成一種特質（參見附錄二）。

心智覺察輪

我發現，要教導學生與病人了解覺照覺察所具備的開闊特質，一個方法是將心智想像成一個「覺察輪」，以這個影像來了解心智的運作。

在覺察輪的外圍輪框上，遍佈著可能進入我們注意力範圍的所有事物（圖6.1；另請見圖4.3）。輪框上的每一個點都代表可能的覺察客體，從一個人的腳到一個人的感受。從中央軸心放射出去的輪輻象徵我們將注意力專注於輪框上某一點的能力。覺察輪的軸心則象徵開闊的心，可以主動選擇通往某一點的輪輻，也可以開放接收在輪框上出現的任何事物。

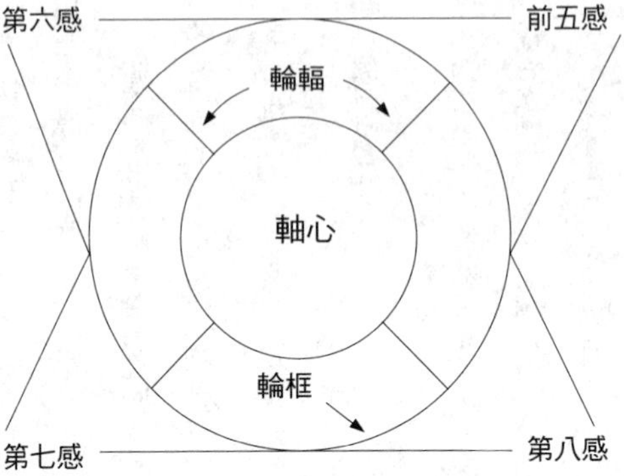

圖 6.1　覺察輪（輪框、輪輻、軸心）和輪框部分：前五感（外在世界）、第六感（身體）、第七感（心理）和第八感（人際關係）。

輪框

頭五種基本感官會將外界的資訊帶進來，讓我們意識到現實的物理面向。當我們覺察到這五種感官感覺，便是接收了輪框上來自身體之外外在世界物理面向的點，也就是基本五官感覺。

覺察輪框上的第六感部分則包含了我們的肢體、身體動作、肌肉緊張或鬆弛，以及心臟、肺臟和腸胃等內在環境的感覺。這些可能被覺察的身體感覺是直覺的深刻源頭，也會形塑我們的情緒狀態。內臟周圍的神經網路處理器會直接影響我們的理智思考；身體的內分泌狀態，以及四肢、軀幹跟臉部的肌肉緊張度，都會直接影響內在世界，而形塑我們的感受。我們會經由內在感知歷程得到這些重要的第六感資訊，並經由輪輻，將這些資訊帶入感覺運動覺察中。

第七感，也就是「心見」，讓我們能注意到自己或他人的心智各個層面——思緒、感受、意念、態度、觀念、影像、信念、希望、夢想等，也讓我們能獲得更深刻的自我洞察與同理。覺照覺察包含了後設認知歷程，讓我們能覺察到自己的覺察，把注意力的焦點放在心智的本質上，因此這些反思練習能直接有助於發展第七感能力，甚至能讓我們覺察到來自物理領域的前面六感的本質。

在我們更加了解心智後，就會逐漸看到過去似乎透明而隱形的心智表徵。我們會了解，我們對一朵花的顏色的覺察，其實也是心智的產物。這樣的後設覺察不但不會摧毀我們對感官經驗的欣賞與喜悅，反而能讓我們更驚嘆沉醉於心智造物的神祕與壯麗。

此外，我們還可以假設「人際意識」的第八感。覺察輪框上的這個部分代表我們對人際關係、與他人的連結，或與某種事物的連結的感知。例如當我們與他人同頻時，可能會覺察到彼此交流時所創造出的共鳴狀態。所謂第八感就是指我們能覺察到「感覺被別人感覺」，而覺得自己屬於更廣大的整體。人際關係、祈禱、冥想，甚至是參與宗教儀式或團體運動等，可能都會讓人有「歸屬感」、與別人同在。或許當我們在覺照中與自己同頻時，便會覺察自己連結到持續生活的自我，以及觀察一切的覺察，而變成自己最好的朋友。這就是第八感能給予的。

輪輻

覺察輪的輪輻代表注意力可以刻意集中在輪框上的某些部分。在步行冥想中，你就是把注意力集中在通往雙腳與雙腿感覺的輪輻上。我們可以一次專注在一個目標上，例如呼吸、步伐、打太極或做瑜伽時的身體動作等，而藉此建立專注的技巧。我們當然也可以專注於身體的某部位或一幅畫。讓心智專注，並在注意力分散時，將注意力拉回目標上，這種鍛鍊有助於發展專注力的「集中與維持」功能。我們藉此強化軸心的能力，讓它能隨意放射輪輻到邊緣上的任何部分。這種專注技巧是覺照覺察的基礎，也是必要但非充分的特徵。

外界刺激可以進入覺察，吸引我們的注意力，這稱爲「外源注意」（exogenous attention），在忙碌又充滿各種科技玩意的生活中很常發生，例如手機可能突然響起來，聲音傳入耳朵，吸引了我的注意，而從輪輻上出現一條不是我主動啓動的輪輻。如果用圖畫表示，我們會在輪框上點出一個點，然後拉出一條不太粗的輪輻。這就是外源注意力的拉力，是現代科技帶來的挑戰。在必須同時執行多任務的生活，我們經常會看到數條輪輻同時從覺察輪框的不同部分輸入各種資料。

在覺照覺察中，心理軸心就代表讓我們重回想做的事情上的執行功能，能送出另一條輪輻，到想要聚焦的目標上。這種由自己啓動注意力的單一焦點的能力，有時候稱爲「內發注意力」（endogenous attention），因爲它發自我們的意念。有些人則以這個詞來表示「往內觀看」，或「被拉向內在世界的焦點」。總之，這裡所說的「內發」，指的是注意力焦點由內啓動，輪輻瞄準的方向由軸心的執行功能決定，不論引導焦點的輪輻是指向覺察輪框上的哪個部位。

軸心

能夠發現自己的注意力分散，而選擇重新聚焦注意力，是覺照覺察中不可或缺的條件。覺察輪的軸心就具有追蹤注意力目標，並按照自己意願改變注意力焦點的能力。因此可以說覺照會動用到心理軸心，而覺照覺察練習很可能有助於培養及強化軸心。

當我們刻意鍛鍊覺照覺察時，會監督注意歷程本身（覺照的後設覺察），而刻意地訓練心智一次又一次地把注意力轉回到自己的目標（集中並維持的專注訓練，以此強化單一焦點的內發注意力）。這種單一焦點的後設覺察練習就是創造覺照覺察狀態的基礎。反覆啓動覺照軸心的狀態很可能會引發神經可塑性，而使軸心的執行與整合回路大幅改變。軸心一再受到發展與強化後，原本需要費力鍛鍊的狀態就會變成毫不費力的生活特質。因此覺照覺察訓練會強化心智軸心，而使覺照不只是一種鍛鍊，還會成爲一種生活方式。

運用軸心

我們可以將覺照視爲會動用到心智所有的功能，能形塑自己的感官感覺流動、心智會形成的感受、思考的本質，以及自我意識。爲什麼一種特定的覺察形態會影響到如此大範圍的複雜歷程？覺照覺察有什麼特點，而足以對如此多種人類活動，從教育到法律，從子女教養到男女戀愛，帶來深刻的影響？

覺照會決定我們如何定義自己的心智，而心智正是我們主觀生命的核心。覺照所影響的，正是我們經由身體與人際關係調節能量與資訊流的歷程，也就是我們的心智。這種存在狀態，這種特殊的覺察形式，其實都是在調節我們身體中，以及與他人關係中的能量與資訊流。

執行功能與自我調節

針對注意力的科學研究認爲執行功能是心智的一個面向，會直接控制涵蓋更廣的自我調節功能。所謂自我調節就是我們如何塑造生活中的許多面向，從警醒狀態到回應模式等。而在精神病理學領域，自我調節則是我們研究心理健康與心理疾病的發展時，一個很關鍵的概念。

執行功能包含許多認知與情感歷程，這些歷程的平衡就構成自我調節。思考與情感在腦中是彼此交織的，因此不難想像要達到自我調節這樣的整合性功能，我們需要有能力監督及影響心智活動的許多層面，從如何運用注意力到如何感受等。由此可以看到有時以爲是各自分離的思考、情緒及注意力集中歷程，其實會有很重要的互相重疊。我們可以看到這各種面向在腦中融合成一個歷程，一個控制心智世界三面向的自我調節功能。軸心就象徵這個自我調節功能。

在針對覺照覺察冥想訓練的初步研究中[12]，我們發現受試者的執行功能大幅增強，更能壓抑衝動，有更大的認知彈性。原因可能是心智軸心獲得增強，更能發揮其彈性的特質。心智軸心讓我們能夠反思，而反思覺察包含了三個面向：接納、自我觀察及反身覺察。

接納的覺察

心智的軸心也代表一種反思覺察形式，讓我們可以刻意地選擇接納「當下進入心智的一切」。這跟外源注意，也就是我們的心智被拉向某個內在或外在刺激時，有何不同？在這種接納狀態中，我們會刻意覺察完整的覺察，留意五種基本感官感覺、身體的第六感、看見心智本身的第七感，以及對人際關係的第八感。但外源引發的注意力則會使我們分心，脫離刻意的注意狀態，遠離當下的覺察，而迷失在所注意的客體上。

接納是一種刻意接收一切的開放狀態。目前還不知道與接納性相關的確切神經活動，但是可以假設，連結身體、腦幹、邊緣區域跟皮質的整體神經整合可能有助於描繪出這種心理狀態下的大腦情形。如前所述，中央前額葉區域在協調這樣的神經整合中，可能扮演核心的角色。接納性或許就是因此能直接有助於切斷由上而下歷程對當前經驗的自動化影響，幫助我們從反射反應轉變爲包容。

自我觀察的覺察

伴隨著這種接納狀態而來的，是同樣重要的自我觀察。這種反思觀察的功能是對經驗本質的主動探索。許多研究都一致發現，自我反思，也就是將觀察焦點集中於自我，會使中央前額葉啓動（包含內側前額葉與前扣帶皮質）[13]。反思觀察讓個人積極投入觀察歷程中，不但將心智內容置於覺察中，還會抱著探索的熱誠對內容加以深究。當這種自我反思狀態加上接納狀態，就會顯現出COAL的特徵。在COAL架構下的自我了解可以創造出新的、或許令人脫胎換骨的認知。

反身覺察

反身，如這裡所言的，是一種自動化的、不費力的、非概念的歷程。如前一章所言，反身覺察指的是心智不費力、不動用意識層面的觀察，不用語言，而能自我認識的比較直接的能力。這種反身覺察概念，可以幫助我們更了解對覺察的覺察是一種反覆循環的對自身歷程的意識，對自己覺察的覺察。我們可以將反身覺察視爲較大的反思框架下，自動化的後設覺察。

我們之所以能在覺照覺察中獲得後設認知，或許就是因爲反身覺察的自動後設覺察會讓我們在概念性理解出現前，就先描繪出心智地圖。後設認知顯然與中央前額葉區域的神經活動密切相關，既然這個區域會在青春期快速生長及重塑，也就不難了解爲什麼反身覺察功能會在人生這個重要變化階段出現。

整體的反思歷程可能會比反身覺察這個單一元素，運用到更多大腦的概念與語言功能。在自我反思中，自我的所有層面——當下、記憶、未來計畫——都可以被觀察並留意註記。

而在反身覺察層面，則是心智對認知的歷程直接認知。並沒有一種特定的心理架構會企圖創造出這種反身認知，它就是會在這個層次的後設歷程中自然出現。這個歷程所要覺察的，就是它自己。

同頻與注意力

我們可以假設，同頻的歷程會創造出神經的整合狀態，形成反思覺察中接納特質的基礎。在人際整合中，當我們「感覺爲別人所感覺」時，不但會覺得與別人同在，大腦很可能還會建立史帝芬・柏格斯（Steven Porges）所謂的安全的「神經接收性」（neuroception）。柏格斯的「多迷走神經理論」（polyvagal theory）認爲，神經系統會評估一個情境將帶來威脅或安全，並由此啓動腦幹的迷走神經與自律神經系統，而以開放接收的意識回應「安全」狀態，或以另外兩種方式回應「威脅」狀態。面對「威脅」時，一種回應是「戰鬥—逃跑」反應，這時交感神經會狂踩油門，讓我們準備好採取行動；另一種回應則是「凍結」，此時副交感神經會啓動，讓我們癱瘓崩潰。

當人與人之間產生同頻時，會創造出安全的感覺，假設這時就會引發柏格斯所說的，啓動包覆髓鞘的「聰明」迷走神經，使臉部肌肉柔軟，說話語調放鬆，感知系統因此能開放接收來自外界的輸入。在有髓鞘包覆的神經中，神經訊息傳遞會加快。而在安全的神經接收狀態下，這個分枝的迷走神經就會啓動，支持個人變得開放，容易親近他人。這種接納的心理狀態的特質，很類似我們所討論的反思覺察的接納特質。

柏格斯提出一個「社會參與系統」（social engagement system）的概念，認為這個系統會「讓我們得以自發地參與環境，其中包含利社會的溝通行為」。這個迷走神經系統的啓動可能包括促使催產素分泌及分布到全身各處，帶來正面狀態，使人願意有身體上的碰觸或接近。我們可以把這種人際的機制延伸到內在同頻，想像有一種「自我參與系統」，會啓動一種內在的溝通，發自類似柏格斯所說人際之間的「無恐懼的愛」。「無恐懼的愛」這個美妙的片語正足以形容覺照覺察中的「COAL」狀態。

更進一步來說，我們可以假設這種內在的同頻同樣會啓動包含髓鞘迷走神經回路，創造出參與自我直接經驗的安全狀態。只要我們想像大腦實際上能在中央前額葉區域描繪出自己持續不斷的狀態[14]，也就不難想像這種內在同頻如何形塑我們的注意力。我們會在中央前額葉區域，藉由表徵自己親身經驗的神經啓動模式，描繪出在經歷體驗的自我。接著就能如第八章將詳盡討論的，觀察到這些刻意的狀態，而促發自己的感知系統，預期下一刻會發生什麼事。這種內在的觀察與預期歷程，類似兩個同頻的人在共鳴彼此狀態時會發生的狀況，就會創出一種神經整合的狀態。

此處的關鍵在於我們會意識到自己的意念，並直接連結到對於當下經驗的感知，也就是我們能以好奇、開放、接納與愛（無恐懼）的態度，擁抱自我。在這種開放接納的反思中，我們就能與自己的眞實經驗共鳴。

但是，當次級影響阻礙這種共鳴時，內在同頻就無法發生。相反地，當覺照覺察擺脫這種由上而下的阻礙，讓感覺輸入時，整合就會發生，內在同頻被創造出來，神經感知也會將狀態評估爲「安全」。或許內在同頻就是因此減輕心理痛苦，創造出穩定的感覺，讓個人覺得連結到當下每一刻的經驗，也連結到眞實的自我。在這樣感覺安全的狀態下，注意力會變得開放而接納。這種開放特質就是愛的基礎。

塔克（Tucker）、盧（Luu）及德里貝瑞（Derryberry）處理了一個相關的觀點，他們在文獻中寫到：「德西提與傑克森（Decety & Jackson）曾提出同理必須包含三個主要元素：(1)分享他人的情感；(2)維持分隔的自我表徵；以及(3)有彈性的自我情感調節機制，而能同時容納自我與他人的不同觀點。他們也在檢視有關同理歷程的神經造影研究後提出證據，認爲此時的大腦活動不但會映照他人的經驗，而且從腦部的中央額葉（後扣帶皮質、前扣帶皮質、額極〔frontal pole〕）的活動看來，個人此時似乎也會進行轉換自我與他人觀點時，所不可或缺的自我調節機制。」

如果我們將這項分析運用在覺照中，可以想像，「觀察的自我」與「經驗的自我」兩者的觀點轉換，就如自我—他人觀點的轉換，由此想像出自我同理或內在同頻的神經圖像。此時大腦的社會回路會將「經驗中的自我」視爲「他人」，而可以被「觀察的自我」了解，並與之同頻。塔克及同事也認爲，連結皮質與邊緣區域的這些社會回路，也與注意力的執行控制網路互相重疊。

總而言之，我們的假設是，覺照包含了內在的同頻，會運用到映照與同理的社會神經回路，而創造神經整合與彈性的自我調節。在內在同頻中建立的安全感接著就能引發接納性的覺察，使執行注意力開放注意到持續不斷的經驗中所出現的一切。這就是覺照核心中的反思覺察狀態。

接納、自我觀察與反身覺察，這些反思的特質都是覺照覺察的一部分，而且不可能隨意出現，必須經由刻意的意念才能達到。覺照是在當下，「刻意」運用注意力的一種方式。

這種有目的的反思狀態並不只是被動地觀察或記錄覺察經驗，而是可能改變覺察本身的流動。因此接納、觀察與反身覺察都可能是覺照覺察中改變心智的因素。

我們常在心理治療中與病人進行自傳性反思，由此看出刻意的覺察的重要性。當一個人迷失在過去未化解的問題中時，經常無法獲得自傳性記憶中的細節。他們的記憶會有一種外來的感覺，彷彿現在的個人爲過去所囚禁。他們進行自我觀察探索時，就缺乏接納性與反身覺察。

相反地，當一個進入比較刻意的覺照覺察狀態時，就能有目標地加以接納，對當下發生的一切開放。在這種反思狀態中，他們可以選擇投入某一段自傳記憶，邀請浮現的一切進入覺察中：感官感覺、影像、感受、思緒。在覺照狀態中，我們可抱持著意念與開放的態度，隨時準備接收進入覺察範圍的一切。觀察力讓我們能感覺及認知自我；反身覺察創造對覺察的覺察；接納性則引發「COAL」狀態，以暫停評斷。這種來自覺照探索的反思記憶與敘述整合將會帶來很大的療癒力量與深刻的自由。

【第7章】

拋棄評斷

擺脫由上而下的侷限

直接的體驗會讓人意識到，覺照覺察其實包含了擺脫先前學習對當下感官知覺的影響。我們能夠藉此降低由上而下的自動歷程所帶來的影響，創造出「不加評斷」的經驗。我們將會看到，當我們試圖擺脫自動導航時，也必須用到「觀察」的反思能力。

由上而下歷程的科學根據

有關大腦的認知功能，英格爾、佛萊斯及辛格在二〇〇一年的著作中有一段很有幫助的討論：

古典的感覺處理理論認為大腦是被動的，是由外界刺激所驅動的裝置。但是新近的理論則相反地強調感官知覺的侷限天性，認為感知處理是非常主動而且具高度篩選性的歷程。事實上確實有相當多的證據顯示，由上而下的影響力會形塑視丘皮質網絡內在的動力，並會持續不斷地預測輸入的感知資訊，由此控制對外界刺激的處理。

這些由上而下的影響力會以多種不同形態出現，但有些科學家又將此稱爲相反地「由下而上」（bottom-up）歷程，而帶來困惑。因此我在此釐清，我所指的「由上而下」（top-down）影響力是指根深柢固的大腦狀態會影響到當下發生的神經回路啓動，而形塑我們對於此刻經驗的認知。生活中，我們無時無刻都在經歷由上而下的影響力。但是藉由抱持覺照，我們可以從自動化反應中清醒過來，擺脫大範圍的啓動模型的「奴役」。這些啓動模型是來自先前的經驗，而演變爲對或錯的心理模型，或好與壞的預先判斷，並深植於信念中。由上而下的影響力也會以比較不抽象的方式呈現，例如先前習得的強烈情緒反應或身體反應。

這些由上而下的影響力在演化史中有重大的求生價值，因爲它們讓大腦可以快速評估，進行高效率的資訊處理歷程，並啓動有利於有機體生存的行爲。經過許多世代的演變，由上而下的判斷愈快速，人類這個物種生存的機率就愈大。

個人歷史也可能加強這樣由上而下的歷程。如果我們在經驗人生的每一刻時，都像小嬰兒踏出第一步時一樣，那麼永遠都走不到市場。我們必須總結事物，做出歸納，然後用這些心理模型來過濾篩選輸入的資訊，採用有限的樣本，並據此行動。會自動學習的大腦永遠都在尋找相似處與相異處，得出結論，然後行動。

不幸的是，就生活品質而言，這些由上而下的自動過濾如果太過主導，會讓我們無法充分體會活著的感覺。如果大部分的生活都直接送到預先存在的分類中，那麼心就不會專注去感覺所有的經驗，反而變成例行公事而乏味無趣。由上而下的過濾會讓細微的差異消失，任何事物都不再顯得「奇形怪狀」。我們主觀感受的時間不是延伸擴大，而是縮短侷限的。要能充分體會人生，就需要瓦解這些由上而下的奴役，強化我們對日常生活中新鮮事物的敏感度。

大腦皮質的結構或許可以解釋大腦中爲何會有這樣由上而下的影響力。「皮質網絡的構造或許是這些由上而下影響力的『隱性』來源之一。舉例來說，皮層區域中的側向連結（lateral connections）形態，就具體呈現了由演化遺傳而來，以及經由經驗學習而來的種種預測。」[1]

由上而下的歷程被定義爲「皮質層與生俱來的，對神經資訊的調節」。這些歷程會影響到大腦系統的所有層面，包含了計畫、操作記憶及注意力等，並經由邊緣區域、頂葉區域及額葉區域等廣泛大腦區域中的大規模神經群組而進行。這些區域，以及它們在顯性與隱性記憶中的更高層表徵（事實與自傳性記憶；信念與心理模型等），都會持續影響大腦在處理新感知和新資訊時，神經群組的分類（或啓動／協調）。這些神經活動被「分類」時，就是被由上而下的影響力形塑成固定的模型。這就是奴役。

這些討論的重點在於大群組神經的啓動模式會受到過去的學習及遺傳的發展特徵影響，例如一個人的天生性情等。而覺照會讓我們更接近對經驗的直接認知，因此探索到自我更深刻的精髓，而直接違抗這些由上而下的影響。請留意，包括「高層」的皮質層思考，與「低層」的身體與情緒反應都是這種次級的由上而下歷程的組成元素。由此觀點而言，「由下而上」則是指更初級的感官經驗，也就是能通往「本來自我」的，更基本更核心的自我經驗。

從比較務實的層面來看，如果來自過去的，由上而下的影響力創造出一整套內在的「應該」評斷，而我們又缺乏後設認知，以致讓這些信念所奴役，就可能對自己與他人都有許多先入爲主的評斷。

由下而上歷程的科學根據

雖然覺照覺察並不僅止於覺察到自己的感官感覺，但是感官感覺確實是直接體驗的重要元素。當我們瓦解由上而下的影響，而能直接體驗注意焦點內的直接經驗時，我們就更接近單純，而能進入位於覺照生活核心的「本來自我」。就像卡巴金所說，當我們「接觸到自己的感官感覺」時，就能立基在覺照的存在中，開啓自己的心。從大腦科學觀點來看這種充分感受當下的經驗，可以幫助我們了解：由下往上的歷程如何能讓我們從由上往下的牢籠解放出來。

八種感官都有各自的主要神經回路，讓我們得以⑴經由頭五種感官感知外界，⑵擁有所謂第六感的對身體的內在感知，⑶藉由第七感，獲得對自己與他人心智的心見，以及⑷在第八感中，直接感受到除了日常生活中適應生存的自我以外，自己與更廣大的世界的共鳴。

我們可以藉由直接聚焦於這八種感官的任何一種，而達成由下而上的歷程，但是一開始最有效的方法可能是從身體開始[2]。例如先感覺呼吸，意識到吸氣，然後是吸氣到呼氣的轉變，然後是吐氣。我們會在這規律的生命循環中，覺察到永遠存在的與外界接觸的身體，而創造出注意力與肉體自我之間的共鳴連結。我們乘著呼吸的波浪，意識到活著的奇蹟，也意識到，能感受支撐神奇生命之旅的空氣，是一種奇蹟。

很快地，周圍的聲響就會充滿我們的覺察，邀請我們品嚐五官感覺的每一種。在正念減壓療法中，光是品嚐一顆葡萄乾，就超過五分鐘。誰能想到一顆脫水的葡萄會有如此複雜的味覺層次？我在「正念認知研究中心」接受過這樣的訓練後，大腦裡似乎出現了某種說不出的改變，因此當我們在訓練後立即去吃午餐時，盤子裡的沙拉居然帶給我一趟味蕾、耳朵和鼻子的發現之旅。我無法參與餐桌上的談話，甚至無法開口讓他們知道我爲什麼不加入對話。我跟那盤沙拉親密地在一起，所有的味道、聲響、氣味與質地，隨著每一小口，緩緩地充滿我的覺察。那轉變如此豐富，如此讓人自由，讓我忍不住咯咯笑起來。現在我明白，那是一頓「漫長的午餐」，因爲我在品嚐一整盤的「奇形怪狀」。

由下而上的歷程讓我們進入當下。我最近曾教導一個病人一些基本的覺照反思技巧（詳細內容見第13章）。她在每天花幾分鐘練習這些技巧之後說：「哇！那感覺就像靈魂回到了我的身體裡。眞的好神奇！當我的腦袋變得亂七八糟時，我只要注意呼吸，然後，唰一聲，我的靈魂就馬上回來了。那感覺好不一樣，好棒。」

專注於感官感覺，可以讓我們以直接的感官感覺，覺察到外界跟自己的身體。當這種由下而上的豐富質地變成生活的一部分時，很快就會創造出一種經驗的品質，讓我們得以以由下而上的歷程體驗第七感與第八感。感覺心智的思緒、感受、記憶、信念、態度、意圖與感知，顯然不像感覺頭六種感官時，那麼直接立基於物理世界。所以這時我們如何知道這些感覺不會讓次級的由上而下歷程所束縛？不論從經驗或從科學來看，這個問題都很難回答，但是從直覺來說，那感覺應該是可以覺察到心智的活動，以及我們在第八感裡的人際關係，有種根植於基本骨架的特質。沒有任何要遮掩的東西，沒有要擦拭的模糊的鏡頭，沒有要揭露的各種防衛機制與適應方式，只是純粹的存在，只有這個思緒，這個情緒，這個連結感。這就是覺察分流中的「感官感覺」流，在將我們專注的覺察輪中的某一部分資訊帶入軸心（見圖4.3，頁95）。

覺照會藉由接納、自我觀察及反身覺察，而釐清由下而上的視野。確實，浸淫在直接的感官經驗，可能是培養覺照技巧的管道。但覺照覺察並不「單純只是由下而上」，因爲「本來自我」似乎不可能自己擺脫在成年生活中常有的由上而下的奴役。在覺照覺察中，我們會發展全部四種覺察流，包括感官感覺、觀察、感知與認知，其中就包含了區辨力，讓我們能偵測及去除妨礙直接經驗的阻礙。

大腦皮質與意識

在討論覺照覺察時，我們必須檢視「覺察」，或說「意識」，究竟是什麼意思。

神經動力學

神經動力學（neurodynamics）的研究提供了很有用的觀點，讓我們可以了解像大腦這樣的大規模複雜系統如何創造出不斷改變的啓動模式，而跟主觀意識經驗彼此相關。柯斯梅利、藍秀斯與湯普森（Cosmelli, Lachaux, & Thompson）提出了深刻的見解：

> 認知科學裡很重要的一項問題就是，了解持續的意識經驗跟大腦及神經系統的運作，如何互相關連。神經動力學是很強大的研究方法，因為它提供了一個連貫的架構，可以探究改變、變異性、活動的複雜時間空間模式，以及多向度的歷程等等。意識是本質上極為多變的現象，因此我們採取的研究架構需要能幫助我們辨識其變化動力。

神經動力學將大腦視爲一個可以自我組織的複雜系統。大腦這個多變的實體是開放的系統，有複雜的啓動狀態。這個研究方法的基本面向之一是檢視神經組合中的大範圍變化模式。由這個觀點來看，要了解意識，就必須對分布各個區域的電流活動模式施以複雜的評量。

舉例來說，伊凡•湯普森（Evan Thompson）與已經過世的法藍西斯哥•法雷拉（Francisco Varela）就提出了意識的三面向模型。該模型由湯普森及其同事[3]概略總結爲：「與意識相關的神經歷程應該被描繪爲大範圍的，暫時的時空模式。對意識而言，極爲關鍵的歷程並不僅限於腦中的活動，還包含了處在環境中的身體。」因此決定意識的當下即時的歷程「至少橫跨三個運作循環」，而跨越大腦—身體—世界的界限。其中包括了有機體的調節循環、有機體與環境間的感官運動配合，以及各個主體間的互動循環。「這最後一種循環必須仰賴各種不同層次的感覺運動配合，尤其需要由所謂的鏡像神經系統協調。鏡像神經系統在我們進行自發的目標取向的行動時，以及我們觀察到別人進行相同的行動時，會顯現出相似的啓動模式。」[4]

從這個角度來看，「意識」是超越了個人體驗的，發自大腦的意識，而延伸到在身體與人際關係世界裡的「有意識」的自我。這個模型跟我們的心智定義完美地相符，也讓我們看到「感覺與運動的配對」（sensorimotor coupling）爲何是相對於覺察最重要的神經活動（參見第9章）。

不變表徵：次級流與初級流

我們在前面看到，大腦中有六層結構的皮質細胞柱會由下而上傳送進來新的感官感覺，並在細胞柱的第五層或第六層登錄這原始的神經啓動模式。雖然這些輸入資訊已經過視丘過濾，因此我們知道這些神經啓動模式已經相當遠離被感覺的「事物本身」，但它們仍是神經系統對感官輸入最直接的轉換。我們稱此爲「初級」的資訊流，因爲它們是進入皮質層的最初資訊，遠在覺察發生之前。我們可以感覺到光、觸摸、味道、聲音、氣味；可以感覺到身體的狀態與四肢的位置；可以感覺到心智本身，直接體驗思緒與影像、希望與夢想、記憶與擔憂；甚至還可能經由皮質層評估這些內在狀態，以第八感感覺到我們與人的關係——共鳴或不和諧。

這八種在覺察發生之前的初級感官經驗會動用到記錄這些經驗的初級區域。這些初級輸入區域包含記錄嗅覺以外五官感覺的後皮質層；記錄身體感覺的特別區域及其他後皮質層區域；經由腦島輸入的神經啓動流而記錄內在感知資訊的腦部中央前額葉區域；創造自我覺察意識，而能意識自我觀察及後設認知等心理歷程的中央前額葉啓動；或許還有感受共鳴與連結的鏡像神經相關回路，以及中央前額葉系統（參見附錄二）。

這八種感覺的「初級皮質層來源」必須在運作上連結到側邊的（背外側）前額葉區域，才能讓我們感受到其內容，而進入意識層面。大致的概念是，覺察必定涉及與這個側邊前額葉區域的連結。感官感覺歷程可以發生在「覺察之下」，這時候這些初級區域仍會被啓動，只是不會連結到這個側邊區域。

側邊與腦中央的前額葉區域會並肩合作，創造覺察，目的不僅是要給予我們某種特定的意識，更要幫助調節接下來的內在與外在反應。有了覺察，我們才能選擇自己的反應。因此覺察不僅是影響我們所知的元素之一，還會改變未來大腦啓動的方向。

研究發現，左腦的前額葉皮質似乎會在覺照練習中啓動。這項發現非常有助於探索我們是如何消除由上而下的歷程[5]。左半腦經常被認爲跟邏輯、語言、線性及文字歷程等有關，但除此之外，似乎也主導了敘說故事的動力。更早的研究[6]就曾提出，左腦主導敘述的動力，而右腦則專長於儲藏自傳性記憶，因此我們很可能需要左右腦的整合，才能說出連貫的人生故事。

就覺照覺察而言，我們認爲，經由正念減壓訓練使左腦主導，很可能不但會引發正面積極的狀態，也會啓動左腦的敘述功能中的「描述／標示」層面。當我們能積極地接近心智的內容，而非逃避時，生命經驗就會大不相同。而能夠形諸語言，則能幫助我們跟別人、也跟自己分享自己的內心。

敘述一開始是來自非語言的歷程，而且似乎源自於大腦與生俱來的，會將龐大神經網絡中的各種表徵加以分類、揀選、組合的傾向。在形成語言之前，大腦早就會創造非語言的敘述，將神經啓動模式加以選擇組合，用來整理我們對世界的感覺。即使是最基礎層次的感知，也是一個經過組合的歷程。

注意力會引導資訊流的處理歷程。在非語言的神經網絡群集中，被組合起來的神經表徵，會幫助我們組織實際上不斷流動的「資訊」。接下來，有意識的注意力對特定感官領域的覺察，則會幫助心智抽取這些組合，加以整理選擇特定的一些，並拋棄其他。

有了側邊前額葉區域的覺察，再搭配有彈性的後設認知與自我觀察，以及中央前額葉區域的身體調節功能，我們有可能眞的脫離自動化的神經啓動模式。

擁有超越單純覺察的，更完整的覺照覺察後，我們就能脫離過去在記憶中建立的由上而下的不變表徵，使其不再塑造及侷限持續湧進的新的感官感覺。

覺照覺察比僅僅是專注當下的單純覺察更完整，因爲單純覺察似乎不一定會動用到中央前額葉區域。這個假設可以經由實證加以驗證。我認爲，僅僅覺察當下的感官感覺只會讓一個人體驗到由上而下自動化的歷程，而無法加以干預，因爲少了後設覺察，這些不變表徵將會是透明的，被視爲「理所當然」。

相反地，覺照覺察則讓我們脫離自動化。或許是覺照當中的「反思」包含了接納性、自我觀察與反身覺察，使我們有能力脫離自動化的不變表徵。這有助於釐清爲什麼只有在有冥想經驗的受試者身上，「觀察」才是可以清楚觀察到的特徵。

我們可以猜測主動的觀察應該跟左腦比較有關。左腦的叙述功能和觀察「見證」能力，或許跟積極接近狀態有正相關，並使觀察功能積極發揮，而能偵測及擺脫過去透明的由上而下影響。

減少由上而下的奴役

由上而下的影響背後是什麼？我們究竟是如何能「直接看到」？這些由上而下的影響力是在哪裡形塑這四股覺察流？我們可以觀察這種中立的見證方式，以清晰地看到覺察本身的內在歷程。

概念充滿了來自不變表徵的影響力。或許在覺照認知中，我們會試圖放鬆過早的「類型的僵化」（hardening of the categories）所帶來的束縛，但是我們的知識骨架仍舊是由語言，以及過去習得聯想的語意結構所形成。至於感官感覺呢？如前所述，從直接感官資訊到組成感知的途徑，必定經過由上而下偏見的篩選，會用過去經驗來塑造持續發生的新經驗。

非概念認知或許是比較深層的表徵，可以隱藏在不變表徵影響力的雷達之下。第五章說過，本來自我可能是存在由上而下影響力之下的赤裸自我。因此非概念認知事實上有可能就是在評量這個赤裸自我的狀態。如果眞是如此，那麼覺察中的非概念認知流，加上感知之前的感官感覺，以及觀察流，或許就能讓我們察覺由上而下奴役的背後究竟是什麼。

消除既定的想法與反應，也就是在我們經歷現實時一直存在的由上而下的影響，是極爲困難的挑戰。包括要如何放棄去想該如何放棄這些想法，都顯得自相矛盾而困難重重。但是至少直接的體驗就處理了這個問題。當我們在覺照狀態中獲得直接的經驗時，可以感受到赤裸的根本，而其他歷程可以視爲只是心智活動。

卡巴金在一篇文章中談到這種概念認知帶來的挑戰。他在文中描述，教導正念減壓療法的老師爲何自己也需要練習覺照：

> 既然這項練習的重點全都在於釐清你的視野，使你超越概念化心智的侷限（不為這些侷限所困住或遮蔽），同時不排斥概念化心智，也不排斥在較大的覺察脈絡時，思考的力量與實用性，那麼一個人如果沒有親身體驗可供利用，只能汲取書上的知識與概念，要如何確切而適當地回應可能的問題？

要以覺照模式在臨床或教育架構裡，執行目標取向的行動，看起來似乎是自相矛盾的挑戰。「你所需要的，只是暫時褪去一層鏡片，戴上新的鏡片，或我們所謂的原始心智的『無鏡片』（nonlenses），來看待每一刻不斷演變的自己的經驗，也就是經由非評斷、非反射反應，非概念化的注意力。」[7]在此我們再度看到化解由上而下的影響，才能進入反思的覺照覺察狀態。在這樣的狀態中，我們必須「刻意暫停平常的指涉架構及認知協調系統，只是單純地觀看自己的心智與身體」。

覺照覺察能夠消除的，正是這個「認知協調系統」。但是這究竟是如何達成，沒有任何人知道。但是我想在此假設這種反思狀態帶來的獨特能力，包括接納、觀察與反身覺察，似乎就是讓我們能脫離由上而下自動化心理歷程的關鍵。

我們可以想像，在大腦裡，當非概念認知被覺察時，某些組合的神經元會啓動，開始以特定的頻率共同震動，並在循環回路裡互相強化彼此的啓動，最終在達到足夠的整合複雜性時進入意識。我們因此可以直接感受到（認知）——足以感覺到它，記得它，得到全部的覺察流，而足以相信它的存在，而在此用文字跟你叙述出來。

當「概念」出現時，這些由上而下的，以概念爲基礎的，來自末梢神經元的共震，則會對「非概念認知」的神經組合加以奴役，使其在功能上消失。在大腦裡，「概念」就是在過去經驗中反覆啓動，而變得根深柢固的神經組合模式。我們學會以概念思考，還會因爲這樣的思考，在學校跟家庭裡獲得「情感上的獎賞」，更發揮神經可塑性，強化這些由上而下不變概念表徵的連結。這沒有什麼「不對」，只是顯示出由上而下影響的強大力量與自動特性。

如果我能夠完全保持覺照，或許就能直接感受到這些影響。在那樣開放的狀態中，這些影響可能會顯現在覺察中，並在心智留意記下後就消失無蹤。心智註記爲何能達成這個效果，很值得探討。一個線索可能是注意力所能運用的資源有限：如果我在心智註記，自動化影響的力量就無法獨佔優勢。覺照覺察會創造區辨力，也可能消除自動化的神經啓動。

如果我們想獲得自由，脫離掌握生活的「應該」與其他自動化的錯誤信念，就是要學習強化本來自我、赤裸覺察、非概念認知及核心自我的神經組合。我們確實可以訓練心智，更深刻體會周遭的世界。我們不需要被由上而下的影響奴役。這就是潛入信念底下，接近覺察根本的歷程。

接觸本來自我

我們的心智無時無刻都在評斷。放鬆評斷的掌握，似乎是非評斷狀態的關鍵。每一股覺察分流都會以其獨特的方式支持非評斷狀態：「光是感覺」讓我們得以擁抱經驗本身。我可以感覺感官感覺，也可以感覺觀察、概念，甚至非概念化的理解。但是觀察也很重要，能夠讓我們脫離本來可能會有的一連串反射反應，而不僅加以感覺，也能從旁觀察。這會讓覺照超越「只是覺察」的層面。但是要擁抱這一切，我還需要概念，包括讓現在進行式的心智現實擁有描述它的語言：思考中、感受中、感覺中。在靜觀冥想時，爲了避免迷失於一段回憶裡，我可以說（這也是用語言表達的概念）：「回憶中」，然後讓這心像如氣球般飄走，或如氣泡般破掉。用語言加以描述與標示——概念化的歷程——也是覺照覺察的根本部分。

因此，對我而言，覺察感官感覺、觀察及概念，都有助於脫離自動化反應。但是在靜默避靜的那週裡，我清楚地發現，這三股分流不僅讓我擁有存在當下的自由，也開啓了另一道潛藏的覺察流，也就是非概念的理解，而這股支流似乎會將所有分流匯聚在一起。

剛開始保持靜默時，我覺得彷彿平常所有的外在定錨點都消失了，承載我心靈的船隻就要失去停泊的依靠。但是過了一段時間之後，我反而找到了自己的心，感覺非常熟悉，就像是遇到如詩人德瑞克・瓦科特（Derek Walcott）所說「已經愛了你一輩子」，卻一直被你視爲理所當然的人。與內在同頻，感覺就像是回到家。我們的自我認同中充滿了從小到大，因應各種經驗所衍生的適應方式。記錄這些事件與我們適應方法的重重記憶，形成了神經連結的骨架，用來組織生活。充滿了由上而下的影響，這些不變的表徵，伴隨著情緒騷動而加強神經可塑性，因而更加強化。它們也屬於循環影響的一部分，讓我們根據一定的自我認同去行爲，也讓世界以特定方式加以回應。接著我們會根據別人對待我們的方式，去對待別人，更加深我們的行爲模式，固化我們的自我認同。

經由人際互動與身體形成的能量與資訊的模式，會形塑記憶，然後衍生出我們的心智。於是我們可以看到突觸連結（記憶）跟人際互動（社會互動習慣），匯集成一個身分認同，像是一件透明的外套，我們隨時穿在身上，侷限自己如何生活。覺照覺察提供一個機會，讓身分認同的外衣顯現出來，看到隱藏在外衣表面下的事物。

從這樣的反思觀點，我們看到身分認同實際上就是一種組織架構，幫助我們求生存及適應環境。但在這外衣之下，或許會有一種米蘭・昆德拉所稱的「生命無法承受之輕」。這種輕或許讓人難以承受，因此大多數人會緊抓著身分認同的外衣不放，以避免充分沉浸在一開始可能感覺極度混亂的本來自我當中。我們的身分認同是眞實的，但它並不是全部。這種覺察可能讓你的人生徹底改觀。接觸本來自我讓我們得以帶著新鮮感跟即時感去體驗生活，而帶來很大的自由。

覺照覺察之所以能夠提升生理、心理與人際的健康，就來自於它能幫助我們脫離嚴格的身分認同的牢籠，脫離心性習慣。這些由身分認同驅使的記憶與期待，這些人生敘述的主題跟反應的情緒模式，經常會迫使我們屈服它們篩選形塑感知的巨大骨架。

這裡的重點並不是要除去個人的人生故事或身分認同，而是創造出連貫的人生故事，讓一個人能脫離來自過去的束縛。詩人說「享受人生的盛宴」，覺照讓我們準備好大快朵頤。

與本來自我相關的神經活動

少了評斷，我們是誰？如果我們「只是」好奇、開放、接納，甚至抱持大愛，那麼我們的身分去了哪裡？這些問題乍聽可能很奇怪，但其實類似評斷、記憶、情緒反射反應，以及身分認同等由上而下的影響並不會如此輕易地放鬆對心智的掌握。少了這些，我們會是什麼樣子？拋棄評斷，以及自由地感受經驗，所帶來的優點是我們會在生活中得到更多的報償，更投入，更興奮，更有彈性，生理更健康。

我們已經看過基本的概念：事物原本的樣子，會與我們由上而下不變表徵所期待的樣子互相碰撞。我們會用過去的篩網，過濾現在的感官感覺，讓未來更容易預期。但在這個過程中，我們失去了當下。唯一在此時此刻存在的，就是當下。聽起來很簡單，但是要去除由上而下的影響力，並沒有那麼容易，因為大腦的神經連結會支持它們奴役由下而上的生活經驗。這些神經連結的力量遠大於生活在當下所帶來的不確定性。因此要保持覺照不僅需要專注，也需要勇氣。

有一項神經科學研究有助於我們了解這是怎麼發生的。一個人如果陷入暫時性的全面失憶，個人身分認同的意識就會暫時消失。我曾經因爲腦傷，而導致額葉區域的皮質層中，神經軸突啓動模式暫時無法作用，科學家認爲雖然意識完全不受損傷，但個人身分認同卻會消失。在這種狀態下，你不再感覺到過去的經驗經由身分認同的外衣，發揮由上而下的影響力。這種狀態顯示，腦部可以不受身分認同的束縛，體驗赤裸原始的直接感官感覺。在這個例子裡，腦部的撞傷無意間消除了隱藏身分認同的神經模式。

想像一下全面失憶的特質，以及覺照覺察如何潛入身分認同伴隨的由上而下影響力之下，或許就能了解，我們如何能阻斷這些神經管道，而阻止平常經由「自我」篩選感知的神經模式。就如第四章所提到的，多年前我因意外而經歷暫時失憶時，便能將注意力清楚地集中在持續發生的感官感覺上。我們知道操作記憶，只有很有限的空間，可以把一定量的表徵放在心智焦點上。這種操作記憶歷程與背外側前額葉皮質有關。當腦部其他區域的活動，經由視丘，在功能上連結到這個背外側前額葉區域時，這比較偏遠區域的表徵就能進入暫時的意識中。而在暫時失憶時，當感覺神經輸入到視丘時，皮質層的自我神經模式不會再左右這個篩選歷程。少了這個佔據很大空間的輸入，感官感覺因此變得很豐富、原始，而且相對較不扭曲。

我在意外後的個人經驗顯示，我們確實可能抑制伴隨自我認同的對感官感覺的持續影響，至少可以藉由阻斷某些功能達成。因此我不禁思索，或許可以發展某種心智練習，刻意地阻斷這種皮質層的影響。我們仍可以維持深刻的自我核心，本來的自我，同時脫離加諸許多限制的「我」的意識，而避免使生活窒息。

覺照覺察眞能阻斷平常會創造出自我身分認同的大範圍神經啓動模式嗎？由於心理狀態被認爲是分布各處的多個神經群集啓動的組合，想像某些意識狀態（例如覺照）或許能直接影響某些由上而下影響力，例如身分認同的神經啓動組合。如果包含背外側前額葉區域（處理意識），以及中央前額葉區域（處理反思思考、自我觀察、接納性、自我調節、共鳴）的覺照覺察特定神經組合被啓動，是否也會像在全面失憶時一樣，阻斷額葉區域的功能？以穿顱磁刺激（transmagnetic stimulation）所做的皮質層干擾研究，證實大腦這個複雜系統確實可以改變其電流的組織狀態[8]。這些負有調節功能的前額葉區域是否能改變身分認同如此大範圍的神經啓動組合，和其他由上而下的不變表徵的影響？如果這樣的改變足以影響視丘皮質，而決定什麼訊息進入覺察狀態，就可以想像爲何自我意識經驗可以被大幅改變。

奧斯汀曾研究過佛教禪坐練習與神經科學之間的關係，而在論文中寫到一種相關但不同的，名爲「見性」（kensho）的歷程。奧斯汀是神經科學家，對於神經運作干擾有專業的了解，他也禪坐，因此有進入不同意識狀態的親身經驗。他寫道：

一旦你超越自我的這道單純界限，進入肉體（soma）與精神（psyche），就會很容易了解不同意識狀態的差異。舉例來說，早期的表淺的專注狀態會拋棄物理自我的意識。但是後期的見性狀態不但會拋棄物理的自我，所帶來的洞見還會徹底改變一個人過去認為構成現實的所有概念。見性讓我更容易客觀地看見在我的自我中，各自分離的「我主體─我客體─我所有」（I-Me-Mine）的運作，也讓我看出我過去是如何深刻而過度地受到制約。

奧斯汀寫到大腦中的兩組回路──「自我中心」（egocentric）及「全體中心」（allocentric），他假定在見性狀態中，建構自傳性自我敘述時很重要的神經網絡可能會關閉。這個神經網絡可能包含在腦幹頂端的視丘。視丘的功能有如一個轉接站，大多數的感知輸入都會由此經過。當自傳性神經網路關閉時，來自較深層的結構，如腦幹層次的輸入資訊，因此能直接進出資訊流的大門，決定我們感知到自我中心或全體中心的感受。他認爲，視丘的層內核（intralaminar nuclei）可能與見性中的高度覺察（hyperawareness）有關，而這種覺察可以增加比較末梢區域，例如皮質中的一種「高頻率同步」（fast-frequency synchrony）。這些視丘中的細胞核接著便形成循環的歷程，促進從皮質到視丘再回到皮質的回路的共鳴，因此改變自我中心與全體中心的網絡的運作。不過他也承認這些假設還需要實證的驗證。

紐柏格（Newberg）曾在文獻中報告，佛教修行者在冥想中及修女在祈禱中達到「巔峰」狀態時，其大腦中用來幫助定義身體界限的頂葉區域的活動量都會降低[9]。雖然這項研究沒有清楚說明這種主觀狀態的確切本質，但檢視與我們的自我認同經驗相關的皮質區域，或許可以找到關乎自我身體意識改變的神經活動。

我們也可以檢視較廣泛的，與意識相關的神經活動的討論，以獲得進一步了解。例如華特·佛瑞曼（Walter Freeman）有關意識與大腦的精彩討論，在名為〈新皮質是哺乳類的意念器官〉（Neocortex as an Organ of Mammalian Intentionality）的章節中，他寫到：

> 新近的研究從自願受試者的頭皮記錄腦波變化……而顯示出左右腦各個模組的合作……表示兩邊半腦的感官與邊緣區域都能快速進入合作狀態，而該狀態持續時間約十分之一秒，然後就會消失，讓下一個狀態出現。合作的關鍵要仰賴整個半腦都進入一個全面性的混沌吸子（chaotic attractor）當中。

這顯示大範圍的組合會快速形成，以創造出當下的覺察。佛瑞曼更進一步認為：

〔他的〕假設是，每一邊半腦的全面性時空啟動模式，是與覺察最主要的相關神經活動。大腦中的互動群集會持續創造新的混亂活動模式，然後廣泛傳遞，影響到整體狀態的演變。意義的內容就是這樣產生，並因此愈來愈豐富、廣大、複雜……所以整個半腦，在其變化多端的各部分達成一致時，一次只能支持一個全面性的時空模式，但是這個統一的模式會持續變化，產生混沌但具有目的性的意識流。

拋棄評斷

我們可以想像，如果在覺照中，額葉的神經組合的某些部分不包含在進入「合作狀態」的「互動群集」中，就可能刻意地接觸到本來自我。就如暫時的全面性失憶可以帶來對持續感官感覺的「赤裸」覺察，不受由上而下身分認同的限制，覺照覺察也能去除這些「額葉」的模組，讓它們不被包含在意識經驗的組合中。

我們或許可以經由佛瑞曼對時間的討論，更了解直接經驗的快速感受，那種覺察中的變化。如果大腦每十分之一秒就有新的啓動組合狀態，創造出「此刻」的覺察感受，那麼我們也很可能有快速變化的經驗，浸淫在不斷變化的四股覺察流中。意識可能在兩秒鐘內感受到這四股分流的五種不同組合。在這兩秒當中，主觀經驗可能會覺得是四股分流同時呈現。但是如果佛瑞曼的假設正確，那麼大腦監測儀上每十分之一秒的啓動模式，看起來會是不斷跳動改變的間斷時空模式，而非一道銜接完美的意識流。

有趣的是，丹尼爾・史丹（Daniel Stern）對廣泛的研究加以分析後，推論出我們所認爲的「當下」的主觀感覺，大約是持續五到八秒鐘。從神經的角度而言，這表示我們在當下一刻，可能經歷至少五十種「狀態」。從我自己的覺察流經驗而言，這表示，在當下一刻，我可能有來自每種覺察流十二到二十次的輸入，讓我有深刻的「身在當下」的連續感與清晰感。

當意識之河在覺照覺察中流動時，我們就可能在內在經驗中穩定狀態。當穩定狀態持續時，感官會變得更加生動，細節會更容易被吸收，最終更容易形諸於語言，對自己跟他人描述。

當你接近由上而下歷程之下的感官感覺，接近赤裸的自我，大腦可能會記錄下這樣的狀態，讓未來更容易發生。可以假定，在覺照覺察中，本來自我並不是企圖擺脫個人身分認同的「較好」狀態，而是讓神經連結到由上而下影響力之下的感官感覺，而擴大自我身分認同。因此覺照的特質或許就能擺脫大範圍的，由上而下歷程的神經啓動組合，讓我們「同時」體驗到本來自我及身分認同。有了這樣的特質之後，過去侷限我們的身分認同就變得比較有彈性，最終脫胎換骨。

組合特定的啓動模組，將本來自我帶入覺察中，是一種可學習的技能。要學會這種技能，你不需要從日常生活中消失，反而是要以新的方式，現身在生活裡。

此外，要拋棄評斷，我們必須阻斷強化由上而下歷程的循環。由上而下影響的動態定義就是指這些「高層」的歷程，例如身分認同等，如何進行所謂的奴役任務，不斷塑造當下的「低層」感知歷程。這種塑造是自動化的，並在日常生活中持續進行。但是在覺照覺察中，則會出現深刻的不同。除了只是「感覺當下」以外，覺照還包含非評斷及描述內在狀態的層面，這些都會帶來後設覺察，也就是認知到心智本身。我們已經看到包含接納性、觀察力與反身覺察的反思可能大幅改變意識所牽涉的大範圍神經啓動組合，讓我們接觸到本來自我，而不執著於評斷。

我們可以想像，脫離這些自動化歷程時，也會強化創造覺照的連貫狀態所需的神經連結。當一個人持續鍛鍊覺照覺察時，也會變得比較容易啓動赤裸覺察的神經組合，使人接觸到赤裸的本來自我。長時間下來，覺照的大範圍啓動組合便能有效快速地出現，甚至毫不費力幫我們擺脫由上而下的歷程，而成爲一個人「個性」的特質。從研究的術語來說，這種長久的改變會出現在一些可觀察到的特質上，例如情感與認知風格及與人互動的模式都會變得有彈性。

由此可見，將大範圍之間的神經元組合起來的功能性連結，應該是這種神經可塑性變化發生的關鍵。當我們了解內在同頻與神經整合如何能改變這些大範圍組合時，或許就能一窺這兩者如何提升心智的能力，使其更接近由上而下歷程之下的赤裸覺察。

覺照的詩句

隨著邁向覺照的旅途不斷開展，我開始更強烈地覺察到過去無法以言語形容的東西，一種存在的本質。好幾年前，我無意間看到約翰・歐唐納修，這位愛爾蘭天主教學者、哲學家、詩人所寫的作品：《賽爾特智慧之書》（*Anam Cara: A Book of Celtic Wisdom*），撩動了我心底深處的一根弦。

他的散文讀起來像詩，描繪著我們渴望歸屬的深刻本質。讓我尤其感動的是他討論到獨處的重要，獨處能幫助人認識自己、重新獲得平衡感。我曾經有幸與歐唐納修一起主持在奧勒崗舉行的避靜營隊，第二天，我說了前一晚的體驗。那是一個寒風刺骨的秋天傍晚，我走下破舊的階梯，來到下方岩石崎嶇的海岸上。天空中點綴著從雲層中斷斷續續閃爍光芒的，遙遠的星星。在眼睛適應了微弱的星光之後，我看到海浪蜿蜒曲折的邊緣，拍打著長達數公里的陡峭山壁下的海岸。我穿過岩石間的一個洞穴時，突然聽到一個聲響，心臟狂跳了一下。本來凝視星光發呆的我驚醒過來，轉向看起來像是峭壁中洞穴的地方，想像自己會看到一個入侵者，一頭熊，或其他的威脅。我緊抓著手電筒，拇指用力按住按鈕。當我朝黑暗中凝視時，我發現這強烈的光線讓我更難看清楚。我破壞了自己在適應昏暗光線後擁有的夜間視覺。

我握著手電筒朝向前方，想像它的光束在洞穴裡投下一道集中的強光。雖然這有限的視野會呈現出清楚的細節，我卻因此看不到整個場景的大局。

從小到大，我們一直拿著這些注意力的聚光燈，選擇性地照射在需要做的事情上，缺少了心智的夜間視覺，看不到眞實全面的大局。我們失去了存在的精髓，存在當下的核心。存在當下，就是赤裸地覺察到接納而開闊的心。在爲了求生存而產生的種種適應方式之下，我們仍有一個強而有力的心智視覺，可以接納所發生的一切。覺照所創造的，就是這樣的存在。這是一種重新創造，因爲小孩子在生命剛開始時就曾經有過這樣接納的充滿樂趣的存在。英文中的「娛樂」（recreation），就是由「再度」和「創造」結合而成，其最深刻的意義就是，重新創造充滿樂趣的存在狀態。

當我們感覺到別人的存在，就會感覺到自己被對方開闊的心接納。而當我們保持這樣的存在，其他人，甚至是全世界，也會被接納進我們的生命裡。

當我對歐唐納修及他稱爲「神祕主義者」的學生們叙述這個小故事時，正齊聚在一間俯瞰大海的小廳堂裡，大家對我自以爲遭到山羊攻擊的想法都覺得好笑。這個故事可以淸楚地比喻人生：我們想像會遭遇危險，便創造出一套概念架構來拯救自己，或創造出自己的身分認同來定義跟限制自己，以便在這稱爲人生的瘋狂旅程中預測未知，控制結果。

放掉這類由上而下的影響，就是覺照覺察的藝術。存在當下的接納性，讓我們能解開奴役自己的枷鎖。我們經常沒說出口的是，我們害怕少了固定的架構，就會喪失心智，陷入瘋狂，遭受攻擊，最終死亡。

我們利用語言這種認知裝置，想在這充滿不確定的世界裡找出自己的路。語言可以解放我們：這些象徵符號十分重要，讓我們與經驗保持適當距離，而在這複雜的宇宙裡，比較、對比跟揭露模式。看到這些模式，並用語言加以描述，也讓我們能跟別人傳達這些洞見。因此語言確實是了解與分享的神奇管道。

然而語言也能讓我們落入圈套。如果我們沒有發現語言的限制，將語言等同於現實，它們就可能由上而下地對生活帶來毀滅性的影響。我們可能因此相信「智商」是生來就決定的，無法加以改變。我們可以因此認爲「我們」都是好人，「他們」都是壞人。我們甚至可能覺得「我」是如此眞實而重要，因此「你」根本無關緊要。在這種時候，語言束縛我們，困住我們的心智，遮蔽我們的視線。但是詩人卻能夠運用語言來釋放我們的心智，釐清我們的視野，創造出當下的覺照。詩的藝術就是把存在感帶入生活裡。我們因爲詩，而以新的眼光感受世界。我在那次避靜中就感受到詩句有多麼直接，那些字句似乎不「代表」任何其他事物，就只是它們所說的事物本身，是最原始的呈現。當我靜下來，與自己存在一起，存在心的海洋裡，此時浮現的字句似乎是直接來自日常生活中重重的「我」的底下。

聆聽詩句會帶來整合的感覺。有關語言跟大腦的科學研究顯示，雖然左腦主掌語言，但是右腦對於語義模糊的字句，卻扮演主導的角色。此外，詩句激發出的影像似乎也會直接啓動腦部的初級視覺空間歷程，這也是右腦的專長。因此一首詩或許能引發一種整合狀態，而消除日常生活中由上而下的語言使用方式帶來的次級歷程奴役。

我們曾在好幾次研習營中發現，只要邀請參加者專注於呼吸幾分鐘，就能讓他們更深刻地體驗詩的影響[10]。覺照狀態，即使只是用幾分鐘的呼吸覺察創造出一點點覺照的感覺，似乎都會讓我們接納而存在當下。我所指的「存在當下」，是一種接納的覺察狀態，是能夠接收一切的開放心。存在當下，就是邀請心直接體驗一切。

存在當下時，覺照覺察會隨之出現，而由上而下，對感官感覺加以篩選、扭曲、侷限跟限制的束縛，都會降到最低。沒有任何感知是不受沾汙的。但是覺照覺察會讓我們盡可能地接近清晰的視野。其中似乎會有一種「存在的基礎」（ground of being），或某種根基厚實的接納狀態、某種開闊的心智，讓我們盡可能脫離由上而下的侷限束縛。

就像存在當下，是心智所能做到的最「純粹」的接納狀態，詩的字句也是最根本的精髓。詩所帶來的整合會使我們的心智經歷直接經驗，而發生蛻變。要能體會到詩的訊息，我們至少要處於集中注意力、接納一切的狀態。相反地，詩也能「啓動」接納一切的覺照覺察。我相信是因爲詩能夠直接刺激匯入意識之河的四股覺察流，而創造出覺照的存在。詩會喚醒最直接的「感官感覺」，這就是覺照覺察的基礎。詩也讓我們清晰地「觀察」它所表現、但不明說的訊息。詩的意象和感官感覺能暫停過去的概念化，甚至能從根本突破我們的認知陷阱，因爲它會創造出新的「概念」架構，催生出新的「理解」方式。

在日常生活中，大腦會解讀經驗的模式，轉化成概念，然後藉此形塑感知的本質。感官感覺資料會向上傳送到皮質中較低層，然後被來自上方皮質層的次級影響加以形塑。大腦皮質似乎與生俱來地會不斷將片段的資訊加以分類、篩選跟排序，藉此理解每一刻的經驗。

自我的概念就是這種分類歷程中一個重要的影響力。在一般情況下，我們將自己視爲是與他人分離的，有清楚定義的個體。但是當我們不再接收或強化這些平常的由上而下的概念，或許就會更清楚地看到，我們所有人都共有一些根本的連結。在這樣清晰的視野中，萬事萬物的相互連結變得顯而易見。愛因斯坦稱我們所認爲的，每個人各自分離的感覺是一種「視覺錯覺」，而我們必須克服這種錯覺，才能「擴大同理圈」。愛因斯坦曾接到一位猶太教士的來信，表示他的女兒在意外中身亡，他想知道該如何幫助另一個女兒克服喪失姊妹的痛楚。他的回信如下：

每個凡人都是我們所稱的「宇宙」這個整體的一部分，是被侷限在某個時間空間的宇宙的一部分。在他的體驗裡，他的思想與感受都是與其他人分隔開的，但這就像是意識上的視覺錯覺。這種錯覺是牢籠，將我們限制於個人的慾望，以及對親近的少數人的感情。我們的任務是讓自己掙脫這個牢籠，擴大自己的同理圈，擁抱所有生物及整個美麗的自然。沒有人能完全達到這個目標，但光是努力邁向這個目標，就能夠帶來部分的解放，以及內在安全感的基礎。

當我們隨時都抱著由上而下的自我認同，抱著自我與他人分離的概念時，他所說的現實或許很難接受。但是當我們接近這種種適應方式底下的本來自我，找到方法與自己的心智同頻時，一種自由和內在安全感就會油然而生。

【第8章】

內在同頻

鏡像神經元、共鳴，以及專注於意念

在這章，我們將深入探索可能與共鳴歷程相關的神經活動。

覺照包含了將我們的注意力調整到專注於自身的意念。當然，覺照本身就是一種運用意念的狀態，所以就產生了以下如繞口令的概念：有意念地將注意力專注於自己的意念，就是覺照。這似乎就是覺照經驗背後，有助於心智強化的循環回路。刻意地專注於意念本身。

從複雜系統的觀點而言，這樣的共鳴狀態會創造出特殊的條件，讓系統邁向最大的複雜性。在人際關係中，我們會研究兩個人如何在同頻歷程中，將注意力專注於彼此的意念。複雜系統背後的數學機率理論顯示，當一個開放系統以同頻而共鳴的狀態邁向更大的複雜性時，會是最穩定、最有彈性，也最有適應力的。就如先前所述，如果這個系統再加上連貫與充滿活力的兩項特徵，就會同時具備彈性、適應性、連貫性、活力及穩定性等特質（FACES之流）。此外，英文字「連貫性」（coherence），剛好可以當作其特徵的縮寫：連結（connected）、開放（open）、和諧（harmonious）、投入（engaged）、接納（receptive）、即時（emergent）、認知（noetic）、同情（compassionate）與同理（empathic）。其中比較陌生的即時與認知，指的是我們會對許多事有即時的新鮮感，以及會以理性眞正認知。

我們的大腦中有一整套稱爲鏡像神經系統的神經回路，會將感知與運動區域連結起來，創造出意念狀態的表徵。這個系統，加上腦島、上顳葉及中央前額葉區域等，就形成了互相連結的「共鳴回路」（圖8.1；並參見附錄二）。科學研究顯示，共鳴回路不但能解碼記錄意念，也是同理時作用不可或缺，並且在人因心智同頻而產生情緒共鳴的歷程中扮演關鍵角色。

映照心智的系統

一群義大利的科學家在研究猴子大腦皮質中的運動前區時，發現當猴子吃下一顆花生時，科學家從植入電極觀察其神經元會被啓動[1]。

很好，這本來就是他們研究的標的，並不令人驚訝。但是接下來發生的事卻改變了我們過去所認知的心智背後的神經活動。當這隻猴子「觀看」別人吃下一顆花生時，同樣這個運動神經元也會啓動！這暗示了腦部前方的運動神經元會連接到後方的感知區域，在這個例子裡就是感知區

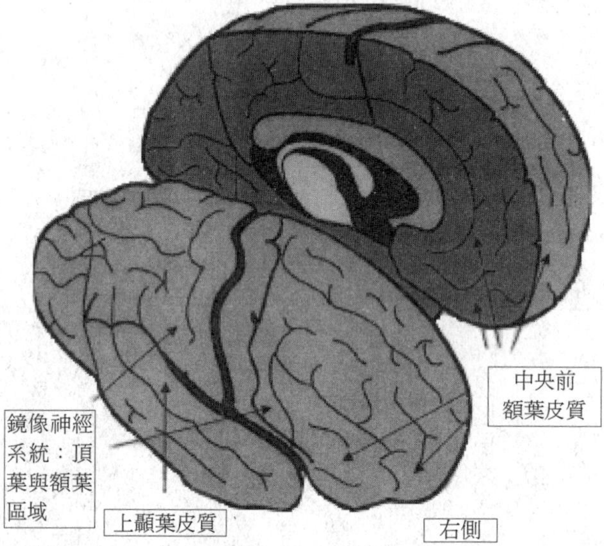

圖 8.1：「共鳴系統」包括了鏡像神經系統（mirror neuron system, MNS）、上顳葉皮質（superior temporal cortex, STC）、腦島皮質（insula cortex, IC，本圖中看不到，但是位於皮質下方，將這些區域連結到內部的邊緣區域），以及中央前額葉皮質（細節請參見圖 2.2 及附錄二）。

域中的視覺系統。從最低限度而言，這顯示了感覺運動神經的整合，眞正令人興奮的發現是，這個整合系統只有在被觀看的動作是「有目的的」，才會被啓動。如果你在這隻猴子面前揮手，並不會啓動鏡像神經元。只有執行或感知一個有意念的舉動、有目標的行爲，才會啓動這個會映照他人的神經回路：猴子看到什麼，就會做什麼。

隨著馬可・艾可波尼（Marco Iacoboni）以及其他最初的研究者，如瑞佐拉提（Rizzolatti）與葛拉席（Gallese）等人發現人類大腦也具有這種映照的特質後，我們更確定人類大腦會創造出表示他人心智的表徵

2。我們不但會在大腦神經中嵌入自己看到的外在表象，還會嵌入我們想像在他人心智中發生的心智意念。這是一項重大的發現：鏡像神經元顯示了人類大腦根本上具備的社會天性。

馬可・艾可波尼跟我一起在加州大學洛杉磯分校的「文化、大腦與發展研究中心」（Center for Culture, Brain, and Development）共事（http://www.cbd.ucla.edu）。我們在此中心爲大學生、研究生及博士後研究生提供一項研究與教育計畫，鼓勵他們進行跨學門的思考與研究。神經系統具有映照他人的特質，這項發現讓我們得以從新的觀點檢視文化的本質，以及家庭、學校和社群中共有的儀式行爲如何讓我們能與別人的內在狀態，包括別人的意念，產生共鳴。

艾可波尼將這些概念更進一步帶入同理心的研究領域中。他跟同事以研究顯示[3]，位於額葉與頂葉等皮質區域，並直接連接到上顳葉區域的鏡像神經系統，不僅能表徵他人的內在狀態，還涉及對人際關係非常重要的情緒共鳴機制。

這些外層皮質上的感知與表徵歷程，會經由腦島，連結到位於腦部比較中心的邊緣區域／情緒產生歷程，以及身體狀態的改變。腦島的作用就像一條資訊高速公路，會回應鏡像神經元的啓動，激發身體感覺與邊緣區域，來符合個人對別人的感知。腦島會將感知系統中的神經元啓動，連結到身體與情緒狀態的改變，而形成科學家所稱的情緒感染，或日常語言中所謂的情緒共鳴。如前所述，共鳴，是調整到同頻率後的結果，讓我們可以感覺被別人感覺。

我們會利用最基本的五種感官知覺去接收別人發出的外在訊息，接著鏡像神經系統會感知到這些「有意念的狀態」，並經由腦島而改變邊緣區域和身體感覺的狀態，來符合我們在別人身上感知到的狀態。這就是調整到同頻率，而創造出情緒共鳴的歷程。鏡像神經系統會直接與腦島和其他區域互動，例如上顳葉皮質，而創造出我們所稱的「共鳴回路」（參見圖8.1及附錄二）。鏡像神經元直接連接感知與運動區域，並與其密切互動，以創造出功能性回路，讓我們模仿他人動作，會有情感與身體的共鳴，並將內在狀態調整到同頻。這些歷程的結果會直接影響中央前額葉區域，因此該區域也會成爲共鳴回路中的一環。

同理作用便是經由這些身體與邊緣區域的改變而產生。這個改變過程稱爲「內在感知」（interoception），會讓我們感知到自己的內在——也就是用所謂的「第六感」，意識到自己身體的感覺。當前額葉皮質運用經由腦島輸入的資訊（從邊緣與身體區域傳回的資料），進行內在感知時，我們就能開始詮釋自己的狀態變化，並將此歸因於他人，而達成假設他人狀態的功能。艾可波尼與其同事所提出的「腦島—假設」（insula-hypothesis）模型，便認爲前額葉區域在進行同理歷程時，是經由內在感知、詮釋、歸因這三個步驟。

當我與艾可波尼在舊金山，於五百位醫療專業人士面前發表這項觀點對臨床醫療的影響時[4]，與會者不但急切地想了解其中的科學研究，更想知道這些資訊可以在臨床上如何何種運用。在最低程度，這些發現至少確認了臨床心理治療者的直覺，證實人際關係是個人生活與心理健康所不可或缺的。同時這些發現也證實每個人都需要與自己的內在狀態同頻率，才可能與別人同頻率。

因此覺照、同理及內在感知三者有了重疊之處，三者都可以互相強化。

鏡像神經元的發現也顯示了大腦如何能創造出他人心智的表徵。這個觀點讓我們了解我們如何經由第七感，也就是心見，而在心智的現實上彼此相連。

我們必須能反思自己的內在狀態，才可能達到同理。鏡像神經系統跟相關區域所創造的情緒共鳴，會改變邊緣區域與身體的狀態，進而使前額葉區域能反思這些變化，而創造出同情（與別人有相同感覺），以及移情（能夠了解別人感受）的回應。當我們感受到共鳴，察覺到與他人同頻率，或許還會產生先前所討論的第八感，感受到人際關係中的共鳴狀態。因此共鳴回路可說動用到全部的八感，並會參與創造連貫的心理狀態。

鏡像神經元與覺照的關連

在人類的社會性大腦中，鏡像神經元所具備的四種互相關連的層面，以及構成共鳴回路的各個區域，或許都跟覺照覺察的經驗有關。

社會回路與個人反思

第一個層面是，我們可以合理假設我們會運用大腦的社會回路，來創造覺照的認知狀態。如第一章所言，人類的演化既然極度受到高度社會性的生活與求生方式所影響，很可能遠在我們有

「時間」反思自己的內在之前，這些社會網絡早已存在。

大腦是人體中的社會器官，而人類之所以能存活到現在，跟我們在社會情境中運用心智的方式，有密切的關係。那麼這大腦的社會性是否可能在我們單獨一人時仍發揮作用？諸如心理學家李維・韋高斯基（Lev Vygotsky）、約翰・杜威（John Dewey）與喬治・米德（George Herbert Mead）等人，都在二十世紀初就大力主張人類的大腦具有社會性的本質。杜威與米德都曾討論到反思在社會生活中的重要性。杜威甚至用「反思智商」（reflective intelligence）來描述我們可以喚醒自己的心智，而停止活在自動反應模式中。

比較晚近的大腦造影研究也顯示，在可以稱為「心見」的能力中，描繪自身心理歷程，以及想像別人心理歷程的能力，兩者是密切交織的。這些發現支持一個假設，那就是感知他人意識的神經回路，與創造自我感知的神經回路，兩者是相似的[5]。

因此我們可以站在巨人的肩上往前看，想像大腦的社會天性或許也會影響到我們在單獨一人時的心智，以及我們浸淫在覺照覺察練習中的狀態。

專注於意念

我們之所以認為鏡像神經元與上顳葉皮質可能在覺照中扮演要角，第二項重要原因是這個系統能讓我們描繪出「意念的地圖」（maps of intention）。在社會情境下，我們會描繪出他人的意念。而我們能否假設這時所用的共鳴回路，也能讓我們描繪出自己意念狀態的神經地圖？畢竟覺照包含了以好奇的、開放的、接納的與關愛的態度，覺察自己的覺察。除此之外，我們還必須聚焦在自己的內在狀態上，才能啓動所假設的「自我參與系統」（self-engagement system），而能接納自己的經驗，隨時調整到與當下的自我同頻（參見附錄一）。

當我將這些想法用於臨床治療上時，便發現我自己的心智會描繪出病人心智的地圖。我們可以在此解釋何謂「透明」或「不透明」的心理歷程，以便幫助了解。如第七章簡短提到的，當心智活動發生，而我們沒有意識到它是一項心理事件時，這項活動就是「透明的」；如果我們以後設認知，意識到這項心智活動是心智的產物，這個歷程就是「不透明的」。提升對心理歷程的覺察，例如覺察到意念的心理表徵，會使心智變得敏感，促發後設認知歷程，得以辨認此經驗爲心智活動。我們確實可以意識到內在表徵，將此視爲一種心智地圖，因此過去透明而難以辨識的歷程，現在分辨得出是一種心智的運作，心智的活動。將透明的歷程轉變爲不透明的活動，就是區辨力的一種定義。

經由練習與指導，我們能看到心智活動的眞相。就如我一個年輕病人的家長在一次家庭晤談中，體驗到這種差別之後所說的：「我從來不曉得我的感受與思緒只不過是我心智的活動，並不等於我的全部！」隨著這種後設認知出現，我們才可能發揮覺照的力量，消除由上而下的，自動化生活的影響。當我們與自己的內在同頻，意念狀態就會變得不透明而明顯易見。這樣專注於意念的歷程，可能會動用到鏡像神經元與上顳葉皮質。

內在共鳴

鏡像神經元之所以在覺照中扮演要角的第三個原因，則是它在情感共鳴中的作用。我過去的主要研究領域是依附關係，因此很清楚在安全依附關係中的親子同頻溝通，背後的機制就是共鳴。我們在先前討論過，覺照覺察可以視為是與人際同頻相似跟自我的同頻。如果這個假設為眞，那麼我們在人際溝通中運用的鏡像神經元與相關區域，或許也能讓我們與自己共鳴。內在與人際的同頻可能同樣都會運用到較大共鳴回路中的鏡像神經元。這個共鳴回路包含了腦島、上顳葉區域及中央前額葉皮質的某些部分。

如果同頻確實是覺照與依附這兩者的核心機制，或許就有助於解釋為什麼安全依附與覺照覺察練習都可能幫助中央前額葉功能的良好發展。如前所述，中央前額葉區域會經由腦島接收來自邊緣區域與身體，由鏡像神經元輸入的共鳴訊息。而在拉察與其同事的研究中，進行覺照覺察冥想練習的人，其中央前額葉區域也確實會增厚。

身體動作帶來的感官感覺

鏡像神經元之所以可能與覺照覺察有密切關係，第四個原因則是它們的一項特質。目前我們對此特質所知甚少，但它確實會在鏡像神經元運作時明顯呈現出來。基本上，感知區域跟運動前區的連結，使我們能在感知有目的的動作後，促發腦中的運動前計畫區域作好準備。這個連結就是意念的心理表徵。

我們將看到，有些研究者認爲，對意念的心理表徵是情緒的核心。因此當我們能調整到與別人的意念同頻時，就會有情感上的親密感。而當我們專注於自己的意念，與自己的狀態同頻時，就會創造出內在的情感親密感，或說「成爲自己最好的朋友」。這種內在同頻就會讓我們強烈地感受到心智的連貫性。接下來我們將深入探索覺照覺察如何可能引發這種結果。

內在同頻

鏡像神經元與上顳葉區域會回應有目標的動作或表情，而創造出意念的表徵。大腦會從以前的經驗學會預測接下來將發生的事。記憶研究顯示，大腦是聯想的器官，會將分布廣泛的各個神經群集連結起來。我們常看到唐納・賀柏（Donald Hebb）的話經轉化引述爲「一起啓動的神經元就會連結在一起」，意思就是曾經出現的聯想，之後就容易再啓動。這就是記憶的根本基礎。

大腦同時也是預期的機器。大腦的根本結構是一部平行分布處理器，能從經驗中學習，並從一連串的刺激模式中預測下一步。長時間下來，大腦會學到許多原則，例如地心引力的影響，而明白「往上丟的東西，最後一定會落下來」。有趣的是，大腦也很早就會區別物體有無生命，因為它有些特殊的區域，例如上顳葉皮質裡的腦溝區域，只會被「生物的動作」刺激啓動。這個區域只會回應有機體在空間裡的移動——有生命的有機體有意念的移動（關於上顳葉皮質的進一步討論，請參見附錄二）。

鏡像神經元與上顳葉皮質都會回應帶有意念的動作。這個共鳴回路會預測生物動作的下一步，並得出演繹的結論。艾可波尼描述這個歷程是「預測一個動作計畫的結果」，意指大腦會根據所觀察的有機體的身體動作，來預測接下來自己會有什麼感官感覺變化。我們可以稱這項重要的功能為「SIMA」（Sensory implications of motoraction，身體動作帶來的感官感覺）。

「SIMA」歷程會促發大腦，使其預測接下來的事件。「SIMA」會使鏡像神經系統連結起感知與身體動作，在腦中創造出神經歷程，讓我們不僅會預測下一步，還會做出同樣的動作！身為社會動物的我們因此能協調地共同生活，學會跳舞、與人接吻、參與社會儀式，並在彼此身上獲得同理與同頻。那麼如果我們在專注於自己時，也運用到「SIMA」歷程，以及社會共鳴回路中的意念預測功能，會有什麼結果？可以假設，當我們在腦中嵌入「現在」所發生的，同時自動化地準備預測「接下來」會發生的，那麼大腦就是在表徵我們的意念狀態，我們因此能覺察自己的意念。請注意，這種自動化的預測是一種促發，使我們準備好面對在「未來的地平線」上顯露的，即將出現的當下。在接下來的「當下」裡，實際發生的事便符合鏡像神經系統的預期，因此對實際發生事件的心智地圖與預測的地圖彼此相符時，就會產生深刻的連貫狀態。這也是覺照覺察的一部分，可以稱之爲「反思的連貫性」（reflective coherence）。

「SIMA」歷程也會讓此刻正在發生的，與意念預期在下一刻發生的事，兩者彼此相符。這不是耽溺於對未來的計畫，而是「時時刻刻」的覺察所無法避免的狀態，會使每一個片刻發生的事，都與接下來的片刻所發生的事，彼此相符。這一切都發生在頂多數十毫秒間，而且會創造出神經整合的狀態，引發連貫的心智感受。這就是內在同頻。

呼吸覺察

內在同頻的一個例子就是呼吸覺察練習。當你覺察到自己吸氣時，身爲共鳴回路一部分的鏡像神經元跟上顳葉區域，就會經由「SIMA」歷程預測到呼氣。過了極短的片刻，呼氣隨之而來，於是所預期的與所發生的彼此相符，就會創造出連貫感。當然，對呼氣的覺察也會促使大腦預期接下來的吸氣，而當吸氣眞的發生，「SIMA」便將此時此刻的覺察整合在一起，反思的連貫性於焉產生。或許就是因爲這樣，呼吸才會成爲如此有力而常見的心智覺察焦點。另外一點很有趣的是，在放鬆的呼吸中，每半個呼吸所需的時間大約就是史丹所定義的一個「當下」的時間。

我們可以預測，當意念專注於不會移動的客體，例如石頭或一個人或神的心像時，類似的歷程也會發生。在這種情況，「SIMA」會回應這個意念專注狀態，而創造出所預期的靜止的心像。重點是，在覺照覺察中，對自我意念的神經表徵會啓動「SIMA」歷程，而創造出反思的連貫性。

在覺照中，我們會集中注意力，將覺察專注於非常特定的心理歷程：我們自己的意念狀態。當覺察集中於這個焦點時，會產生「雙重配對系統」（dual-matching system），包含以神經描繪的意念的地圖（由鏡像神經元與上顳葉皮質所製造的產物），以及以感官感覺描繪的，焦點中客體的動作。不論感官感覺描繪出的地圖是移動的，例如在覺察呼吸時，或者是靜止的，例如針對心像時，我們都會在感官地圖與意念地圖之間找到相符。

除此之外，我們還會有不斷循環的自我地圖，隨時刻意地將注意力集中在自己的意念上。在一呼一吸之間，我們隨時將「被觀察的自我」及「對刻意集中注意的自我的描繪」，和大腦所預期的下一步情形，三者加以比對。在吐氣時，就準備好吸氣，然後等吸氣眞的發生時，地圖就比對成功。而在吸氣時，同樣預期促發歷程又會發生，比對再度成功，因此在持續的刻意注意中，同樣的歷程重複。這種心像的相符就會創造出整合感，以及一種深刻的整體與和諧感。

或許就是因爲這樣，衆多文化把呼吸覺察當成是邁向心理健康的基本方法。

呼吸是生命的根本要素。呼吸是由深層的腦幹結構發動，會受到情緒狀態的間接影響；然而呼吸也可以是刻意的。基於這些理由，呼吸覺察可以將我們帶到生命的核心，我們因此來到自主與非自主的邊界，身體與心智的邊界。或許就是因爲如此，通往健康的途徑，起點總是包含了刻意專注於呼吸。

感官感覺與意念是會彼此描繪的雙重表徵。我們可以假設，覺照覺察可能就是經由鏡像神經系統與其他相關區域的「SIMA」促發歷程，而創造內在同頻與心智連貫性。這樣的共鳴與和諧的心理狀態帶來充實而穩定的感受。

內在同頻的基礎：意念

所有覺照覺察練習都有兩個根本的元素，一是對覺察本身的覺察，另一則是要將注意力專注於意念。我們已經檢視過自我觀察的後設認知歷程，也看到這個歷程與中央前額葉區域有關。但是要如何將注意力專注於意念？我們可以想像，意念既然是一種內在狀態，很可能也會被負責反思的中央前額葉回路加以評量。

當我們臆測他人的意念時，是藉由感知他的行為模式，而「摸清」他的內在狀態6。佛瑞斯（Frith）如此寫道：「前扣帶皮質與前額葉內側都涉及我們對自身行動的覺察，而這些區域在我們思考別人的行動時也會啓動。」他並提出，「用來覺察自己的意念如何導致行動的機制，可能也會被用來表徵別人行動背後的意念。這共通的系統讓我們能溝通心理狀態，分享彼此的經驗。」

意念會創造出促發的整合狀態，讓神經系統進入那個特定意念的模式中：我們可能會準備好以某種方式接收、感受、注意或行動。意念不僅跟身體動作有關。舉例來說，如果我們有意念要敞開心胸，大腦可能就會促發跟五官感覺、第六感的內在感知、第七感的心見，以及第八感的人際關係共鳴有關的區域。心理會感知到這種開放的意念，而且不僅感知其中接納的態度，還會感知到自己想要接納的「意念」。這就是對意念的感知。

大腦要創造出超越當下的連續性時，意念就是其中的關鍵。雖然我們已經看到情緒也可以視為反映出一個神經整合的歷程，但是意念的特徵跟整合功能的相似處似乎更多。佛瑞曼也認同這種看法：「理解情緒的一個方式，是將情緒連結到在很近的未來行動的意念，並注意其持續增加的脈絡化複雜度。但在最根本的層面，情緒是一種向外的移動，是意念的延伸……」他也討論到這種情緒／意念相關性的神經面向：

> 額葉會更仔細精緻地預測未來的狀態及可能的結果，因此指引刻意的行動。額葉的背側跟外側區域與預測中的邏輯及理性思考有關。而其內側及腹側則與社會技巧，以及深刻人際關係的能力有關。這些功能可以總結為是「先見之明」（foresight）與「自我洞見」（insight）。[7]

這些內側及腹側額葉區域會不會接著引發意念狀態的同頻，而促進一個人跟他人及自己的「深刻關係」？我們在此看到，交織著意念的情緒，與抱持著情緒共鳴而跟意念同頻，兩者是互有關係的。如果我們關注別人的意念，就可以創造人際的同頻。意念狀態則會使當下的整體神經狀態整合起來。當我們同頻地感受意念，不論是他人或自己的，我們會讓自己的狀態與所注意的「存在」的狀態，彼此共鳴。因爲共鳴回路不僅會偵測到意念狀態，還會在自我中創造意念狀態，因此關注意念就會帶來同頻。當我們靜下來反思，關注自己的意念時，就創造了內在同頻的基礎。當我們靜下來，花時間開放接收別人的意念狀態，也就創造了人際同頻。

問題是，爲什麼意念在生活中如此重要？意念會將當下一刻的所有連結在一起，將現在的行動與緊接著下一刻的行動串連起來，創造出潛在的「黏膠」，指引我們的意圖，引起行爲的動機，並決定我們的反應的本質。

佛瑞曼認爲，意念與覺察對定義情感與形塑神經狀態有關鍵的影響：

> 根據這項假設，覺察所扮演的重要角色是防止鹵莽的舉動，但不是經由壓抑，而是經由普瑞葛金（Prigogine）所描述的方式，以持續的互動作為整體的約束，澆熄部分區域的混亂波動。因此覺察是一種較高層的狀態，會掌控組成的各個次級系統，並盡量降低其中各種暫時狀態的反叛奪權……在這種意念狀態中，剛完成的行動的結果正在接受組織與整合，而新的行動則在計畫中，但還沒執行。意識會拉住不成熟的行動，使一個人在生活中的行為顯得有目的、有意念。

大腦會運用能偵測行爲模式的，對動作的表徵能力，描繪出他人的心智。鏡像神經系統則會連結我們對目的取向行為（有意念與可預測性的行為）的感知，以及行動回路，以便準備好執行類似的舉動。更大範圍的共鳴回路則進一步讓我們檢視大腦與身體中的神經啓動網絡，而知道「別人心裡在想什麼」。對於有複雜社會生活的人類而言，這種模仿與意識他人心智的能力有很高的生存價值。我們會接收到他人的動作與表情，預測他們的動作帶來的感官感覺（SIMA歷程），然後在腦中創造表徵，以這些「已經發生」的模式促發大腦，來預測「接下來」會發生的事。那麼如果我們將自我的狀態，跟對於即將出現的自我狀態的感知，兩者隨時加以對比，或許就會發生覺照覺察中的自我共鳴歷程。

既然覺照包含對意念的專注，不妨將其視為跟自己分享自我心理狀態的覺察。分享心理狀態，是親子安全依附背後最重要的經驗，所以覺照也可以視為是培養與自己的安全依附關係。

在覺照覺察中，對意念的專注，會在此刻與預測的下一刻之間，創造出重要的共鳴。為緊接的下一刻所做的準備，就是意念專注的客體，因此接下來一刻的狀況就會符合大腦被促發的預期。我相信，這種對於自己意念狀態的同頻，會使所有經驗都帶著強烈而充分的感受，不論是在喝茶、走路、呼吸，或敞開心胸接受出現的一切。這是為什麼覺照覺察能創造出充滿連貫而豐富的直接經驗的新世界。

一些微小的暗示

在避靜營中靜坐的幾個月後，我在「精神與生命研究所」的夏季研究計畫中擔任研究人員。在該計畫中，有三篇論文都談到關於呼吸覺察狀態的研究[8]。雖然這些作者試圖尋找的，都是意念或調節回路，但三項研究的作者都各自發現，連結到鏡像神經元的上顳葉區域，會在呼吸覺察中啓動。後來還有其他研究顯示此時中央前額葉區域也會被啓動（參見附錄二）。這種啓動情形符合了我們假設的共鳴回路。

在這場聚會中，一項第二手描述的資料也讓我們更有理由認爲覺照可能是一種人際關係技巧。當我與兩位佛教僧侶共同主持一個小組討論時，出現了非常發人深省的一刻。一位聽衆問了僧侶一個非常直接而私人的問題，結果他們選擇正面回答。他們眞心分享的，對修行生活與人生苦痛的感想頓時散發出清明與眞實的感受，充滿了四周。你可以感覺到他們眞誠回應提問者時所抱持的善意意念，也可以意識到他們與房間裡每個人連結的慾望。他們回應的接納性與觀衆的專注，讓人爲之震懾。一位學生在他們說完話後站起來，眼中溢滿淚水地說出類似的話：「聽到你們如此深刻而由衷地談到我們所有人都會有的掙扎，我覺得跟你們有種很強烈的連結。這種感覺就跟我冥想時一模一樣，如此清澈，又如此充實。」我在之後跟他聊了一下，也能感受到他所說的，他覺得被這兩位僧侶看見，也覺得自己看見他們，這兩者的感覺極爲相似。在我看來，這表示他意識到內在同頻與人際同頻的相似性。

我們也可以直接檢視大腦中的社會回路，更進一步探索是否能將覺照視爲一種人際關係。馬克・詹森（Mark Johnson）跟他的同事曾討論過與社會回路相關的議題[9]：

> 大腦的一項重要功能就是辨別及理解其他人類的行為。成人之後，大腦某些區域會專精於處理及整合有關他人外表、行為跟意念的感官資訊。雖然任何一項複雜的感知或認知任務，都可能啟動大腦許多不同的區域，但是有一組區域似乎對社會刺激的計算有最大貢獻，包括上顳葉腦溝（superior temporal sulcus, STS）、梭狀迴臉孔選擇區（fusiform face area, FFA），以及眶側額葉皮質。

莎拉・拉察[10]發現，在靜觀冥想中，眶側額葉皮質、上顳葉區域，以及在結構與功能上都與上顳葉腦溝密切相關的上顳葉腦迴，都會持續地一起啓動（圖8.2；圖A.1及A.2；參見附錄二）。這項證據也支持覺照是一種關係歷程的假設。

除此之外，更多研究[11]也顯示，當受試者看著一張臉的影像逐漸變化成自己的臉時，其鏡像神經元會被高度啓動，因爲有一組神經回路會描繪出「自己」。這符合我們對心智如何描繪意念的假設，也就是我們會不斷比對自我心智地圖與他人心智地圖[12]。而在關於覺照與共鳴回路的假

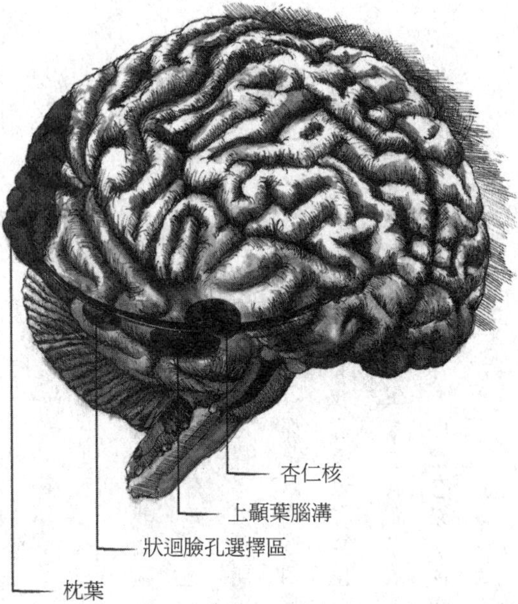

圖 8.2：臉孔資訊處理網絡（Cozolino 2006；授權重製）

設中，對意念的覺察則是描繪及比對「被觀察的自我」及「觀察的自我」。下一刻呈現的自我與內在描繪的自我，彼此相符就會造成這「兩者」的同頻，因此自我的兩個層面彼此共鳴，創造出內在同頻。

在那次禁語避靜中，我認識了五十六歲的南希。她才剛動手術拿掉一個可能在前額底下生長了好幾十年的良性腫瘤。這個長在大腦表層底下，約一顆梅子大小的腦膜瘤，生長得非常緩慢，而慢慢將她的大腦推向一邊，讓她不曾感覺到不對勁。南希的生活豐富多變，但多年一直試圖找尋內心的平靜，始終不可得。冥想練習帶給她較多的平靜和許多重要的洞見，可是直到移除了那個腫瘤，她才真的體驗到重大的改變，發現自己終於能感受到心智開闊的空間。冥想帶來更豐碩的收穫，她也更清楚地感覺到自己內在世界的同頻。

當我告訴她，或許移除腦瘤幫助她重獲整合的能力，讓她可以成爲更完整的自己。她說：「你幫我解開了這個謎。我確實比以前更像自己。南希比過去更像南希了。」

這位激勵人心的女士在參加「心智與當下」聚會後，說了以下這段話[13]：

我因緣際會而有機會告訴丹，我之前剛拿掉腦部前額葉內側一個直徑五公分的腦膜瘤，並進行全額頭的重建。這個腫瘤及它引起的骨質增生先前一直壓迫著我的腦部。在手術後剛復原時，我就強烈地覺得內心開闊、充滿活力，還有深刻的喜悅，以及對知識的渴求。而丹對我解釋說，那是因為這個腫瘤之前一直壓迫著他在精彩演說中所談到的前額葉皮質的那些功能。我已經練習冥想二十年了，仍經常感受到掙扎與自我評斷。然而自從去除這個重擔後，我變得比較能在冥想中獲得平衡與自我接納。我一直努力要培養丹所稱的「內在同頻」，現在它似乎自然地就出現了。

南希所提供的個人案例顯示，我們能否進入覺照狀態，可能會受到腦部的壓力影響，即使不一定是在前額葉內側的壓力。她在除去腫瘤後所獲得的不費力「活在當下」體驗，再次顯示中央前額葉可能與覺照覺察有關。

攸關自我及意識的神經活動

在覺照覺察中，自我意識會有所改變。我們可以檢視與自我意識相關的大腦活動，以便了解這種連貫的自我意識。

大腦會持續描繪出自身活動的深刻層面。「神經地圖」就是一群神經的啓動，或一個神經啓動的網絡，代表它所描繪的「事物」。安東尼・戴瑪西歐（Antonio Damasio）列出至少三個不同層次的自我地圖。最基本的層次是「初級自我地圖」（first-order maps），也就是腦部深處的腦幹結構會描繪出持續啓動、確認生命的歷程，例如呼吸跟心跳等，這是「原始自我」（proto-self）。我們很少覺察到這些地圖，但是它們在神經上與我們最根本赤裸時刻存在的經驗息息相關。

接下來會有「次級自我地圖」（second-order maps），用來將第一時間的原始自我與第二時間的原始自我互相對比。戴瑪西歐將此稱爲「核心自我」（core self），並認爲藉由長時間的注意力集中練習，此處發生的事件可能改變原始自我。這種意識稱爲核心意識，以及存在當下。

最後的「第三級地圖」（third-order maps）則是描繪核心自我在長時間下來的變化。就如速度的累積會造成加速度，同樣地，核心自我的累積就成爲自傳性自我。自傳性自我連結了過去、現在與未來的自我，是一種心智上的時間旅行，類似安德爾・特文（Endel Tulving）所認爲的，自知意識（autonoetic consciousness）的一部分。我們會注意到過去的表徵，找出它與未來的關係，並加諸在現在的經驗上。

我們可以假設，覺照覺察是開放接納所有層次的自我，所有形態的意識。在這樣接納的狀態下，可以充分感受到自傳性的自我，但將它的運作視爲心智的活動。我們也可以感受到此時此刻的立即感官經驗——原始自我與外界共舞的衍生產物。事實上，注入意識之河的所有覺察流都會受邀進入覺照的開闊軸心裡。比較簡單的說法是，覺照就像是核心意識，存在於當下，而這或許是很好的了解的起點。但是若僅止於此，就忽視了覺照其實包含了整合的多層次的覺察，並不只是像核心自我的意識當下及描繪原始自我的改變而已，還有對當下的認知，以及對未來的預測。可以說覺照喜歡擁抱各式各樣的認知。

讓我們想像一下核心自我如何因爲意識到自己的意念，而產生改變。我們會看到原始自我（在第一時間）、事件（清晰而接納地意識到自己的意念），以及原始自我（在第二時間，經由SIMA歷程，對比並預期第一時間的原始自我，而意識到自己的狀態），三者之間產生共鳴特質。這時便會產生深刻的連貫感：其中包含一種明確的連結感、兩種原始自我在次級地圖中清楚的符合配對，以及對自己意念的觀察。這就是覺照覺察中，充滿共鳴而圓滿的核心自我。

在「COAL」狀態下，這種對意念的觀察是一種共享的刻意狀態，很類似葛雷斯（Gallese）所稱的，人際關係中的「刻意的同頻」（intentional atunement），也是內在同頻的精髓。

我們可以運用戴瑪西歐的架構來假定，當我們描繪出這些原始自我因爲回應自我意念而生的改變，就可以協調又連貫地描繪出在觀察與在發生的自我，以及觀察過的與發生過的自我。這就是覺照狀態中的連貫的共鳴。

當我們描述核心自我如何在覺照覺察中描繪自己時，「SIMA」是其中很重要的歷程。就如我們在呼吸覺察中看到的，核心自我會意識到自身的意念，然後共鳴回路的「SIMA」歷程就會讓核心自我準備好，預期在緊接的下一刻會發生的事。這不是計畫，不是逃避現在或溺於未來或過去，而是促發的神經本質。

促發歷程顯示大腦是一個預期機器，隨時都在準備迎接下一刻。這似乎是神經回路的根本特質——這種平行分配處理器就是這樣從經驗中學習。相反地，計畫則是大腦前額葉的運作，是將過去經驗的表徵加以抽象話，形成概念，讓我們能夠反覆思索過去發生的事，以及考慮未來要怎麼做。這跟促發歷程中「接下來的一刻」，在生理結構、神經運作及主觀經驗上，都大不相同。

身體動作帶來感官感覺的歷程讓感知回路可以意識到意念，啓動促發預測，讓我們爲下一刻準備好，並持續監督系統中的變化，而不斷促發大腦準備迎接下一刻。從大腦的觀點來看，這就是「當下」。我們不可能比這更接近「當下」了。而當我們結合刻意同頻的力量，創造出共鳴的啓動，這就是神經同步化（neural synchrony）的源頭。

【第9章】

反思的連貫性

神經整合與中央前額葉功能

要注意自己的意念，我們的心智首先必須與自己「同頻」。我們可以經由覺照的區辨力而意識到心智的活動，意念雖然比較複雜，但仍屬於心智生活的領域之一。覺察意念，除了是注意覺察輪框上的第七感，還可能會使我們達到內在同頻，獲得安全的自我關係，而促進神經的整合。

親子之間的安全依附也是跟內在狀態的同頻率，但是發生在兩人之間。如之前所述，當心智與某種心智的內在運作，尤其是行爲背後的意念，調整到同頻率時，似乎會產生很特殊的效果。當父母只留意孩子外在的行爲時，就會失去與孩子同頻的機會，無法察覺他／她行爲背後的感受與意念。父母如果能專注於孩子的內在世界，他／她就會因此茁壯成長。在覺照的內在同頻與人際同頻中，人的心智會與自己或他人心智的情感與意念狀態同頻，而所有人都會因此獲益。

找到匯集點

覺照覺察練習與安全依附所呈現的結果，似乎都與中央前額葉皮質的各項功能有正相關。科學家塔克、盧與德里貝瑞對於相關的大腦功能提供了重要見解：

> 能夠整合意識層面的意念與情感經驗，似乎是同理中不可或缺的。雖然我們現在可以分析出同理所需的神經網絡與回路，但是如果沒有適當的發展經驗，這些神經機制似乎無法發揮功能。

我們可以假設，同理功能所需的，在童年時經由與父母依附而獲得的「經驗」，在某種程度上就與覺照練習中的內在同頻相似。三位作者還引述了其他研究，支持相似之處包括「映照他人經驗的大腦神經啓動，還有轉換自我—他人觀點的中央額葉的活動（包括後扣帶皮質、前扣帶皮質與額極）。這些皮質層與邊緣區域的網絡，與大腦的意念控制網絡，兩者有很重要的重疊」[1]。

由此可以看到意念覺察技巧與同頻技巧兩者會互相強化，而產生具有適應力的自我調節。科學家認爲，前額葉回路區域在監督與協調廣泛的腦部跟身體各部位上，扮演關鍵的角色。而這些區域同時負責調節意念，是腦部社會回路的重要部分。事實上，眾多研究都顯示，這些負責自我調節的前額葉區域，尤其是中央前額葉區域，其發展大幅仰賴個人與照顧者的適當經驗。換句話說，人際關係經驗會促進大腦自我調節功能的發展。如果將覺照視爲與自我的安全關係，就可以假定，這種內在同頻形態也會促進負責社交與自我調節的前額葉區域的健康啓動與生長。

中央前額葉區域的七種功能，都與安全依附跟自我同頻這兩種同頻形態相關，包括：身體調節、同頻的溝通、情緒平衡、反應的彈性、同理、自我認知覺察，以及恐懼調整。覺照練習似乎還能促進其他兩種功能，直覺與道德感，但是這兩項功能還沒有在依附研究中研究。[2]

覺照同頻的假設是，讓心智與自己的運作歷程同頻率，是覺照練習中不可或缺的一環。在這種同頻形態中，會運用到的社會神經回路包含中央前額葉區域、腦島、上顳葉腦回（superior temporal cortex）及鏡像神經系統。這些區域會構成共鳴回路，讓人可以跟他人的內在狀態產生共鳴，也被認爲是心智與自己的歷程同頻時所不可或缺的。

由此假設，我們可以預測在同頻狀態時，這些區域會被啓動，其中的神經突觸連結因此強化。莎拉・拉察發現冥想者的中央前額葉區域及腦島區域會增厚，就符合這項預測。除此之外，她跟其他研究者的發現，也支持在覺照呼吸覺察中，共鳴區域（顳葉顳上回與中央前額葉皮質）都會受到啓動。[3]

感受連貫性

這種自我同頻的主觀感受實際上會讓人有什麼感覺？在大腦中又是什麼「樣子」？人際與內在這兩種同頻形態都可能包含在腦中創造一個高度複雜的運作系統，而引發連貫狀態。就大腦而言，這是一種神經同步，也就是大範圍的神經群集在神經整合狀態中連結起來，產生和諧的同步啓動。

在心智上，前面提過同頻狀態所具備的特質，其開頭字母剛好可以拼成英文的「連貫」一詞：連結、開放、和諧、投入、接納、即時、理性認知、同情與同理。同頻會創造心智上的連貫性。而根據練習覺照覺察的人的第一手描述，同頻會帶來心理健康的狀態及「和諧」的感受，這也是支持的證據。

安東尼・路茲（Antoine Lutz）與同事曾針對長期進行冥想的人進行研究。他們在冥想者進入不同於覺照的，所謂「無客體」或「無特定同情目標」的冥想時，測量其腦部的電流活動，結果發現神經出現高頻率的震動，也就是珈瑪波（gamma waves），顯示他們在進行這類冥想時有高度的神經同步化。有趣的是，受試者腦部的運動前區也會啓動。我們可以假設這可能與該區域的鏡像神經元特質有關。神經結構中的高頻率震動通常被認爲反映出神經突觸後的啓動（postsynaptic activation），尤其是在皮質層中。當廣泛分布於各區域的神經協調地啓動時，就會導致這樣高震盪的神經同步化。這種協調活動發生的程度可大可小，可以影響到或大或小的神經群集，也可能影響到或近或遠的範圍。

路茲、唐恩與大衛森曾提出，當神經元產生這樣的協調活動時，會增強彼此的連結，並強化彼此在當下的功能，而使其當下的活動「優於」其他神經群集。

短距離的整合被認爲是發生在集中的、由單一突觸連結的網絡間，而能促使相關的神經元極快速（在數毫秒間）而緊密地啓動。這種短距離的整合會發生在與特定感知模組相關的皮質細胞柱裡，可以了解感知是如何「綁」在一起。我們也可以想像，這種程度的短距離神經同步化如果受到阻斷，就可能化解由上而下的歷程，而覺照或許就是藉此阻斷不變表徵的次級影響。

大範圍的整合則會牽涉到距離較遠，靠多重突觸連結的各個神經群集，因此需要較長的傳導時間。經由視丘連結皮質層的各個區域，就是這種較緩慢（約十毫秒以上）整合回路的例子之一。意識的產生就是經由這樣的神經整合。

路茲、唐恩跟大衛森生動清楚地描述了較大範圍的神經整合與震動：

> 這些管道會對應到大範圍的連結，而連接起腦部不同區域的各網絡的不同層次，形成一個組合。對於長距離神經同步化的背後機制，我們仍了解甚少。但我們假設，連貫的大型神經啟動組合（macro-assembly）之所以能暫時形成，其背後的機制就是長距離的

神經同步化。大型神經啟動組合會選擇並結合多模組的網絡，例如結合枕葉與額葉，或結合之間神經傳遞需要數十毫秒的左右半腦。大範圍同步化的現象在神經科學領域獲得極大注目，因為它可以提供新的洞見，讓我們更清楚有關神經與心智之間連結的原則。

既然覺照覺察有強大的能力，能幫助我們改變深層的自我意識，以及對周圍世界的感知，我們就應該進一步探討在覺照覺察中的短距離與長距離的神經啓動組合。我們看到，小範圍的組合阻斷時，可以消除皮質上層的不變表徵帶來的立即影響。而如第七章所討論，大範圍的神經啓動組合，或阻斷這些整合，則可以造成伴隨本來自我意識的更大範圍的觀點改變。以反思改變這些大範圍的整合，或許就能讓我們看見個人身分認同其實是短暫又相對的，而感受到種種過去的適應方式及心智習慣下的本來自我。

我們定義的反思包含至少三個特徵：接納性、自我觀察、反身覺察。這三個位於覺照覺察核心的，分別獨立但互相強化的反思面向，或許就能改變大腦中的大範圍或小範圍的啓動組合，而改變意識經驗的本質。

我們恐怕很難對大腦活動加以功能性掃描或電波分析，而看到小範圍組合的改變，了解我們如何改變次級歷程對初級感官的影響。因爲這種改變的程度恐怕很小，又集中在很小的範圍。但是要以覺察阻斷平常的自我認同形態，可能會涉及較大範圍、較多層次的神經啓動改變，因而有可能以精細的電腦輔助電波儀器，對整個系統加以掃描，而偵測得到。我們可能由此了解由上而下的歷程，如何在覺照覺察中遭到拆解消除。

安格爾、佛瑞斯與辛格在文獻中描述過長距離同步化的歷程。他們在結論中認爲：「由上而下的歷程，會涉及跨越各區域及次級系統的大範圍連貫性，而這樣大範圍整合的模式，就伴隨著對刺激的特定預測。」前面提到的覺照覺察中的「SIMA」歷程，也就是由身體動作預測感官感覺，或許也是覺照覺察能引發長距離神經同步化的原因之一？覺照覺察這樣的協調運作牽涉到一種暫時的同步化，會啓動大範圍、長距離、跨越各區域的大型神經組合。或許覺照引發神經整合的這種機制，就會帶來覺照中的連貫心理狀態。

我們還需要更詳盡地分析這些大範圍整合狀態，才能釐淸伴隨覺照覺察狀態的「神經特徵」（neural signature）究竟是什麼。就如阿夫特納及葛洛謝奇（Aftanas & Golocheikine）所說：「研究結果顯示，我們最好結合腦電波儀的線性與非線性變因，來記錄在冥想中不斷變動的內在經驗，才能更深入了解中樞神經系統的整合功能與意識狀態改變，兩者之間的關係。」

這些整合的神經啓動組合隨時都在創造我們深層的覺察感受。了解這些神經整合狀態的主觀本質，將有助於更確切了解覺照大腦當中的細節。

定義整合

關於神經整合部分的假設，我們可以檢視大腦的神經運作如何在覺照覺察練習中創造整合狀態。我們在此檢視的是狀態，是發生在練習當下的暫時性的運作。至於評估個人特質中的整合狀態變化，可能需要以較複雜的線性與非線性的電波測量，來探知細微的整合變化。

本假設的另一項可驗證面向是，如果這些整合狀態長期持續，會變成個人的特質，不僅是神經運作改變，神經結構也會隨之改變。此處的假設是，由內在同頻引發的神經協調與平衡的狀態，最終會刺激大腦中整合性神經連結的生長，因此未來就會讓神經同步的狀態更容易啓動。

既然整合是神經可塑性變化的關鍵，我們當然想預測這些整合神經連結會出現在大腦功能性造影中的何處。為數龐大的「中介神經元」（interneuron）可以發揮作用，讓彼此緊密排列的神經元進行小範圍的整合。但是在大範圍的整合中，則必須檢視會延伸到分布廣泛的各個神經群集的神經纖維，包括有助於快速神經傳遞的前額葉區域中的紡錘細胞（spindle cell）可能扮演的角色[4]。

談到這樣大範圍的神經整合，有幾個區域應該優先討論。首先是中央前額葉皮質。它會連接嚴格意義的身體、腦幹、邊緣區域跟皮質層，形成一個功能性的整體，還能接收來自其他人腦部／身體的社會訊息。這個功能性整體包含的領域極為廣泛，完全符合整合的定義。

除此之外，其他將分隔遙遠區域連結起來的神經回路也值得探索，例如背外側前額葉皮質的一部分、海馬迴與胼胝體，還有小腦。這些區域都會放射出很長的神經連結，連到遙遠的區域，讓各區域在結構上結合起來，以便在功能性整合中扮演一定的角色。

關於神經可塑性一項有趣的研究發現是[5]，在神經新生（neurogenesis）歷程中生長出來的神經元似乎都是整合性的，並且對兒童的發展非常重要。馬丁・德契（Martin Teicher）也有類似的結論。他檢視研究後發現，虐待與疏忽會導致兒童大腦中的整合性神經元受損，而他們需要正面的人際關係，才可能再長出這些神經元。

整合的心理健康

利用數學中複雜理論觀點來看，整合狀態會在多變的複雜系統中，創造出最有彈性、最有適應力也最穩定的狀態。我們可以將這些概念延伸到主觀經驗的領域，利用這個模型來觀看心理健康的本質，而將其定義爲就像河流的流動，一邊的河岸是僵化，另一邊則是混亂。這個觀點實際上很有助於了解《精神疾病診斷及統計手册》（*Diagnostic and Statistical Manual of Psychiatric Disorders*）中所列的症狀的本質，因爲這些症狀都可以視爲是混亂或僵化，或兩者兼具的表現。舉例而言，罹患創傷後症候群的人可能顯現記憶重現和情緒起伏等混亂狀態，也可能顯現逃避與麻木的僵化狀態。躁鬱症病患則會在躁症期顯現混亂狀態，而在鬱症期顯現僵化狀態。

我們已經描述過整合時所出現的心智流動會是有彈性、有適應力、連貫、有活力且穩定的

（FACES）。這個模型於是能幫助我們看到覺照覺察如何透過提升腦部的整合，直接啓發我們與生俱來的能力，達到連貫性與心理健康。

我們認爲心智的連貫性，以及人際關係中的同理，都與神經整合有正相關。因此，神經整合、心智連貫性、富有同理心的人際關係，可以視爲心理健康這一現實的三個面向，而且是眞實的存在，無法簡化到其他面向當中。

整合與人際關係

另一項可以驗證的相關假設是，同頻也能促進人際關係當中的整合功能的發展。個人內在的同頻與神經整合，會強化人際的同頻。這兩者可以相輔相成。

個案報告顯示，靜觀冥想會提升一個人在缺乏語言線索時，偵測他人臉部表情的能力。如果這項推論正確，原因爲何？其一可能是，覺照練習中培養的內在感知使我們更能「向內觀看」，而感受自己的內在世界及偵測他人的表現。這種非語言的感知，以及我們對自己臉部表情的回應，都跟這種共鳴系統有關。可以假設，內在感知與鏡像映照特質可能攜手合作，使我們更能敏感探知他人的訊息。或許就是覺照練習帶來的這項技能，有益於個人的人際關係（參見附錄二）。

不論是在日常生活、臨床治療、教學環境或科學研究中，我們都能經由任何機會，增進心理健康的三大支柱：連貫的心智、同理的溝通及神經的整合。換句話說，我們可以專注於促進溝通中的同理，結果促進神經的整合與心智的連貫；也可以專注於覺照覺察及促進心智連貫跟神經整合，結讓自己更容易發展同理心。

覺照練習包括專注於大愛的善意，試圖關懷自我與他人的幸福等。我們在此看到覺照的內在同頻，與想像的人際同頻，兩者重疊在一起。這樣的覺照心像會在大腦中產生什麼作用？讓我們想到另一個可驗證的假設：在覺照覺察練習中，以及抱持慈愛心的冥想練習中，共鳴回路都會啓動嗎？

到目前為止，對心像的研究已經清楚揭示，將感知描繪出來，不但會啓動大腦中負責執行所想像行動的區域，還會對這些區域的結構生長發揮長遠影響。舉例來說，如果我們教一隻猴子用右手操作一支耙子來動作，另外教一隻猴子不用耙子而做相同的動作，那麼用耙子的猴子，其負責右手感知的大腦區域會生長較多[6]。

這項結果的啓示是，如果我們與自己或他人的心智同頻，就可能運用到強化神經回路的感知技能，因而獲得更強大的內在與人際同頻。覺照與同理因此是相輔相成的。這也顯示為什麼大愛的善意是覺照修行中的重要部分——這兩者都涉及內在同頻。

如果同頻會促進大腦中的整合，那麼人際同頻（在世俗的人際關係，或在針對全人類的想像的大愛善意中），以及內在同頻（包括對自我的大愛善意，以及跟自己的狀態同頻的覺照，包含跟自我意念、身體感官及情緒感受同頻），就會互相強化，而更促進神經整合。覺照覺察之所以能促進人際與內在的幸福感，其背後的神經面向可能就如上所述。

依附與人生敘述

我們可以藉由依附研究，了解記憶與人生敘述如何影響自我身分認同，進一步討論心智的整合與連貫。在過去的研究[7]，我曾經廣泛檢視了四種常見的因應父母的照顧經驗後所形成的人生敘述模式。在成長過程中，每個人都可能以開放的心或侷限的心智固定架構，來因應我們所得到或得不到的同頻經驗[8]。新近的研究顯示，依附模式會直接影響我們是否有能力壓抑負面的思考，呈現出不同的大腦功能造影模式[9]。整體而言，這些研究都證實，我們對生命早期經驗的適應方式，似乎會大幅影響我們的情感風格、人生敘述主題，以及在人際關係中的積極或退縮傾向。

在覺照覺察中，我們有機會潛入這種種適應方式底下，找到改變的契機。我們與生俱來的氣質也會影響我們的自我身分認同。因此依附模式跟天生氣質都會造就我們的「個性」。我們在此簡短地討論一下親子依附的研究，以及科學所證實的，依附歷史如何形塑一個人的敘述結構，而影響其人生道路。

如果我們很難從父母身上獲得情感，通常會否定自己需要他們，以避免依賴，並在發展出的人生敘述中盡量縮減他們的重要性；這稱為「迴避型」（avodiant）童年依附。相對地，成人敘述則是「排拒型」（dismissing）人生敘述。這類人的內在世界通常缺乏與他人的連結，也缺乏與自己情緒跟身體的連結。我們可以預測這類人的心智軸心不易連結到身體的第六感，或情緒感知的第七感，或對於人際關係的第八感。這種敘述會有很緊密向內的固著性，排除人際關係與情緒，認爲這兩者都不重要。其特徵之一就是，個人會堅持想不起來有關家庭經驗的細節。這時的覺照覺察會受到限制，因爲他會回路覺察輪框的許多部分，而無法獲得反思所需的接納性、自我觀察及反身覺察。他們的下一代也因此得不到同頻的連結，而使這種由經驗造就的模式代代相傳。

如果照顧者與我們的同頻時有時無，經常會以他自身的狀態干擾我們的狀態，孩子會發展出所謂的「矛盾/焦慮」依附，而成人後則會相對形成「焦慮」敘述。在這類人的經驗中，過去的元素經常會侵入現在，引起困惑焦慮感，尤其是在人際關係上。我們可以想像，這時他的心智軸心會爲覺察輪框上的外來資訊所淹沒，使他的意識始終充滿「過去」的資訊，以及他「希望」的狀態，而無法擁有當下的意識。很不幸的是，他們在成爲父母後，也會因爲這些來自過去的情緒的入侵，而無法在與孩子互動時保持覺照。他們會干擾孩子的內在世界，無法對孩子保持穩定的同頻。我們看到，同樣的依附模式因此傳到下一代。

第三種依附模式則來自於，父母正是帶來恐怖威脅或可怕行爲的人，導致孩子心中出現「無法化解的恐懼」。當孩子受到威脅時，大腦會受到刺激而啓動一組神經回路，叫他遠離恐怖威脅的來源，同時又有另一組回路驅使他向依附對象尋求保護和安慰。這時候的問題是，依附對象就是恐懼的來源，這衝突狀態就會導致孩子出現混亂依附，最終可能形成所謂「解離」（dissociaton）

的分裂自我狀態，使個人的意識中斷；而一般應該連結起來的元素，例如影像、聲音、顯性或隱性記憶等，也常會瓦解。這類成人敘述會顯露出未化解的創傷或哀悼。不幸的是，如果沒有加以干預治療，這類父母很可能做出令孩子驚恐的行爲，使這種依附模式繼續傳遞下去。

關於這些發現的一個重要啓示是，一個人在長大成人後，仍可以改變自己的依附模式，而使孩子對自己有不同的依附模式。這三種「不安全」的依附模式都顯現出不連貫的心理狀態，並導致這些典型的敘述模式。我曾提出假設，認爲這些敘述模式可能反映出某種神經整合的受損。擁有排拒型成人敘述的人，會無法進入右腦歷程，因此由左腦主導人生敘述，而缺乏右腦負責的，以情感及影像爲基礎的自傳式記憶細節。擁有焦慮型叙述的人雖然在童年時沒有重大創傷，也缺乏同頻經驗，因此會遺留下許多「垃圾」，導致右腦的情節性記憶過多，而侵入現在的生活。而擁有未化解問題的成人，腦部的整合會很容易瓦解，使前額葉皮質的整合功能可能在微小壓力下中斷，轉而尋求由邊緣區域驅動的，強烈而突然的「下下之策」，而使孩子感到驚恐。在這種狀態下，我們所提到的前額葉皮質九大功能，可能大多數都會中止。雖然所有人都可能進入尋求下下之策的狀態，但是曾有未化解創傷或哀悼的父母特別容易快速、頻繁且強烈地進入這種狀態，也比較不容易快速從中脫離，並設法修復與孩子的連結。[10]

好消息是，爲人父母者若能設法「理解」自己的人生，就可能改變依附模式，而教養出茁壯成長的孩子[11]。這樣的成果可稱爲「贏來的」安全依附，讓人體驗到連貫的心智與人生叙述。而這樣的連貫性必須經由神經的整合達成。在這種情況下，一個人必須能將自傳記憶中正面與負面的部分，一起融入人生敘述中，承認過去經驗對現在的影響。

連貫與固著

「成人依附訪談」（Adult Attachment Interview, AAI）是用來評估父母的人生敘述的「連貫性」[12]。當父母「理解」了自己的過去如何影響到現在，才可能掙脫束縛，自由地與孩子跟他人建立安全的關係。彼得・方納基（Peter Fonagy）跟瑪麗・塔格特（Mary Target）提出一項評估指標是父母是否能以「反思功能」反思心智，將心智視爲安全依附中很重要的一環。這項功能可能就等同於覺照覺察中的「留意與標示」。在某些很困難或帶來創傷的依附關係中，孩子的這類反思功能可能受到損傷，但是仍可以用贏來的安全依附加以修復[13]。

當爲人父母者一直擁有，或在成年後贏得安全依附時，就能與孩子有同頻的溝通。即使在人際溝通無可避免地出現斷裂時，父母也會有足夠的「覺照」，而加以彌補修復。這樣的修復攸關孩子是否能建立安全依附。

我們可以提出一個有趣的計畫，來探索安全的依附實際上不但有助於提升神經整合，還有助於提升覺照的特質。如果確實如此，那麼安全依附模式中的人際同頻就會導致覺照大腦中的神經整合。一個人不論是經由早期的教養經驗得到安全依附，或在青春期或成人後經由自我反思，或正面而讓人蛻變的依附關係，爭取得到安全依附，都可能達到這樣的神經整合，而擁有覺照的特質。如此一來，甚至是自我認識——創造連關人生敘述的「理解」歷程——也可以視爲是整合同頻中的一部分，是覺照生活方式不可或缺。

所謂同頻的系統，指的是兩種構成要素互相共鳴。就兩個人而言，同頻的基礎是彼此狀態的共鳴。當依附關係中有這樣的同頻，父母自身的整合而覺照的狀態，就會促進孩子的神經整合。而在自我反思跟內在同頻中，我們則會與自己的存在狀態共鳴。不用多久，這種清明的、對直接經驗的開放接納，就會創造出內在的共鳴，衍生於與他人同在的、充滿活力與觀察力的狀態。

要達到這樣流動性的連結，我們必須抱持開放接納的態度。如前所言，當神經感知評估我們很安全時，就比較容易進入接納狀態。在依附關係中，我們必須對孩子開放接納，並感受到自己內在的安全，才能讓孩子感受到「無恐懼的愛」。在覺照中，我們必須對自己開放，才能創造出「COAL」的接納狀態。我們的觀察自我必須開放接納我們「當下活著的自我」。而藉由專注於意念，就能發展出連貫的整合狀態。

但在不安全依附的固著狀態裡，心智會「緊抓」著已經過時的求生適應模式。這種缺乏彈性的固著狀態會讓一個人容易陷入混亂或僵化。一個人的系統必須朝向連貫發展，才能變得較有彈性。我們從依附研究中的成人敘述研究就可以看到，我們多麼容易爲記憶與人生故事中對過往經驗的適應方式所囚禁。

連貫與固著截然不同。要了解兩者的差別，可以想像一個數學的概念：固著狀態是由一整套嚴格的等式構成，它會以二分法決定它所評估的所有變數屬於團體內或團體外。這整套等式的疆界是非常清晰明確的：不是在內就是在外，身分認同有明確的定義，充滿了確定性。

相反地，連貫狀態可以想像成是將各個變數納入考慮，按照各種順序排列的等式。當遭遇到新的變數時，等式就會改變，而「自我」的形狀也會隨之改變，決定是否納入某些特徵。疆界的形狀是持續改變的。由此可見連貫性的核心就包含了彈性。

在心理健康的操作性定義中，我們將彈性、適應力、連貫性、活力跟穩定並列為「FACES」之流的起點。覺照覺察就會提升心智的連貫性。藉由反思個人身分認同的固著狀態，個人才能留意並改變僵化的適應方式，而得到更大的彈性與連貫性。

個人要獲得情感上的自由，放鬆個人身分認同的侷限，都必須在記憶上保持覺照。固著而不連貫的心理狀態會使人感到窒息、受限。不斷發展的心智經驗也無法突破緊密的疆界。這樣停滯的系統會欠缺連貫性帶來的和諧，讓我們經常處於僵化或不時爆發混亂的狀態。

在心理健康狀態下，心理會優游在整合的「FACES」之流裡，河流的兩岸分別是僵化及混亂。我們可以看到覺照使心智進入這連貫的河流，而導致非反射反應。有了心理健康三角支柱的三元素——神經整合、連貫的心智與同理的關係——我們的生活才能在和諧之流中前進。在這種整合狀態中，我們才會獲得「情緒健康」。這就是反思的連貫性。

覺照會喚醒心理健康的三元素彼此的活躍互動。我們的社會共鳴回路會連結起意念的描繪、神經的整合，以及我們跟他人和自我的同頻率，而呼應這心理健康的三角支柱。

覺照讓我們在遭遇創傷或受限的記憶歷程，影響到自我系統的和諧與連貫時，仍能保持平靜。這是覺照帶來的很重要的區辨力：我們能正面迎向創傷，而非逃避退縮，並藉此創造出新的情緒調節模式。我們可以從這個穩定平靜的內在深處，認知表面上的混亂或僵化的歷程，或生活經驗中的功能失調與防衛排斥，都「只是」心智的習慣，因而能加以化解消除，創造出恆定狀態，使眞正的蛻變得以展開。

關鍵就在於打開心胸，充分感受記憶。或許有很多人認爲覺照不過是「存在當下」，而選擇忽略記憶與身分認同。但是我們現在生活的每一刻都會爲記憶所奴役，迴避不加面對，只會禁錮在固著的狀態裡，缺乏開放連貫的流動帶來的活力。

在遮蔽視野的自我認同的外衣下，隱藏著每個人都有的開闊心。覺照覺察不但讓淸晰的視野成爲可能，更是可以直接體驗的眞實。

感覺的彈性

情感風格與積極心態

要了解覺照如何幫助我們不對刺激採取反射反應，並且能描述及標示自己的感官感覺、感受與思緒，就必須檢視我們如何獲得感覺的彈性，以創造積極面面對。

在科學文獻當中，關於覺照對情緒調節的影響，要以李察・大衛森及其同事的研究最為詳盡。大衛森以「情感風格」（affective style）的概念來解釋為什麼覺照訓練可以改變神經運作，讓我們免於反射反應，「情感風格指的是一個人在情感反應與調節上，一貫而與他人不同的差異……這個辭彙包含各種歷程，其中每個歷程可單獨或結合運作，而調節個人對情緒刺激的回應、整體的性情狀態，以及與情感相關的認知歷程。」

非反射性

覺照的常見概念是指刻意地，不評斷地，將注意力聚焦在當下，而當中似乎沒有非反射（non-reactivity）的特質。有些人則認爲覺照覺察練習的成果包括保持鎭定與清晰，或說能在壓力下保持平穩。而貝爾與同事對有關覺照的研究加以綜合分析後，則認爲非反射性確實是覺照概念中一個獨立而根本的面向，是核心特徵，而不只是結果之一。

事實上，當我們在探索覺照的本質時，「結果」與「歷程」都是很奇怪的概念，因爲它的歷程就是結果：身在當下，身在此刻的呼吸中，就是覺照的歷程，也是覺照的結果。當我們試圖將這些元素拆開來，就可能見樹不見林，忽略了全局。

當我們保持較大範圍的觀點，接受覺照的歷程是一種存在狀態，而不是要完成某件事的行爲，才可能開始探索它包含的各個面向。唯有看到各個單獨的面向，我們才可能整合覺照覺察的經驗，以及「與覺照經驗同行」的神經回路。前面會強調「心智是與腦部的神經回路同行」，以強化心智運作與腦部活動之間的雙向性。腦部的活動確實會影響心智運作，因此我們認爲是心智會運用大腦來創造它自己。謹記這些基本概念後，我們再來看看覺照中爲何會存在非反射性。

前面提過，自動化的反應，例如思考與感受等，都可以在不經覺察的情況下產生。其中部分的協調工作可能經由前扣帶皮質達成。前扣帶皮質在情緒啓動與調節中扮演很重要的角色，而且有一部分就負責處理身體資訊的輸入與情感反應，還有負責分配思考流的注意力[1]。研究證實，前扣帶皮質在覺照覺察練習中幾乎一定都會被啓動[2]，因此顯示注意力的調節、思考、身體狀態與感受等之間有極密切的關係。當我們在覺照中專注於神經的啓動時，至少就會讓背外側前額葉皮質（DLPFC）連結到當時啓動的任何其他區域。如果這時皮質下的邊緣區域啓動了，就可能體驗到情感的騷動，也就是情緒反應。如果這種神經啓動進入覺察，就稱爲「感受」，或主觀的情緒經驗。

情緒是什麼？

但是腦部如何調節它的情緒反應？首先要說明，「情緒」不但是很複雜的實體，也是很複雜的研究主題。情緒包含一個歷程，這個歷程會組織及執行各種目標導向的行爲，評估所創造的事件的意義，影響資訊的處理（認知），導致感知的偏頗，並啓動情感的騷動。情緒也會直接關係到我們如何在當下與人互動，以及我們如何被啓動的記憶影響。換句話說，所謂的「情緒」其實是一個多變而重要的功能，會整合行爲、意義、思考、感知、感受、互動與記憶。

當我們說「情緒的調節」時，指的其實是監督並調整這各式各樣的功能，從感受到溝通等。我們所稱的覺照中的非反射性，指的就是這麼廣泛的情緒調節[3]。

從最基本的程度而言，鍛鍊腦中的回路，使產生情緒的下層回路能夠被上層回路調整，就可以達到非反射性。這種情緒騷動與調節之間的平衡，經常被認爲就是皮質下邊緣區域的杏仁核與前額葉的互相制衡，而覺照覺察之所以能直接導致非反射性，或許就是因爲它能強化前額葉皮質與邊緣區域之間的連結（見圖2.7）。

前額葉皮質與下方的邊緣區域有直接的連結。這些連結讓前額葉區域可以評估皮質下區域的騷動狀態，並加以調整。我們已經討論過腦部的「整合」包含了協調與平衡，這裡就能看到整合性的前額葉區域會協調及平衡邊緣區域的啓動，帶來生活的意義與豐富的情緒；同時能避免邊緣區域過度亢奮，使生活變得太混亂或太空洞無趣。事實上，在教導冥想時，我們也會談到亢奮及沉悶這兩個相似的概念。

路茲、唐恩與大衛森如此描述這個議題：

> 穩定跟清晰兩者的拉鋸，顯現在妨礙冥想的兩股情緒流，「沉悶」感與「亢奮」感之間的張力。當沉悶感剛出現時，冥想者的焦點仍會維持在客體上；但是當沉悶感繼續增加，客體就會愈來愈難顯得清晰，冥想者開始感到昏沉。如果沉悶感持續下去，客體會變得昏暗朦朧，讓冥想者無法專注在上面，或者在極無趣的狀況下，甚至會直接睡著。相反地，當亢奮感出現時，客體通常會變得清晰，但是亢奮的心理狀態會干擾冥想，使冥想者容易分心，無法專注在客體上。理想的冥想狀態——超越新手階段的狀態——當

中沒有沉悶感也沒有亢奮感。換句話說，穩定與清晰彼此達到完美的平衡……當冥想者出現極細微的沉悶感或亢奮感時，都會受到同樣細微的調整，在沉悶出現時調整為比較清晰，在亢奮出現時調整為比較穩定，直到達成穩定與清晰彼此最平衡的冥想狀態。

這段敘述顯露，即使在剛開始練習冥想的早期階段，冥想者也必須設法在各種騷動狀態間找到平衡。這些狀態在最極端時可能會是混亂（太過亢奮），也可能是僵化（太過沉悶）。我們可以將「非反射反應」定義爲，能在外在回應前，先暫停一下，使大腦中涉及「加速與煞車」功能的神經回路，也就是負責啓動或抑制自律神經系統的交感神經與副交感神經，達到平衡。調節自律神經系統這兩個分支的功能則位於前額葉皮質中。

中央及側邊的前額葉區域也在我所謂的「回應彈性」——在行動前暫停一下，考慮各種選擇再行回應——扮演很重要的角色。

由此我們可以看到，「非反射反應」可能同時會牽涉到內在情感與自律神經的平衡，以及與人互動時的彈性。這些能力及內在恆定的其他面向，都要靠前額葉皮質的整合功能（協調、平衡）才能達成。因此可以假定，冥想練習所啓動就是這些區域。

情感風格與韌性

李察・大衛森曾經討論過一些關於情感調節的核心議題：

情感風格的關鍵元素之一是調節負面情緒，尤其是減少負面情緒持續時間的能力。大腦前額葉皮質與杏仁核之間的連結在這項調節歷程中扮演很重要的角色……我們將韌性（resilience）定義為，在面對逆境時，仍有高度的正面情緒及身心健康感。這並不是指有韌性的人從來不會有負面情緒，而是他的負面情緒不會持續太久。

而非反射反應顯然是韌性的重要元素。但爲什麼覺照覺察有助於培養出韌性？我們可以在動物身上看到[4]，母親照顧幼小動物的方式，會直接影響牠能否發展出行爲彈性與社會功能。例如在麥可・米尼（Michael Meaney）的研究中，經常受到母猴舔舐理毛的小猴子，大腦中數個區域，包括產生情緒反應的杏仁核與更深層的腦幹結構和負責調節功能的前額葉區域等，其神經接收器的數量都會增加，顯示母猴的照顧行爲會導致後代的大腦出現正面變化。事實上，米尼還以研究證實，這些理毛行爲會啓動幼小後代身體中基因的特定行爲，而進一步促使其製造蛋白質，讓大腦中某些區域的神經接收器出現變化。交換後代養育的實驗也證實，決定這些基因表現與神經結果的，不是母猴的基因，而是牠的行爲。這裡的重點是，這些「同頻」的、關愛的互動，會引發後代大腦產生來自神經可塑性的變化，進而產生韌性。

史勞佛、伊格蘭、卡爾森與柯林斯（Sroufe, Egeland, Carlson, & Collins）曾廣泛研究人類行爲，試圖檢視親子依附當中的同頻溝通，如何能促使小孩子發展出韌性。生長在高壓力家庭，但表現出韌性的孩子，幾乎毫無例外地都發現與某個人擁有同頻的關係，而研究者認爲這就是他們之所以能發展出韌性的來源。艾倫・蕭爾試圖探索與這些依附研究發現相關的神經運作，而認爲同頻的溝通會導致前額葉區域的生長，尤其是在其中央區域（最明顯的是在眶側額葉區域）。我自己的研究重點則是要試圖了解，由前額葉及更大範圍區域產生的神經整合歷程，例如發生在兩邊半腦皮質之間，以及人際溝通中的歷程，如何促進心智的連貫性、人際關係中的同理心，以及個人生活中的整體韌性。

這些研究顯示出以下發現：韌性可以經由經驗學習得來。情感風格並不是由基因或早期經驗永久決定，反而是能經由訓練，而朝向健康方向發展的技巧。我們已經知道，照顧者對幼小者的關切與照顧確實可以導致幼小者發展出韌性（參見附錄二）。

我的建議是，將覺照視爲聚焦在自我身上的「關注與照顧」，因此是一種有助於提升韌性的內在同頻。

此外，在心理學與神經生物學的文獻中，一個很重要的議題是在討論心智、行爲及大腦所表現出來的，積極與退縮的傾向。積極傾向使我們容易有想法，參與互動，似乎會啓動左腦的前方區域。退縮傾向則讓我們逃避某些事物，退出互動，似乎讓右腦居於主導地位，尤其是右腦的前方區域。

海瑟・尤瑞（Heather Urry）及其同事認爲，我們由這兩種不同傾向的相關神經運作，來了解一個人的心理健康狀態：

> 雖然這項早期研究的重點在於了解情感傾向所扮演的角色，以解釋左右腦的差別，但是新近的研究顯示，一個人穩定顯現出的，左右腦前額葉區域的啟動程度的差異，並不能直接連結到個人的快樂程度（有正面或負面情緒），而是涉及個人在面對適當的刺激來源時，會比較有積極的行為傾向（左腦），或退縮的行為傾向（右腦）。

他們接著假設，參與有目標的事物是獲得心理健康的必要元素。他們在研究中區分出「幸福」（eudaimonic）與「享樂」（hedonic）兩種心理健康形態。所謂「幸福」的心理健康，是一個人擁有平靜安穩的感受，包含自主、能掌握環境、正面的人際關係、個人的成長、自我的接納，以及覺得生命有意義及目標等。而「享樂」的心理健康則強調生活中的滿足，經常有愉悅的情緒，以及不常有不愉快的情緒。

尤瑞與同事以這兩種相對的觀念，釐清與左腦前額葉啓動相關的是積極的心態，而非供給正面的情緒：

左右腦額葉區不同的啟動程度，以及其與情感狀態的關連，顯示出左右腦的前額葉皮質各自會引發積極傾向與退縮傾向，這兩種傾向也就構成情感反應的一部分。當一個人面對喚醒正面情感經驗的食慾刺激時，左腦的前額葉皮質會啟動，因為這些刺激會誘發使人想接近刺激的來源的，根本的積極傾向。

通常由左腦主導的人會比較有動力接近可能帶來意義與愉悅的事物，因此會帶來較高的心理健康感，「除此之外，對左右半腦的分析也顯示，去除了跟天生性情中正面情感的變因後，左腦前額葉的啓動與『幸福』的心理健康狀態有關，但跟『享樂』的狀態無關。」換句話說，積極傾向與幸福狀態有正相關，表示這種傾向有助於我們以沉穩平靜的態度面對壓力事件。

另外，尤瑞等人研究中的一段話很值得注意：

我們不清楚為什麼我們的發現只限於中央額葉區域。過去許多研究都顯示前額葉區域跟情感風格有很大的正相關，但額葉中央區域則在額葉區域後方……至少有一項研究

> 顯示額葉中央區域的活動可能反映出運動輔助區的啟動……因此積極的行為傾向可能有一部分跟運動輔助區的啟動有關。

我們在第八章討論到鏡像神經元可能在覺照裡扮演的角色，這也與這項發現相符，因為運動輔助區（supplementary motor area, SMA）充滿了鏡像映照的特質[5]。會不會在這種研究模型裡，當一個人「只是」閉著眼睛休息時（或者只是專注於呼吸？），事實上已經啓動積極狀態，而調整到與自己同頻率？

根據神經科學家的描述，基準狀態（baseline state）指的是受試者在閉著眼睛休息時，其中樞神經回路的活動程度。古斯納與雷契里（Gusnard & Raichle）曾經探討所謂的「基本設定模式」（default mode）或基準狀態，應該牽涉到一些特定的回路。研究者發現[6]，雖然大腦所佔重量只有身體的百分之二，但是當你休息時，大腦卻會消耗身體所用氧氣的百分之二十，而且主要是消耗在腦部前方的一區，以及後方的一區。後方區域可能涉及組合關於外界的資訊，以及自我的某些層面；前方區域則是中央前額葉的某部分，包括眶側前額葉及內側前額葉區域。古斯納與雷契里寫道：

> 眶側的神經網絡是由各式各樣不同結構的細胞所構成，會接收來自身體與外界非常

廣泛的感官資訊。這些資訊會再經由複雜的互動，傳遞到腹側及內側中央前額葉皮質。腹側及內側中央前額葉皮質還跟邊緣系統有緊密的連結，例如與邊緣系統中的杏仁核、側邊紋狀體（ventral striatum）、視丘、中腦灰質區（mid-brain periaqueductal grey region），以及腦幹的自律神經中樞。這樣結構上的領導地位顯示出這些內側的區域或許就負責整合情緒引起的內臟神經活動，以及從內在與外在環境收集而來的資訊。

除此之外，這些中央前額葉區域「或許會在決策過程中融入扭曲的情緒訊號，而影響情緒與認知歷程的整合」。如前面所提，另一個腦部中央結構，前扣帶皮質也顯示有助於這些歷程的整合[7]。

另一個在基準狀態中會啓動的腦部中央區域是背內側前額葉皮質。與這個部位有關的心智功能包括監督自我心理狀態並告知他人這些內在狀態，刻意的說話，自己產生的思緒，以及情緒等。另一組與DMPFC相關的活動還包括推測他人的心理狀態。佛瑞斯與佛瑞斯（Frith & Frith）的研究便假定背內側前額葉區域與自我的心理表徵有密切關係。

彼此互動的腹側及背部內側前額葉區域，兩者應該有相當複雜的關係。柏德及其同事（Bird, Castelli, Malik, Frith, & Hussain）的想法就透露出這點：

根據我們推測，內側額葉皮質的角色，是對其他心智回路進行由上而下的控制。發展正常的成年人在執行本實驗中的任務時，很可能不需要用到這種由上而下的控制。唯有需要在複雜或陌生的社會情境下，進行快速調節的歷程時，才會用到這種控制。

在這些研究中，當受試者被要求執行的任務不需要動用社會回路時，其基準活動會降低。這項發現顯示，描繪心智歷程——也就是啓動心見——會涉及多個回路的複雜互動，而我們只有在面對陌生社會情境或有心智重要性的情境，進行刻意而專注的活動時，才會啓動這些回路。

轉向左腦

所謂的大腦「預設模式」或「基準活動」所帶來的問題是，它會使研究詮釋變得複雜，因爲當個人被要求執行任務時，注意力會集中於外在任務，因此焦點比較廣泛，專注於心智本身回路的基準活動應該會降低。但是如果科學家沒有看到活動量轉變，是表示這項任務持續動用到這所有區域嗎？如果科學家看到基準活動降低，則表示這些區域被要求完成任務時，會變得比較有效率嗎，即使這項任務是針對心智的？

基於這些理由，我們必須以耐心和敬意，小心地詮釋大腦造影研究的結果。我們已知靜觀冥想與前扣帶皮質有關[8]，這項發現是好的起點。而眶側額葉與上顳葉區域的啓動則與呼吸覺察有關[9]，這也提供了一些令人興奮的暗示。

即使是針對佛教傳統中各種不同的冥想形式，路茲、唐恩及大衛森也寫道：

我們還無法確知與這些各不相同的冥想技巧（專注單一焦點、坐禪、內觀禪修）相關的神經電流特徵。根據目前所知，我們認為在注意力中包含或排除某些內容（感官、運動、內在任務），會關係到某些大腦區域的啟動或抑制，這些啟動狀態會表現在選擇性腦波共振模式（selective brain oscillatory pattern）的改變上。

雖然我們還不確知神經活動的確切特徵，但確實知道一個重要的大致輪廓：靜觀冥想似乎會使左腦的額葉啓動程度較高。

其他研究領域也曾對大腦單邊性加以研究，而顯示右腦似乎會負責記錄不舒服的、負面的情感。研究人員研究了嚴重憂鬱母親教養長大的嬰兒，發現他們的右腦居於主導地位，而且這個傾向會一直延續到童年初期。而他們的母親也是右腦的額葉活動程度遠超過左腦[10]。

另一組可能相關的研究則是檢視極度內向的兒童。「內向」這項天性特質包括對新鮮事物退縮，以及在陌生情境中右腦會高度啓動。傑若米・柯根（Jerome Kagan）發現，父母對待小孩的方式，可以決定天性內向的小孩未來的發展結果。如果父母能夠與孩子的天性需求同頻率，提供安全的基地與連結，幫助孩子向外探索世界，關愛地支持他們嘗試新事物，就能讓孩子克服這種退縮的行爲傾向。即使這類孩子仍可能有較高的恐懼神經反應，但可以調整適應，而保持韌性，積極面對挑戰。至於沒這麼幸運的孩子則會持續有焦慮與不確定感。其中很重要的啓示是，情感風格是可以藉由學習與經驗得來的，在這個例子裡，就是經由親子依附關係學習得來。

我們在前面討論過，李察・大衛森與其同事發現長期冥想者的大腦基準活動偏向左腦，而過去沒有冥想經驗，但經由八週的正念減壓療法後免疫功能增強的人，其增強程度也與他們大腦活動偏左的程度呈正相關[11]。

受試者的大腦電流活動，以及對感冒疫苗的免疫反應，都在接受訓練計畫前後分別加以測量。結果他們的大腦活動左傾程度，與其免疫反應增加程度呈正比。

這項研究的進行方式值得詳細敘述。在接受包含正念減壓療法之前與之後，要求受試者分別寫下生活中正面與負面的事件。研究者分別在基準情況及受試者剛完成上述任務時，測量其大腦電流活動。受過訓練的受試者，相較於控制組受試者，在寫下正面及負面事件的兩項任務後，其左腦額葉的啓動程度都比較高。

研究者認爲，經過八週的訓練後，受試者的基準活動應該也會改變——就跟對長期冥想者的研究發現一樣。在對長期冥想者的非前瞻性研究中[12]，我們無法得知是冥想導致大腦啓動的左傾，或者是啓動的左傾導致他們冥想。因此正念減壓療法的前瞻性研究格外有意義，因爲它將受試者分成兩組，包括一個控制組，而所有參加者之前都沒有冥想經驗，如此才能確定其因果關係。

但是爲什麼寫下生活中的負面事件會啓動左腦所謂的「正面情感」？將情感風格區分爲積極與逃避，就是回答此問題的關鍵。如大衛森與尤瑞的文章所指出，我們最好以積極面對（左腦）及退縮逃避（右腦）的概念來思考。基於這個概念，一個人在獲得覺照技巧後，比較能以積極的心態面對甚至是負面的事件。這就是韌性的最直接定義。這種態度可以帶來強大的適應力，讓你沉穩平靜地面對人生的風浪，也更有自信更自主。

情感風格與覺照

綜合以上的研究可以發現，積極模式／左腦主導模式可能會在靜觀冥想中啓動，最後有助於將覺照狀態演變爲覺照特質，使個人表現出目前所知與覺照覺察練習有關的各種心智、生理與人際關係的助益。當我們抱持著好奇、開放、接納與愛面對自己的內在世界時，就是在學習積極模式——眞正歡迎所有訪客進入覺察領域中。心智的中樞此時會完全開放，接納來自輪框上的任何事物。各種覺照練習中的訓練，包括我們在靜默避靜中的靜坐及步行冥想，都是在直接鍛鍊我們集中注意力，敞開心胸。

當心智內容成爲注意的目標時，我們就可以從開放、穩定而清晰的內在深處，觀察心智的特質，也就是來來去去的思緒、感受、心像及感官感覺。跟放鬆不同。我們不是要從這個沉穩寧靜的地方向外探索，而是要擴大內在的空間。我們可以藉由覺照覺察練習增加韌性，而改變情感風格，讓原本逃避壓力感受的傾向會消失。取而代之的是開闊的心，讓我們能迎向挑戰，積極參與內在與外在的世界。在這樣積極的心態下，我們的感受會比較有彈性。覺察輪的軸心也能歡迎來自輪框上的任何事物——以積極開放而沉穩寧靜的狀態，迎接不舒服的感受與恐懼、記憶或故事、社會的挑戰或孤獨的時刻。當我們以積極接納的傾向面對內在世界，而非恐懼退避或厭惡攻擊，便能達到覺照中的非反射反應。所謂的韌性是能夠從負面狀態中復原，而非將它們完全消除。我們都是凡人，重點在於讓感受有彈性，而非排除人性的某些部分。

有能力用語言描述自己的感覺，可能有助於情緒的平衡。對自己的內在世界加以心智註記，似乎也是創造感覺彈性，或讓情感風格變得比較正面積極而有韌性的方法之一。雖然與語言相關的腦中部位，可能跟「左傾」[13]用到的區域沒有直接相關，但是這個註記歷程也是覺照不可或缺的層面。

在兒童發展的領域，我們用「自我對話」來描述兒童所發展的內在對話。當這種自我對話的內容是心智本身，我們稱此爲「心智語言」（mentalese），也就是能描述及標示自己內在世界的語言。基於各式各樣的理由，包括天生的氣質或家庭經驗等，每個人都會發展出獨一無二的、針對自己心智的內在對話能力。

我用「反思對話」（reflective dialogue）來表示我們與孩子就孩子的心智所進行的對話。這種對話經驗或許就會在成長過程中內化，成爲描述自己內在狀態的能力[14]。這種能力屬於心見的領域，也就是我們能夠從心智的角度看待世界，包括我們的內在世界與其他人的心智世界。

心理學及神經科學的研究都顯示，能以語言描述內在狀態，例如自己的情緒或感知的人，會比較有彈性，也比較能調節情緒，而有利於適應[15]。覺照的概念同時包含非反射反應及用語言描述／標示的能力，這完全符合這些領域的獨立研究。但是爲什麼描述一件事情，會讓我們比較能夠在面臨壓力時維持平靜？爲什麼用語言標示非語言的內在心智層面是一件好事？

在做心智註記時，我們似乎需要動用左腦主導模式，才能積極面對一個內在狀態而加以命名。但是對情緒的調節卻可能與右腦主導的區域有關。

加州大學洛杉磯分校的研究者在大腦造影中觀察到的是，當受試者標示出所見圖像中的強烈情緒時，比起不加標示時，其邊緣區域的啓動比較平衡[16]。這聽起來可能神奇到讓人難以置信。以下是哈瑞里（Hariri）與其同事對此研究的概略總結：

> 當受試者將憤怒或恐懼的表情加以配對時，其左腦與右腦的杏仁核部位血液流量都會增加，而杏仁核是主要的恐懼中樞。但是當他們用語言標示這些表情時，其杏仁核的血流量則會降低。同時右腦的前額葉皮質血流量也會增加，而這個新皮質區域與情緒反應的調節有關。這些結果證實腦中有一個網絡，使較高層的區域可以藉此降低腦部最底

層的情緒反應，也顯示語言的詮釋及標示有助於情緒調節，背後確實有神經的基礎。

一項由葛瑞斯威爾、魏、艾森柏格及李柏曼所作的研究[17]也發現，有較高覺照特質的人在說出照片中的臉部表情時，相較於那些無此特質的人，其前額葉啓動的程度會比較高。右腦的腹外側皮質及內側前額葉皮質都會在標示情緒的作業時啓動。當前額葉啓動時，看到臉孔時的杏仁核啓動程度也會降低。但是在沒有覺照特質的人身上，其降低程度則沒有這麼明顯。

左右的整合

請注意，這些發現都顯示，在情感起伏與杏仁核啓動時，右腦的前額葉區域都會變得比較活躍。我們在此可以看到科學資料的錯綜複雜：要使用語言，左半腦一定要啓動（左半腦的專長包括：語言、邏輯、線性與文字思考）。而許多科學家又都認爲，情緒的調節似乎是右半腦的專長。

關於恐懼消除與情感調節的研究更顯示中央前額葉區域（腹內側〔ventromedial〕與腹外側）部位會有神經纖維直接連結到杏仁核，並釋放出抑制的神經傳導素 GABA。但是我們的操作記憶則要動用到背外側前額葉，而這裡並沒有直接的神經軸突連到杏仁核。綜合起來，我們可以說，要在心智標記出自己的情緒狀態，就必須有意識地，在覺察狀態中，同時運用左半腦的語言歷程（背外側前額葉區域），並使其連接右腦中更直接的中央前額葉調節回路（尤其是腹側區域）。

由此我們可以看到左右半腦歷程的整合，確實有助於產生與整合狀態相伴的，比較有彈性，有適應力，連貫的，充滿活力的，並且穩定的「FACES」狀態。心智標記，也就是用文字描述並標示自己的內在經驗，就是在生活中創造連貫性一種很好的刻意整合方法。

爲什麼以左腦爲主的語言創造會影響到右腦爲主的情緒調節？我們至今還不清楚答案。一種可能是腦部的這兩個區域在位置上剛好相對應（homologous）。這兩個互相對稱的左右區域，其中一邊運作時，似乎就會壓抑另一邊的運作。這種左右腦對稱區域的交互影響，讓我們特別難以詮釋有關神經傷害的研究結果。舉例來說，左腦的傷害，可能會減損左腦的功能，但也可能因爲平常的壓抑效果消失，而使在右腦的對稱區域功能增加。

有趣的是，左半腦的語言區域似乎跟我們在創造語言模式時，運用鏡像神經元的能力有關。雖然目前還沒有正式的研究或假設，但我們可以自由想像，或許左腦語言映照區，就跟右腦的情緒反應區位置對稱而會交互影響。如此一來，或許經由負責調節與整合功能的腹內側與腹外側前額葉區域，進行對稱區域的協調後，左腦的語言使用就會壓抑右腦的情緒騷動。而整合包含了協調與平衡。

這些心智註記的經驗告訴我們，標示自我的狀態有助於平衡自己的心智，避免心智受到由上而下的牢籠宰制。當我們發現過去我們認爲無法改變而令人傷痛的感受，實際上可以被觀察並註記時，就會比較容易回到恆定平穩的狀態。這就是有韌性的情感風格。

【第11章】

反思的思考
覺照學習中的影像理解與認知風格

剛進入醫學院的頭兩年，我又興奮又煩惱。我熱愛科學，因此覺得這個部分非常有趣，即使從生物學中的研究生命轉到醫學中研究死亡與疾病，經常讓我像是坐在生死的雲霄飛車上，不時感到傷痛與絕望。不過等到了可以看到病人時，我便立刻愛上實際能接觸認識的這些人。有機會與來自各行各業的人建立連結，並幫助他們解開痛苦的謎團，一起探索生命的複雜，讓我深深感動。但是當我得報告教授我從病人身上收集的故事時，一切都變了。

教授一再告知我不要討論病人的感受，因爲「這不是醫生做的事」。教授要求我專注在病人的生理檢查結果上，不要注意他們生活裡發生了什麼事。我受到當時無法釐清的規範所制約，忽略了病人跟我自己的心智。身爲一個年輕又急於表現的學生，我只能嘗試用各種方法遵從老師的理想。這不是我原本想像的醫師生活。我似乎找不到一條路可以通往嚮往的未來。

我辦了休學，希望能找到新的職業生涯，申請教育跟心理學研究所，測試各種可能。我旅行橫跨了美國大陸，一邊探索這些選擇，最後回到家鄉，跟朋友相聚，幫忙祖母照顧臨終的祖父，同時思考自己要往哪裡去。

在那段脫離生活，或者說是眞正「存在生活中」的時間裡，朋友的鄰居聽說了我正在過渡期，送給我一本書：貝蒂・愛德華（Betty Edwards）著的《用右腦畫畫》（*Drawing on the Right Side of the Brain*）。不知爲何這本書很吸引我，於是我讓自己沉浸在畫畫的經驗裡，結果發現了全新感受世界的方式。不論這樣直接觀看的方式是來自右邊或左邊，上面或下面，這感知世界的「右邊模式」，完全不同於我在大學與醫學院裡由科學認知世界的方式，也截然不同於我受到教授制約，不去理會感受時，所進入那失去連結而漠然疏離的狀態。此時的我眞正覺得活著而且充分存在。

在那之後數年，我發現覺照研究的領域，並對於那一年的經驗而有更深的了解。艾倫・藍傑在《成爲藝術家》（*On Becoming an Artist*）的書不但證明了覺照活動所能帶來的心理與生理好處，還以研究證實，利用任何一種新的創造性活動，例如畫畫、攝影、音樂，甚至是園藝或烹飪，都有助於個人創造新的生命，感覺就很類似我在調整到與自己同頻的那一年的經驗。藍傑相信，每個人都應該盡可能利用創造性活動來獲得抱持覺照而有彈性的狀態。她認爲，缺乏覺照最大的問題是，我們不會覺察到自己在那種狀態，不可能知道如何脫離自動反應狀態，也就不可能改變。

我記得，在離開醫學院之前，我一直想著除了將病人視為乘載疾病的膠囊以外，一定還有其他對待的方式。在離開一段時間，探索了認識自己內在世界與感知外在大環境的新管道之後，我決定回到學校。我心中充滿了開放接納新經驗的意識，並覺察到醫學院的社會化歷程會逼迫我們進入「自動駕駛」狀態，缺乏覺照地只學會診斷、開藥，然後打發病人。但是在那可能算是覺照探索的一年中，我的觀點大為改變，也因此獲得力量，比較能站穩腳步，至少試圖與自己跟病人的內在同頻。

許多年後，當我正準備撰寫有關覺照的論文時，我看到一位老同學，羅納・艾柏斯坦（Ronald Epstein）所寫的一篇強而有力的文章，探討到臨床醫療人士保持覺照的重要性。他表示，醫療專業人士必須有「帶著覺照的執業方式」，才能更充分地存在臨床關係裡，更能反思。艾柏斯坦後來也在另一篇文章中寫到我們當時的學校生活：

> 音樂的訓練對我有完全不同的影響。因為我是先接受音樂家的訓練，後來才接受醫師訓練。我很驚訝地發現，醫學教育儘管在各方面都很卓越，卻完全欠缺對執業者本身的重視。相反地，音樂的研究可能跟任何醫學專業訓練一樣重視理論與複雜的技巧，但是表演者的自我始終都是持續研究與反思的目標。

為什麼「非藝術」的行業不能也是這樣？而在醫療的藝術裡，藝術又去了哪裡？我在休學時，曾試圖經由舞蹈和繪畫沉浸在「自我」當中，其實我正是在不自覺地尋找存在當下，以及與人連結的方法。現代的職業生活經常把我們訓練成沒有自我的資訊處理器，脫離自我與工作本身，變得缺乏覺照。在我跟羅納所處的「完全缺乏對自我的重視」的地方，相隔著一條河，這種毀滅性的教育之後卻成為專門領域的研究目標。艾倫・藍傑不久之後就在那裡開始研究如何將自我與心智帶回到教育中。幸運的是，醫學院後來也改變了許多。

覺照學習

在教育與心理學的領域裡，艾倫・藍傑一直主張，學習的方式其實可以跟現在普遍的實務做法截然不同。她在覺照學習研究中所提供的「覺照」觀點，其中包含的元素似乎與有數千年歷史的覺照覺察鍛鍊有相似點，也有相異點。根據藍傑的說法：「當我們帶著覺照時，我們會顯性或隱性地⑴從數個不同的角度看待一個情境，⑵將情境中呈現的資訊視為嶄新的資訊，⑶注意到我們感知這些資訊的脈絡，以及⑷創造出新的類別，藉此了解這些新資訊。」多重觀點、新鮮感、重視脈絡，以及創造新類別等，都是覺照學習的精髓。

藍傑主張，如果能以開放的心胸面對生命中的各種情境，我們會學習得更好，更能享受人生，也更長壽。她引述了廣泛的研究來支持這些令人信服的發現，強調從養老院的長者到大學生，在接受以「假設陳述」（conditional statements）的方式呈現的學習材料後，都會把學習內容記得很清楚，也會覺得過程比較開心。在這種教育方法裡，老師不用諸如「這個國家是……」或「這類合約都一定要……」這類絕對的方式呈現資訊，而是用「這個國家可能……」或「通常這類合約可能要……」等用語。使用「可能」、「可以是」、「或許」、「也許包含」、「有時候會」等等辭彙，會創造出覺照學習所需的假設式促發脈絡。這類以口頭或書面呈現的假設性陳述似乎會引發認知上的覺照，促使學生積極主動地參與。這就是覺照的學習。

如果這樣的描述聽起來很模糊，那麼請你想像：當我們的心智接觸到它認知爲絕對的資訊時，以及當我們必須嘗試思考剛學到的資訊適用於何種情境或條件時，這兩種資訊進入記憶庫的方式大不相同。我們可以經由了解大腦來釐清爲什麼。我們極有效率的神經聯想機器所製造的記憶系統能夠快速地接收「事實」，並在神經啓動模式中創造出能快速獲取的節點，構成對世界的「語意」知識架構的一小部分。但是在假設性的陳述裡，這個神經節點必須更繁複地連結到各種神經啓動模式中，才可能被納入知識的架構中：我們必須把這些「可能」或「有時候」的條件連結到所有會適用的機會裡。可以假設，或許就是因爲覺照學習的假設式呈現會加強神經連結，我們才能在之後以更有彈性、更有適應力的方式抽取這些資訊。關鍵是，任何一種教育方式，只要能促使學生的心智主動參與，進行情境式學習，就會比較有效。這種教學方式之所以帶來更多樂趣與更長的壽命，心智更積極地參與或許就是原因之一。

整合左右腦模式

談到覺照學習，我不得不想到自己離開醫學院，轉而沉浸在「右腦感知模式」中的時光。我們在第二章已經探討過左腦與右腦模式的認知歷程，並強調脊椎動物數百萬來的演化導致了左右腦處理感知與資訊的方式，出現極大的差異。這是神經系統的生理事實。通常左右腦都會一起合作，但根據科學研究顯示，它們各自有相當不同的貢獻。我們在此持續使用「模式」（mode）一詞來指某些神經歷程對整合整體的大致主導性（另請參見附錄二：大腦單邊性）。右邊模式比較能掌握脈絡的思考，看到「大局」，並擁抱模稜兩可。左邊模式則比較專精於細節、淸楚定義的文字與文字確切的運用，還有積極的問題定義與解決。左腦模式是目標取向，善於分析細節與尋找解決方法。而藍傑所定義的覺照學習，可以視爲是要加強利用右腦模式，也就是額外增加右腦模式擅長的，比較歷程取向的，總覽大局的「情境式」學習。

覺照學習包含了諸如「智性的無知」（intelligent ignorance）、有彈性的思考、避免過早的認知決定，以及創造性不確定等概念。每一項概念都可以視爲是在一般主導的左腦模式上多增加一種右腦模式的處理歷程。左腦模式通常會試圖創造知性上的確定感、定義淸晰的分析途徑、淸楚的分類，以及一種可預測未來的意識。這些辭彙可以提醒身爲教師的我們積極地將完整的左右腦模式帶到學習歷程裡。

此外，覺照學習還鼓勵學生創造自己的觀點，並領悟到心態對於學習歷程本身的影響，這更促使我們看重學習者的心理架構。覺照學習的方法之一就是，直接讓學習者知道他們會有什麼樣的經驗（一堂課或一次到醫院看診），有部分其實取決於他們的態度。這樣的指導會讓學生不再因自覺無法影響過程而痛苦，反而能自由地抱持覺照，主動參與，並獲得自主感。

當我們在學習中帶入自我的意識，也可以說是在邀請右腦模式參與經驗。一本重要的神經學期刊中有一篇論文的標題就是：〈以右腦主導獲得身體自我與情感自我〉（Right Cerebral Hemisphere Dominance for a Sense of Corporeal and Emotional Self）。現在已有許多論文作者認同自傳性記憶，甚至是深刻的社會自我與反思自我的意識，大部分都涉及右腦模式的處理。我們的整體自我是左右兩邊整合的結果，這正是關鍵所在。如果在中小學、大學、研究所或醫學院這類的職業訓練計畫中，忽略了其中某一種模式，那麼平衡學習所需的整合就會付之闕如。

覺照學習是邀請完整的人投入學習歷程中，邀請左右腦都充分參與處理歷程，因此我相信，這種學習模式也是在鼓勵整合。或許我們可以假設，是因爲覺照的學習要求學習者的左右腦神經系統完全投入，才會帶來截然不同的學習經驗。

覺照學習與覺照覺察之間眞的有相似點嗎？藍傑曾經談過這個問題：

雖然這兩者有許多相似點，但是它們所發源的歷史與文化背景有諸多差異。此外，東方傳統中的覺照狀態，需要以包括冥想等比較繁複的方式才能達到。這也讓我們對於是否將這兩者相提並論，格外謹慎。

為什麼我們要在意覺照這個字的兩種用法可能會連結到兩個相似或相異的歷程？頭一個理由是，這兩種覺照的追求方式都會對人有益。如果找出兩種歷程的相似處，可以讓我們更容易在科學上證明運用兩者的好處，那麼就有更多人因此受益。第二個理由是：這兩種覺照形式所具有的，彼此相異的面向或許可以視為是互補的。因此將兩者結合起來，更廣泛地了解何謂「覺照」，或許可以幫助我們對人生有更深刻的洞察。換句話說，找出這兩種「覺照」之間可能的關連，可能會帶來很大的力量。第三個理由則是，在實務上，不論是為了教育、臨床治療，或個人追求更好的生活，我們都需要很多不同的「機會之窗」，讓不同情境下的人都能找到新的方式來體驗覺察。

「認知風格」與「情感風格」

認知覺照的概念來自於社會心理學與教育學的領域。該領域的研究者羅柏・史坦柏格提出，藍傑的覺照學習應該理解為一種「認知風格」，而不是認知能力或智商形式或個性特質。

史坦柏格之所以認為覺照學習是一種認知風格，主要是因為：

> 風格指的是一個人運用認知能力的偏好方式……也就是說，風格並非指能力本身，而是一個人喜歡如何在日常生活中使用這些能力。風格可以有很多種：思考風格、學習風格、教學風格、認知風格……這些風格，就像覺照一樣，都涉及我們在觀看世界整體或特定的問題時所偏好的方式。

史坦柏格也提到，研究者曾描述出許多種認知風格，但是覺照與這些風格沒有重疊，因此我們可以認爲覺照是另一種個人可能偏好的資訊處理方式。另外應注意的一點是，藍傑自己認爲覺照學習其實並不僅止於認知，因爲「覺照的區別差異」（mindful distinction）需要個人完整的參與。藍傑認爲覺照學習「不只跟教育有關，而是涉及生活的所有面向」。她的目的是：「矯正所有的正式教育，包括在學校裡、職場上，或體育場上，因爲這些地方教育實際上都在讓覺照更貧乏（mindlessness）。」[1]

相反地，覺照覺察源自全世界各地延續數千年的冥想修行傳統。李察・大衛森在探索由佛教傳統中衍生的覺照時，曾發現靜觀冥想似乎會直接影響個人的「情感風格」。而當我們檢視情感與認知或感覺與思考，所不可分割的本質時，或許就會發現覺照覺察與覺照學習兩者所包含的韌性與心理健康層面，可能會互相重疊。

覺照覺察是讓我們專注在當下，而不是直接針對學習與記憶。相對地，覺照學習則是強調我們在當下專注的方式（抱持新鮮感、區別差異，以及考量各種觀點）會直接影響到學習的樂趣與效率。雖然這兩種情感與認知「風格」有截然不同的發展歷史與鍛鍊方式，但兩者的關連或許比乍看之下更加緊密。

基本特徵

覺照學習的定義可以重點標示爲：對新鮮事物的開放、對區別的警覺、對脈絡的敏感、多重的觀點，以及當下取向。舉例來說，當一個人接受假設情境式教導，學習效果可能會比較好，因爲他必須警醒地察覺區別，發現學習材料中新鮮的部分，並專注於當下。這種假設性的教學法會引發覺照學習，並大幅提升記憶的保存度和教育過程中的樂趣。如前所述，樂意擁抱不確定性會使一個人更加警醒地察覺新鮮事物與各種區別。

我們之前談到，在研究操作中找出的覺照定義包含四到五個層面：⑴對內在經驗不反射反應；⑵觀察／留意／注意感官感覺、感知、思考、感受；⑶在行動時保持覺察／不自動反應／專注／不分心；⑷用語言描述／標示；⑸對經驗不加評斷。以上面向可以總結爲：不反射反應、觀察、行動覺察、描述與不評斷。

逐一察看這些元素後，我們可以發現其中兩者的某些元素是相同的，但有些元素則截然不同。「不反射反應」在表面上似乎與覺照學習沒有太大相關。很值得進行的一項研究是，探究當一個人不受到內在情感波動侷限時，這種恆定的意識是否會促使人開放接納新事物，進而導致許多認知方式改變，例如會積極面對問題，而不是退縮退卻。這種非反射反應的狀態或許就會導致大腦啓動狀態傾向左腦前額葉，而願意接近新的情境。我們可以想像，當一個人在這種開放的狀態時，也會比較容易覺察各種區別，思考各種可能的參考架構。而以上這些都會支持個人存在當下，因爲此時的情感狀態不會讓他退縮。反思覺照中，能夠接納一切的狀態，就有利於支持覺照學習。事實上，藍傑自己就指出，能從多元角度看待事物的人比較不會反射反應。同樣地，比較不會做社會比較的人，通常也較不會怨天尤人，或忌妒他人，容易感到滿足。

「觀察」內在心智活動在概念上也與覺照認知的四個面向沒有明顯正相關，但實際上或許有助於這些面向的實踐？我們可以想像，觀察功能發展良好的人可能比較容易擺脫自動化反應，容易對新鮮事物保持開放，並具有其他有助於專注當下的特徵。由此可見，由觀察而生的自我認識能力，可能有助於覺照認知，但不見得反之亦然。換句話說，從表面上看來，處在鼓勵情境假設及自我指涉的學習環境裡，不見得可以直接導致個人有更寬闊的內在覺察，更會覺察自己的心智活動。但是研究發現，覺照學習確實能強化個人對內在心理歷程的覺察。將學習內容以條件假設方式呈現，以及將教育焦點專注於學習者，可能會喚醒自我觀察回路，這點或許可以解釋上述的發現。

「在行動時保持覺察」，跟覺照認知的所有面向都有相當的重疊。從很多方面看來，這個面向似乎就等同於覺照學習的關鍵，也就是避免陷入自動反應模式。因此行動覺察似乎是這兩種覺照形態的共通點。

「以語言描述／標示內在心智活動」在表面上似乎跟認知無關。然而，我們可以想像，要求個人在覺照學習中投入「自我」必然會牽涉到自我覺察功能。這種特質就會跟「以語言標示心智活動」有所重疊。要求學習者主動參與學習，鼓勵學習者思考自己的心理架構——或如查諾維茲（Chanowitz）與藍傑及德瓦克（Dweck）所稱的「心態」（mindset）——都在學習經驗中扮演關鍵角色，也直接牽涉到某種形式的自我覺察。個人必須有自我觀察能力作爲基礎，才可能思考自我扮演的角色。覺照覺察的訓練顯然會直接讓人發展出標示內在世界的技巧，如果能研究覺照學習是否也會支持個人發展出標示內在世界的能力，應該會非常有趣。

乍看之下，「非評斷」的特徵，應該是這兩種覺照形態的最大差異。在覺照覺察中，個人會逐漸擺脫由上而下的影響。這些影響會被觀察到，標示爲心智活動，然後拋棄。這是揚棄舊有習慣與思考的主動歷程。在某些方面而言，這是要刻意擺脫過早的「類型的僵化」以及「認知的成見」（cognitive commitments）[2]。但是覺照學習則要求學習者主動創造出新類型，因此這兩種覺照形態似乎會在此互相抵觸。

但是從更深的層面來看，我認爲，擺脫舊有的束縛，正是兩種覺照形態共同且核心的一個面向。如果對靜觀冥想者進行一項研究，他們應該可以符合高度熟練覺照學習者的標準。在身爲學生時，進入覺照學習所須的情境假設與自我指涉狀態。而如果身為老師，應該也能自然地創造出有利的學習環境，使學生容易以認知覺照的方式，獲得更高的學習效果與樂趣。事實上，在深入體驗覺照覺察後，我自己的教學方式也變得比較有利於學生發展認知覺照。

如果我們檢視覺照學習所包括的對新鮮事物開放、對區別警醒、對脈絡保持敏感、擁有多重觀點，以及注重當下等面向，這些面向會與覺照覺察的五個特質相符嗎？

「對新鮮事物開放」正是覺照覺察會帶來的經驗。在覺照覺察中，每一刻都會變得獨一無二，平凡的事物因此變得不平凡。有趣的是，由於右腦模式專精於對新鮮事物的覺察，實際上卻會使得右腦太過敏感而反應強烈的人迴避新鮮事物。因此要對新事物「開放」，我們必須能轉變為左腦模式，才能接近這些新的情境。

「對區別保持警醒」的特徵也會在覺照覺察中出現。但是在覺照覺察中，對當下的覺察似乎不會特別強調注意區別，或明確地創造出以語言為基礎的新類別，以描述各種事物的不同。這確實是我們應該特別注意的，兩者的核心差異：在覺照覺察中，我們會留意到區別，然後便放下；而在覺照學習中，則是警覺到差異，而組織出新的類型或分類。

「對脈絡保持敏感」，指的是我們會顧及整體，明白事件所發生的情境會改變我們了解此事件的框架。這種感受似乎也屬於覺照覺察會運用的右腦模式的專長。我們因此了解現實會因脈絡而改變，事物和事件會跨越時間而互相連結。大部分的生活都會變成動詞：事件是在發生中，而非只是固定不動的事實。在條件假設的學習方式中，學生受到鼓勵去感受知識的動詞性質，就像我們用現在進行式來標示內心世界，使心變得開闊一樣。不把「思緒」視爲只是一個念頭，而是「思考中」，有助於開啓心智，不讓念頭變得僵化。因此將心智活動視爲多變流動的，充滿不確定的實體，是兩種覺照所共有的面向。

「擁抱多重觀點」則類似一種後設思考技巧。在有關人類如何思考自己的思考的研究中，我們發現人會有兩種後天習得的能力，分別是心理表徵的「多樣化」與「變化」。這兩種能力讓我們意識到每個人都可能有不同的觀點，以及自己某個時候的觀點在未來也可能改變。從這樣的後設認知的角度來看，我們可以發現觀點不僅是會變化的參考框架，也是我們試圖了解知識在不同情境下的意義時，必須考慮的重點。覺照覺察的精髓之一就是後設認知的發展。我們經由覺照而能覺察到覺察，可以思考關於思考本身，並關注自己如何使用注意力。因此在生活中保持覺察所需的這種後設框架，可能就包含了擁抱多重觀點。

個人在覺照學習中進行資訊處理與自我指涉時，所應具備的所有特徵，都需要以「注重當下」爲基礎。這種專注當下的感覺，似乎符合覺照覺察中所稱的對當下的覺察，即使覺照覺察必須由比較費力的練習才能獲得。這就是以上整體分析的最核心概念：雖然覺照覺察可能需要經由深刻的練習才能獲得，而覺照學習則可以在學習環境中快速激發出來，但兩種模式很可能是相輔相成的。其中一種的發展，就會神奇而實際地支持另一種的發展。

「側面學習」與「直交現實」

艾倫・藍傑認爲覺照學習並不是由上而下，或由下而上的學習途徑，而是從「側面」出發的學習（sideways learning）方式。情境假設式的覺照學習讓學習者必須考量到吸收資訊時的背景，這種對脈絡的注重讓不確定性成爲學習時的益友。事實上，似乎就是這種有創意的不確定性強化了學習效果，並讓學習歷程更有樂趣。

卡巴金提議，我們可以將覺照視爲一種「直交」的現實（orthogonal reality），意思是應該放掉根深柢固尋求目標與目的的習慣，讓「過程」本身成爲「存在」的精髓。這種直交的觀點會讓我們以嶄新的方式運用覺察，擺脫計畫與成果，評價與結果的次級奴役。就如前面所談，覺照覺察也不僅是放掉由上而下的影響，只是感受由下而上的資訊，還包含了後設覺察與關注意念等根本面向，這才是存在當下之所以會帶來強大力量的原因。

當我們能深刻感受藍傑與卡巴金的假設時，才能更清楚覺察他們分享的見解。一個人在這兩種不同覺照形態中的行動當然會有深刻的不同。在正念減壓療法中，個人從靜坐冥想、步行冥想、瑜伽練習等獲得的深刻學習是親身經驗而感官的。但在覺照學習中，焦點都投入外在世界，目的是要成爲學習經驗的一部分，使心理基於新鮮感與不確定感而創造出新的類型。這些都是兩者在實務與焦點上的重要差異。但是強烈的相似處都是過程取向，並將注意力放在取決於脈絡的當下。

在這兩種覺照形式中，自我都是經驗的中心。在覺照學習中，對學習的影響似乎就取決於自我投入的程度。這些影響包括知識記憶改善、學習樂趣增加及改善健康等。但覺照覺察中的自我則有非常不同的特質。當我們深入沉浸在覺照中時，會覺察到個人經驗中的「本來自我」——在重重預先建構的身分認同底下，堅實的自我。從這個核心，這個心智覺察輪的軸心，我們才能感受心理活動只是輪框上時刻都在變化的腦波活動。

我不確定在以覺照方式教學的環境裡，個人會如何感受到這種深刻的自我意識。但是我想這時我們不會特別尋求本來自我，至少在有意識的反思層面上。但從另一方面來看，覺照學習強調消除虛假的確定性，這跟本來自我有相似的歷程。當大腦擺脫與生俱來的傾向，不再執著於尋求關於世界，或關於自我身分的清晰不變的定義，就能擁抱世界與自我的不斷流動的本質。覺照學習的焦點雖然放在外界，但當它喚醒我們脫離缺乏覺照的學習方式後，或許會讓我們稍稍意識到本來自我的存在。而在更深的，或許是潛意識的層面，覺照學習暗示的更有彈性、更有適應力的心態，或許就是這兩種覺照形式的重疊之處。

消除由上而下的固定心態

我們在第七章談過，覺照覺察可能會創造出必要的條件，讓人拋棄評斷，暫停由上而下歷程的影響。長久以來的靜觀冥想傳統顯示，我們需要持續的努力，才可能獲得這種深刻的能力，進入非評斷狀態。這樣的接納狀態會有助於減輕痛苦，並提升心理健康。

而覺照學習的歷程同樣包含消除根深柢固的，無益且有害的固定心態。藍傑指出，缺乏覺照導致的負面後果可大可小，包括自我形象損傷，無意間對他人的殘忍對待，失去自我控制，以及戕害潛能等。她並證實最後這項影響，如果一個人相信自己不聰明，就會表現得不聰明。凱洛・德威克（Carol Dweck）的研究也支持這項觀點：我們是否相信能改變自己（包括智力、個性、健康），對結果會有極大的影響。如果我們認爲「自我」是命運的產物，就不會努力設法改變結果。相反地，如果我們相信這些特質都可以經由後天獲得，可以藉由努力形塑，就能集中注意力建立所需的技巧，獲得智力或快樂。靜觀冥想的修行者也認同快樂是可以經由學習獲得的技巧。在這些覺照學習的模式裡，個人得以積極參與學習，而擺脫自動反應的侷限，包括將我們囚禁在隱形牢籠裡對老化、記憶衰退與智商的固定信念。

在覺照覺察與覺照學習兩種形式裡，個人受到鼓勵以更清晰更有活力的方式看待一切。當我們將每一次經驗都視爲是在新脈絡裡的嶄新資訊，學習就會富有生命。這是這兩種形式都共有的觀點，也是一個個絕佳的例子，足以說明爲何覺照可以幫助我們透過「新的鏡片」觀看世界。

藍傑在一九九七年時發表了這項發現：「當一個句子裡，有一個字重複時，我們經常會忽略掉多的那個字。」（請再看一遍上一段落的最後一句話，你看到什麼？）她繼續寫道：

一小群有腦傷的受試者看到這樣的句子時，都能發現多出來的字。為什麼會這樣？我們只能假設，或許當一個人失去了一部分熟悉的能力時，就不再能將世界的一切視為理所當然（經驗深厚的冥想者也能毫無困難地發現重複的字）。

當我讀到這段話時，便自然想到前面所說的，不受奴役感知的次級影響力限制，以嶄新的眼光看待世界等等。靜觀冥想就能幫助我們消除這些影響。腦部創傷也可能會引發一種狀態，使我們以新的眼光看待感官輸入的資訊。由此看來，不論是認知形態或反思形態的覺照都可能幫助我們消除不變表徵由上而下的影響。

我們可以假設，覺照學習以假設方式呈現學習資料，而能啟動右腦模式的處理歷程，不同於左腦主導的，以文字語意記錄事實的學習方式。對記憶的研究顯示[3]左腦似乎比較長於事實的記憶，而右腦則善於運用影像、情緒，以及有關自我的指涉，例如記錄包含豐富情感的自傳性記憶。因此我們假設，覺照學習會啟動右腦模式的記憶歷程，這種歷程的特徵包括了先前討論的不確定性、受脈絡影響，以及自我的整合。所以或許就是覺照學習中的右腦模式讓腦部能進行大規模的神經元組合變化，而脫離由上而下的奴役。伴隨著這樣嶄新的神經變化的學習會比較廣泛，也比較長久留存。

覺照學習與覺照覺察都尊重不確定性。這項共通的特徵並不僅限於表面，而是位於兩種覺照形態的深層結構中。認知的不確定性當然與反思的不確定性有不同的感覺，因爲在反思的不確定性中，我們可以覺察所有內在的狀況。長時間的靜默，讓我們得以認識自己的心智，與之同頻，而能第一手體驗不確定性。在這樣覺照的覺察中，心智會眞正成爲一間旅店，而不論賓客名單多麼充滿不確定性，所有人都會受到邀請及歡迎。

在覺照學習中，不確定性則是指脫離先前所學的各種類型化的束縛。這也可能頓時讓人覺得手足無措。事實上，當教育專業人士已經習慣了傳統的、非假設性的教育方式，會覺得專注於學生的經驗，而非學習結果或某種成就測驗成果的教育，讓人很不自在。我可以想像，當我們企圖在標準課程中提供覺照學習，可能會引發許多懷疑與不確定性，而許多人不免會透過傳統的眼光，以由上而下的歷程來檢視這些建議。當然，這只是猜測，事實上或許不會如此，或許我們需要對此保持覺照的反思。

控制與自主

這讓我們來到下一個關鍵議題。藍傑在論文中經常使用「控制」（control）這個詞：「對不同選擇的覺照覺察讓我們有較大的控制力。而擁有較大控制力的感覺會進一步鼓勵我們更加抱持覺照。覺照不是一種苦工，反而會讓我們保持在持續的動力中。」但是控制本身，並不是反思覺照要追求的。兩種覺照形態在此似乎出現無法超越的巨大衝突，因爲覺照覺察的狀態就意味著放棄「控制」。

但是我認爲，藍傑所說的「控制」實際上是指一種自主感，指一個人處於注意力與意念的中心，而肯定世界的脈絡是不斷變化的。這是放棄「控制」，同時也讓人意識到自己在變動的萬物中佔有一席之地。我們成爲意念的自主者，而不是觀點的控制者。由此來看，這兩種覺照形態其實都是強調以意念爲核心。雖然「控制」這個詞可以運用在非覺照的狀態，但是如果我們看到此處的脈絡、區別與觀點，或許就能找出新的類別，來詮釋這裡所謂的「控制」。當我們以這種覺照的方式加以了解，或許會發現這兩種覺照形態都有「自主」這個共通的主題。

關於心智如何放掉確定性，我們目前知道多少？心理學家史蒂芬・柯斯林（Stephen Kosslyn）針對他所稱的「反思思考」（reflective thinking）的研究，或許有助於我們了解如何在覺照學習與覺照覺察練習中，消除由上而下的影響。

如前面所討論，腦部會在我們經歷經驗時啓動某些神經網路。這些成群的啓動模式會記錄下資訊，用一個神經表徵來「代表」本身以外的東西。例如當我們看到一棵樹時，腦部就會創造出一個神經啓動模式，來「象徵」這棵樹。頭五種感官會在我們看到，聞到，摸到，甚至嚐到或聽到這棵樹時，有所反應。這時感官感覺就成爲初級資料，是由下而上輸入的神經啓動，很快會在腦部得到進一步處理。

腦部會以感知歷程來處理這些感官資訊，將初級的神經啓動模式經過一層層的神經活動加以翻譯並記錄下來。柯斯林闡明了這些感知歷程的特質，讓我們可以看到腦部如何創造感知。這些初步的感知神經象徵會創造出我們稱之爲「心像」的心理表徵，而這項處理並不僅限於視覺的資訊。心像包含所有的感知歷程，除了描述性的概念，或以語言爲基礎的標示以外。

當我們從心像表徵前進到後面以概念或語言爲基礎的類型時，就來到了描述的層次。柯斯林認爲，人類身爲資訊處理者，自然會接收感官資訊，創造心像，然後將這些心像存入長期記憶中。而爲了達到最大的效率，我們接著會將心像表徵加以分類，歸類成描述性的形式，以便日後可以快速存取這個龐大到可能讓人無法招架的長期記憶資料庫。所謂描述，就是對長期記錄下來的無數心像建立簡化的說明。

而反思思考這種資訊處理歷程，則是直接運用心像，而非描述。這與所謂的概念化或語言化描述性思考完全相反。以心像爲基礎的資訊處理有助於我們將經驗直接存放到長期記憶庫裡，之後再加以處理歸類到描述性的類別裡。描述性思考則讓我們不必考量每個情境是否值得創造出該情境獨特的心像，以記錄其特徵，而是能比較有效率地處理資訊。

柯斯林認爲：「當一個人存在長期記憶裡的資料不足以讓他直接完成一項任務時，就必須運用操作記憶，根據個人所知爲基礎，來找出新的資訊，而產生反思思考。」我們可以假設，在覺照學習中的條件假設用語，以及對自我心態的指涉，都會引發反思思考。也就是說，學習者不能只是運用自動化的分類，而必須進行以心像爲基礎的處理。

反思思考有助於消除由上而下、自動化的心理狀態，而這項概念同時適用於兩種覺照形態中。不論在覺照覺察或覺照學習中，反思考都會讓人獲得比較流動的狀態，讓思緒流自由流過意識，而不會鎖定在任何一種先前的分類裡。

柯斯林總結說道：

> 當自動化處理不足以執行一項任務，或不夠快速時，反思思考就會發生；反思思考會動用到操作記憶；而操作記憶則要仰賴意識覺察背後的表徵：心像。這些想法暗示的是，既然世界是不可預料的，預期之外的新事物經常會發生，反思思考的重要性就不言可喻。在反思思考中，我們會暫停下來，檢視各種選擇或事件的後果。這種歷程會幫助我們做出嶄新的決定。

簡而言之，反思思考會動用到心像，或之前已經建立的概念化分類。

暫停分類

在覺照覺察中，我們會在心智上留意到心智活動的流動本質，而進入具有接納性、自我觀察跟反身覺察的反思狀態。這種覺照反思在很多方面都讓我們能脫離過去心智的分類與結論所造成的由上而下的影響。

在覺照學習中，呈現條件式的用語與重視學習心態的觀點，也是在明白或暗示地邀請學習者考慮脈絡與觀點，再以開放的態度決定資訊的各個特定層面是否適用。基本上也就是讓心智可以反思知識中新鮮的層面。這樣的學習會比較廣泛地結合自我，並讓人更充分意識到眞實世界的變動、不確定與流動性。

反思思考這個歷程的定義除了專注於心像，還包括瓦解類型化。柯斯林寫道：

> 人在重新存取感知資訊時，便會將其再度記錄成描述語言，隨著年齡與經驗增長，我們的記憶庫裡會有愈來愈龐大的描述性資訊。這些表徵讓我們可以自動化反應，不需要運用反思思考。這是好事，如果必須對情境帶來的每個決定都加以思考，會很令人疲憊。但同時也是壞事，我們可能因此難以注意到新事物，或重新思考自己的習慣性反應。

以上這段描述，很類似覺照反思中的專注新鮮事物，以及覺照學習中的敏感察覺區別。我們可以在此看到覺照覺察、覺照學習與反思思考三者的共通點：都有相似的去類型化機制。

人的大腦受到天生驅力的影響，會自動偵測模式。身爲聯想器官的大腦還會將這些模式匯整成各種心理模型，自動將世界分類成歸納性的基模，以便我們能快速地篩選感官知覺中與記憶中的大量資料。腦部達成這個目標的方法之一是尋找刺激中不變的特徵，例如貓的形狀，然後爲這種貓科創造一個類型。「貓」於是成爲一個心理模型，代表所有有鬍鬚，會發出咕嚕聲，個性獨立的，另一種動物類型——狗——所追逐的小型動物。像這樣的不變表徵之後就可能奴役我們的初級感官資訊，迫使其遵循之前建立的分類基模[4]。

在最極端時，腦可能會快速尋找這些不變表徵，這些「束縛」，而把所有事物都迅速分到某一個類型裡。如此一來，生活品質與學習彈性都可能受到侷限。柯斯林認爲：

> 處理儲存在長期記憶裡的資訊是非常不需要花腦筋的：這類處理歷程只需要啟動一個表徵，並因此啟動或壓抑其他表徵到某種程度（基於聯想的本質）。輸入的資訊會啟動特定的表徵，而只要資訊中有足夠的暗示，儲存庫裡可能只有單一一個概念表徵同時符合所有被啟動的表徵。

反思思考不僅能讓我們以新的方式看待事物，還能幫助我們重新組織長期記憶本身，存取改變因此鬆動的分類。反思思考還有助於重新設定長期記憶，創造出未來使用反思思考的情境。反思思考藉由「在長期記憶裡存入新資訊，供給新的穀物給原本受限的磨坊加以研磨：它會提供更多幫助你在未來存取特定的記憶的提示」。

在實際運作上，我們可能需要求助於心像，才能意識到新事物。看到這裡，你可能會覺得這樣傾向以心像思考的轉變似曾相識，因爲前面已經提過，右腦模式就是以心像爲基礎。如前所述，右腦的啓動與生長，在生命的頭幾年，語言出現之前的世界裡比較居於優勢。此外我們也在前面體驗過，潛入覺照覺察中的直接經驗會讓我們直接面對語言出現前的世界。柯斯林也認同這項看法：「幼小的孩子還沒有這麼多的儲存資訊可供他自動反應，因此會比較需要反思。這讓人不禁臆測，或許就是因爲幼小孩子會經常對成人習以爲常的事物加以反思，才使他們有所謂『孩子的新鮮感』，讓他們能對大人認爲普通的事物如此欣喜，並令人厭煩地不斷問：『爲什麼？』」

覺照覺察會擴大心智的反思軸心，使我們能接收到來自覺察輪框上的任何覺察，從來自外界的資訊，到身體與心智的內在活動。在覺照學習中，學習者必須感知到自我，成爲主動的接收者，而不只是消極被動的容器。這種參與—觀察的能力所運用的腦部活動，不同於消極學習。就像主動投入的閱讀相對於自動化反射性的閱讀，對事物有好奇心就是兩者之間的差異。這就是爲什麼聰明的孩子會問「爲什麼」。這種反思會帶我們潛入語言之下，找到經驗中無法分類的意義。這種比較反思投入的歷程所包含的神經啓動模式很可能比較豐富，也比較會連結到更廣泛的自我與不同可能性的表徵。

在覺照學習中，「可能」的用語及強調「學習態度會影響結果」等，都可能會啓動自我觀察與衝突解決的神經回路，也可能會動用到覺察輪中的反思軸心。我們可能會感覺到「我必須專注當下，才能好好聽進去」，以及「如果不是這樣，而是那樣呢？」這些回路至少會涉及我們在反思覺照中探索過的前額葉區域：前額葉皮質的中央與外側區域。外側前額葉區域比較涉及操作記憶，而中央前額葉區域則是涉及衝突解決，以及會用到前扣帶皮質跟眶側額葉的情感與認知連結。一個人覺察到自己的心智時，內側前額葉區域也會啓動。考量多重觀點可能也會運用到其他跟後設認知歷程有關的內側區域。這些心見回路不僅會參與這些假設性／啓動自我的學習歷程，也會主動透過海馬迴，同時在右腦中記錄下比較整合的記憶，以及在左腦中記錄下事實性記憶。我們對於人生故事的研究顯示，自傳性的記憶儲存日後會比較容易存取。

當我們鼓勵以心像爲基礎的探索時，就是在從事反思思考。在教育中提倡這樣的反思，會動用到有關自我的神經回路，而使生活變得更記憶深刻，更充滿意義，也更帶來滿足。

覺照整合

我們可以從我們對反思思考、覺照學習與覺照覺察的討論中看到，這三者有許多互相重疊的原則，而背後可能有共通的神經相關性。反思思考所作的，主動消除由上而下的不變表徵，或許能幫助我們擺脫皮質層對輸入資訊流的奴役。抱持覺照則會使我們不受先前的學習所拘束，帶來新鮮感與充實感。而反思思考與兩種覺照形式則都可能藉由「增加奇形怪狀」，而延伸主觀上的時間感，讓我們發現每一刻的獨特脈絡，以「新手的眼光」來看待點點滴滴的資訊，用全新的態度加以吸收。

此外，如第六章所討論，覺照覺察或許能抑制腦部平常將經驗分類的機制，並直接塑造出覺察中的「新鮮感」。開放接納新鮮事物則是覺照學習中不可或缺的特徵。條件式學習的本質會使人自然而然地專注於意識到每種情境的獨特層面。而在反思思考中，以影像思考則會使我們避免以敘述性文字，對資訊過早分類。

這些共通的機制或許顯示出，我們可以利用反思思考這項獨立的觀點，來整合這兩種看似截然不同的覺照形式。覺照學習似乎會使內在的知識結構鬆動，因爲每種觀點都受到尊重與接納，每種情況都被認爲有相同的可能性。我們經由向內觀看而發展出覺照覺察時，一開始的焦點是集中在與自己的內在世界同頻率。我們由此深刻覺察到自己的變化，以及每一刻生活的短暫多變，而能發自深處地接納自己心智赤裸的根本。

在覺照中，沒有任何事物是理所當然的。每一刻都是一種假設條件、一個觀點、時間中一個嶄新的點，會在那個特定的注意力焦點中被接納擁抱。在覺照學習中，注意力焦點主要是在外界，但是自我也是完全的參與者。在覺照覺察中，一開始的向內注意會逐漸演化成大幅開放的心，準備好接收內在與外在所發生的一切事物。

老師如果是靜觀冥想者，會比較容易在教學中運用覺照學習技巧嗎？學生如果採取覺照學習方式，會比較容易進入自己的內在世界，而在生活中發現覺照覺察的各種面向嗎？我們可否用大腦造影技術，看到在靜觀冥想中啓動的中央前額葉也會在覺照學習中啓動？既然學習者對問題的意圖的關注，可能影響他如何詮釋這些問題，那麼共鳴回路是不是也在覺照學習中扮演了一定的角色？

以覺照整合這些想法，同時思考它們與反思思考重疊之處，可以幫助我們探索神經表徵覺照狀態中扮演的角色。我們有辦法評量心像的啓動嗎？我們可以學會幫助人刻意地從描述性的分類，轉移到以心像反思嗎？如果我們可以理解這些心理歷程背後的深刻層面，或許就能把反思思考、覺照學習跟覺照覺察連結起來，有創意地又有效率地運用這些方法，幫助更多人脫離缺乏覺照的狀態。

如果能讓更多需要的人學會這些肯定人生、改善健康的方法，那將是多麼令人興奮的事！古老的智慧、臨床的實務、對神經的了解，以及啓發人心的教學，如果能攜手合作，必定能提升我們與未來世世代代的生活。

4 對於覺照大腦的反思

直接教導關於大腦的知識，也有助於發展這類反思技能。不論是兒童、青少年或大人，當一個人了解大腦的功能與結構的相關性、神經發展和經驗影響的交互作用，以及自己的心智生活如何產生演化時，經常就會產生新的洞察力，而能夠以嶄新的眼光看待自己的心智。當他們能想像心智如何利用各個大腦部位來創造自己時，也就能從自己的覺察軸心出發，將心智的各種活動視為只是輪框上的東西。

【第 12 章】

培育教化「心智」

教育的第四個基礎訓練與反思的智慧

運用覺照大腦的概念，最重要的起點之一就是從教育開始。目前學校教育的絕大部分重點都在於獲取有關外界的技巧與知識，強調閱讀、寫字和計算的基礎訓練。一個人要獲得身心健康並發展出有益社會的行爲，就務必在年輕時培養出自我了解與同理他人的能力，促進個人內在與人際之間的彈性和韌性，而這都是學會反思後才能產生的特質。所以，身心健康與同理關係的基本要素，也就是反思能力，是可以經由教育學會的。我們的人際關係會因這些能力而茁壯，心智也會因此達到內在同頻的狀態。

教育的四個「R」

覺照的核心就是可經學習獲得的反思能力。這種可以後天學會的技巧跟小孩子在基礎教育中所學的頭三個「R」開頭的技巧，相距不遠。在歷史上，閱讀（reading）、寫字（writing）跟算術（rithmetic）曾經是少數人才能享有的奢侈品，現在已經是教育中最基本的三「R」，而教育孩子認識心智本身，讓反思（reflection）成為基礎教育必要的一部分，不也是很順理成章的決定？

教育是影響孩子發展的關鍵之一。師生的關係，以及老師提供的學習經驗，都會直接影響下一代的神經回路發展，因此我們可以將老師視為未來的「神經雕塑師」。

一旦孩子們從蹣跚學步時離家去上托兒所，或在三、四歲時開始上幼稚園，就開始了這一生與老師的漫長關係。這些重要的人際連結有可能形塑一個孩子的自我意識、他對自己天生能力的信念，以及他在面臨挑戰時是否願意嘗試。有些很重要的研究顯示，老師對孩子學習能力的信念，會直接影響孩子學習的成果。事實上，孩子是否相信自己有能力努力增進智能，有可能決定他會安於平庸，或奮力一搏追求卓越，充分實現潛能。

如果老師意識到，跟自己同頻率——保持覺照——就可能改變大腦的能力，使大腦更有彈性，更會自我觀察、更同理，也更有道德感，那麼教導老師們反思技巧，再讓老師以適合孩子年齡的方式教導，不是很值得嗎？

我們知道該如何教導學生閱讀、寫作，更積極地研究數學的教學計畫。這三「R」技巧都讓心智聚焦在外面的世界：書本上他人的想法、經常是描述外表的文章與報告，以及有關數字計算的概念與技巧等。我們在教室裡花了數千個小時，卻極少把焦點放在自我上，尤其是在自我的心智上。就如我自己的經驗所顯示，這種情形不只發生在中小學，連在大學與醫學院裡都一樣。欠缺自我探索，或說欠缺覺照，所帶來的諸多缺點之一就是：錯失發展心見的機會，無法意識到自己與他人的心智。少了這項技能，內在生命會是一團模糊，而他人的心智也經常不在我們對世界的意識當中。除了教育對心見如此忽略，追求新科技的媒體不斷以無助於自我了解或同理他人的刺激轟炸著孩子，更是雪上加霜。我們同時面對著缺席的自我、消失的心智與空洞的同理。

但反思技巧將有助於讓自我認識與同理心在課程中生根。各種方向的研究都顯示，訓練孩子學習社會生活與情緒技巧，將有助於提升韌性，也可能驅動執行功能的神經回路。我們可以看到社會、情緒、認知與注意力機制的交互重疊，其中每一項功能都會相互強化。前面也提到，大腦的前額葉區域可能就負責調節以上這些心智生活的各個面向。

從神經的角度來看，反思第四個「R」，基本上就是發展前額葉皮質的一種教育。這裡是我們的「人類皮質」（cortex humanitas），也就是人性的神經中樞。除了反思以外，前額葉這個整合性的區域也支持人際關係與韌性，因此發展這個區域，可以讓孩子獲得第五個或第六個基本技能。而既然同頻有助於激發神經可塑性，那麼成人與兒童之間的人際同頻關係，就可以促進兒童前額葉功能的發展。此外，覺照覺察練習會用到的心理歷程將伴隨著前額葉神經的整合，也有助於帶來反思的心智、有彈性有韌性的大腦，以及同理的關係。

反思技能的建立

反思技能要如何教導？

反思至少包含三個面向：接納、自我觀察與反身覺察。學校教育可以針對以上每一個元素加以練習，藉此培育前額葉區域的開放、自我覺察與後設覺察能力——也就是對覺察的覺察。老師則可以用適合學生年齡與教學環境的方法，來培養這三個面向。最終而言，這些反思技巧都會啓動前額葉的執行注意力、利社會行爲、同理與自我調節等功能。

整體而言，大腦科學研究帶來一項重要領悟：我們聚焦注意力的方式會啓動特定的神經回路。當神經啓動時，就會創造出電位，強化這些區域的連結，而有助於將暫時的狀態變成個人較長久的特質。身爲老師因此能藉由教育幫助學生集中注意力，啓動腦部，有機會促進特定區域的神經可塑性。此外，在教育中抱持反思態度，再加上情感的投入、新鮮感，以及最佳的注意力激發，也有助於學生在腦部建立新的連結。

有關大腦中鏡像特質的研究顯示，身爲教師的我們若能達到投入、即時與專注的狀態，就會直接啓動學生產生這種狀態。因此身爲教育者，第一步就是思考自己對這些心理歷程的經驗。要幫助學生發展反思與內在同頻，自己首先要有親身經驗，熟悉覺照覺察的狀態。

不論是在家庭、課堂或心理治療中，促進發展中的個人（孩子、學生、病人）獲得覺照的最大關鍵在於父母／教師／治療師的臨在（presence）。「臨在」是會伴隨反思的各層面出現的心理狀態，影響到我們能否接收別人帶給我們的一切，意識到自己在互動中的投入，覺察到自己的覺察。在這種狀態下，我們可以開放地觀察、與人連結，並與學生的內在狀態同頻。

教師與學生的同頻會讓學生獲得覺照的基礎。我們都會從別人眼中看見自己，而當對方給予的反思與自己的狀態同一頻率，我們就會得到真實的自我感受。而當對方有存在感，又具有反思技巧所帶來的覺照覺察，那一刻，我們就會被真實而直接地看見。

因此，自己本身先有覺照的存在，是很重要的起點。一旦你全心全意地開放而存在當下，就可以運用一些確切的方法，鼓勵各種年齡的人反思。

蘇珊・凱瑟―葛林蘭（Susan Kaiser-Greenland）曾經組織過一項計畫，讓幼稚園與小學年紀的兒童經由簡單的練習，學習建立覺照反思。我是該計畫的顧問委員會成員，有機會親身觀察，並看到孩子接受教導後的重大改變。這些學生在學年期間，連續十二週，每週接受一小時的相關課程。在這個小時裡，他們會參與有趣好玩，適合自己年齡的團體「遊戲」——覺照覺察練習——有助於他們更清楚覺察自己的內在歷程。

這些練習有：演奏樂器，並在輪到自己演奏前傾聽別人；將手放在距離別人很近的地方，但不碰到對方；在心裡想一個自己要放在歌詞裡的動物，同時聽別人說他們的點子；「地板」時間，也就是孩子們都平躺在地上，試圖用肚子的上下起伏讓身上的絨毛猴子玩具入睡，並感受猴子一上一下的移動。這些簡單的練習都有助於促進孩子對當下的覺察、對衝動加以感受並控制的能力，以及對身體第六感的覺察，包括對呼吸的覺察。

凱瑟─葛林蘭在四個學校進行初步計畫，並在計畫後檢視九到十二歲的自我報告，和所有老師的問卷答案，然後加以統計分析，結果發現孩子在數個領域有明顯的進步[1]。雖然兒童的自我報告是較不可靠的統計資料，但仍顯示孩子們注意到自己比較能覺察行為。而來自老師的，比較可靠的第三人報告則顯示，接受計畫的孩子在幾個特徵上有明顯的進步，包括「不會惹出麻煩」、「能夠看到別人的觀點」、「容易適應變化」、「容易與別人互動」。當然我們還需要更廣泛而控制變因的研究來驗證這些驚人的結果是否能複製，但這些簡單的練習為什麼這麼了不起？這跟學校平常的活動有什麼不同？答案是，這些好玩的團體「遊戲」實際上有助於孩子建立技巧，而強化反思。這些活動能開啓心智，以接收身體的感覺、同儕的資訊及心智的感官感覺；創造主動自我觀察的環境；以及促進反身覺察，因為與呼吸同頻能引發共鳴狀態，讓人覺察自己的意念與覺察本身。

就如我們在「正念認知研究中心」所說的：「用簡單的方法解決複雜的問題。」這裡的解答就是，這樣的反思會提升自我調節、同理與同情的能力：創造有彈性而友善的心智。

我在觀察這些遊戲時感覺到，凱瑟—葛林蘭跟合作老師們其實就是在促進大腦中某些區域的神經活動，也就是具有九大功能的中央前額葉區域，而這些區域的生長正足以提升反思技能、同理的人際關係，以及情感的韌性。其他功能還包括身體的調節、同頻的溝通、情緒的平衡、彈性、同理、自我洞見、恐懼的調節、直覺，以及道德感（參見第2章及附錄二）。我可以想像，在這樣的社會經驗裡，腦島會將資訊傳入腦部中央的皮質區域，使身體的智慧受到尊重。身體經由心臟與腸胃周圍的神經網絡處理的資訊，是很重要的非語言洞見的來源。當我們專注於自己與他人的內在世界時，中央前額葉區域會被啓動，其中的連結也會強化。如果小孩子這些關乎智慧的神經回路都能能受到滋養而發展，我們就有機會讓下一代產生重大蛻變。

涵蓋這些論述的最上位概念是，教師所提供的一切，就能直接幫助學生發展改善人生的技巧：讓他們的生活更有彈性，更有意義，也更與人連結。一旦小孩子經由技巧訓練發展出反思技能，就會持續一生地幫助他們擁有身心健康。一旦學生擁有反思能力，他們的神經就有能力讓他們以積極的韌性面對社會、情感與學業的任何層面。這確實是促進健康發展的最佳禮物。

覺照覺察練習與教育計畫

「有能力刻意地將漫遊的注意力一次又一次地拉回來，就是判斷力、性格與意志的根源……能夠增進這項能力的教育就會是近乎完美的教育。但是定義這種理想，比實際上指引人達到這種理想，要來得容易。」2

上世紀的學者與心理學家威廉・詹姆斯（William James）這段常被引用的話提醒我們，教育可以引導我們去發展心智能力，而不只是記憶事實。不過，詹姆斯雖然很尊敬冥想鍛鍊，但他顯然在當時並沒有發現，許多文化過去數千年來就已經發展並實踐這樣的教育：覺照覺察練習。

我們在第三與第四章看到，親身參與由佛教內觀傳統發展出來的靜觀冥想，就有助於發展這種「刻意地將漫遊的注意力一次又一次地拉回來」的能力。從許多方面來看，這個歷程就是培養反思的根本要素。其他文化，甚至佛教的其他分支，也各自有通往覺照的方法。

艾倫・華勒斯（Allan Wallace）在有關注意力與心智發展的精彩討論中曾寫到：

> 現代心理學對覺照的敘述明顯是根據小乘佛教的現代內觀傳統而來，而非常不同於印度、西藏佛教所說的覺照。現代的內觀方式認為覺照是不加區分的，專注於當下每一刻的「赤裸覺察」；而印度、西藏的佛教傳統則認為覺照的特徵在於隨時在心中保持著關注的客體，是一種不忘卻、不分心、不游移的狀態。

由此我們可以看到，以世俗觀點採用來自冥想傳統，例如佛教修行與思維中的洞見時，我們必須抱持「覺照」，以擁抱各種不同的方式。這裡的重點在於我們應該採用最廣大的概念，來定義何謂在發生的當下，刻意覺察所發生的一切，不論是當下的感官歷程，或檢視過去的記憶及未來的計畫。就如我們在討論覺照大腦的各面向時所言，覺察我們的覺察本身，以及關注自己的意念等，都包含在較廣的覺照概念中。而在覺照學習中，我們更進一步意識到在有彈性地覺察當下時，擁抱不確定性的重要。我們可以從以上這些討論感受到覺照大腦其實是人類共通的遺產之一，而非某種特定修行或觀點所專屬。

在「正念認知研究中心」，我們彙整了各種覺照覺察練習。所謂的覺照覺察練習泛指各種用以培養覺照覺察，改善注意力與情緒調節，降低壓力，以及提升幸福感跟同情心的各種方法或鍛鍊（例如冥想、瑜伽、太極、氣功等等）。而其他活動，例如藝術、音樂、舞蹈、寫作、心理治療及身體觸摸（例如按摩及針灸），也可以用來培養覺照覺察，或結合在覺照覺察練習裡。

舉例來說，太極拳這項古老的鍛鍊方式就包含了深刻的哲學傳統與動態的覺照運動。實際練習時，打拳者要做出一連串的腳步與身體動作，要在動作時專注於動作本身。意念專注的步伐，以及在內在世界覺察自己對身體的覺察，都強化了這項優雅的鍛鍊的覺照本質。在最充分完滿的狀態下，道教深刻的概念、非概念化的理解方式，以及鍛鍊者對於自身動態活動的觀察，和在平衡的動作中飽滿的感官感覺，全都交織在一起。因此最完整的太極拳將四股覺察流都包含在內：感官感覺、觀察、概念與理解。即使只是將太極拳視爲較單純的覺照運動，這種簡單而優雅的鍛鍊的優點也已經世代相傳而廣爲人知。如第一章所提及，麥可・厄文（Michael Irwin）在研究中教導一群年長者學習一套修改版的太極拳，發現練太極拳與免疫功能的改善有正相關。

另一種覺照覺察練習可以因應不同年齡層而修改動作，是兒童跟青少年容易接受的，那就是瑜伽。儘管目前有許多不同門派的瑜伽，但基本上都要求個人將注意力集中在覺察自己的身體、呼吸、靜止與動作。這種覺照鍛鍊結合了反思（對覺察的覺察）的各個面向，也用到覺察身體的自我觀察。這些身體的感官感覺讓練習者牢牢立足在當下，也讓漫遊的注意力可以一再帶回到身體上或呼吸上。在做瑜伽時，你很容易可以藉由體驗平衡，來測量注意力是否分散，因爲分心時身體就會動搖，而恢復到覺照覺察時，重心就會穩定下來。有關兒童練習瑜伽或其他覺照覺察練習的正式研究目前都只在萌芽階段，但是如先前所討論，這些鍛鍊運用於成人時似乎都有助於支持身心健康的感受[3]。

此外，「另類思考策略計畫」（Providing Alternative Thinking Strategies, PATH）與「學業、社會與情緒學習協力計畫」（CASEL）的研究[4]揭露了一些經由研究確立的方式，證實這些以學校爲基礎的計畫有助於培養學生的韌性，並提升他們在社會與情緒方面的學習。雖然這些計畫可能不直接教導「覺照」這項技巧，但其內容與許多覺照覺察練習的共通概念相同，都是致力於提升情緒智商與利社會行爲，並強化個人的自我覺察與自我調節。

我在「葛瑞森研究中心」（Garrison Institute）擔任顧問時，負責計畫之一就是提升教育中的覺察與專注。其「葛瑞森中心靜思與教育報告」（Garrision Institute report on contemplation and education）

調查了從幼稚園到十二年級的一貫教育中使用靜思技巧的計畫，並提供了很實用的總覽報告，涵蓋目前在全美各地用來提升教育中靜思元素的各種計畫。有一段話如下[5]：

在方法學上，設計給學生的靜思計畫可說大同小異。大體而言，這些計畫綜合了覺照與其他的靜思技巧，以集中並強化學生的注意力，提升他們的情緒平衡，並由此延伸出去，幫助學生發展自我調節的能力。然而，這些計畫對注意力（attention）、覺照與靜思（contemplation）的定義並不一致，而且經常不準確。就計畫的層面而言，似乎欠缺以理論架構定義注意力，也沒有找出廣被接受的對覺照一致定義。

然而，儘管有方法學與教育學上的差異，靜思計畫與主流教育中的類似計畫，卻有許多相同成果。主要的短程結果包括學生的學習與課業表現提升、學校的社交氣氛改善，以及情緒平衡和利社會行為增加等。此外還有一些共同的長期成果，包括幫助學生發展出一些高尚的特質，例如祥和平靜、內在寧靜、同理、同情、原諒、耐心、慷慨與愛。

在一場由葛瑞森研究中心贊助，馬克．葛林柏格主持的一場會議中，許多領域的科學家齊聚一堂，專注於討論執行注意力功能是如何發展的，以及學校可以採取哪些方法，來支持教育環境中這類預防性的措施。一項清楚結論是，要從紮實的基礎上幫助孩子，就必須更了解孩子的大腦在面對大人提供的經驗時，會如何反應。在學校裡教導反思或許很有用，但也必須了解在孩子不同的成長階段，必須採取不同的教導方式。我們必須了解大腦的發展，才可能在學校中創造並實行提升反思的有效計畫。

在教學中謹記大腦

在教導反思技巧時，我們必須了解兒童的反思可能跟成人比較複雜的反思，有不同的形態，因爲成人的皮質——尤其是前額葉皮質——遠比兒童要來得複雜。在兒童身上，反思思考可能更居於主導地位，也容易發生，因爲孩子會自然地運用影像思考，更能以「新鮮的眼光」觀察到世界新奇的一面。兒童可能不像成人在學習反思時，那麼需要破除由上而下的束縛。相對地，有助於他們覺察自己內在世界的練習，例如簡單的呼吸覺察練習，就可能提供自我同頻的基礎，並能隨著成長，而繼續進化。這時候建立而強化的神經回路也比較可能在未來善加利用。一起啓動的神經元會連結在一起，也會一起存活下來[6]。

大腦發展的基本原則顯示，經驗可以形塑創造韌性的回路。舉例來說，兒童在青春期當時與之前跟照顧者的關係，將在他／她進入動盪的青少年時期，相當程度地影響他／她面對困難的韌性[7]。其他研究也顯示，父母是否有能力反思自己內在生活的本質，以及孩子的內在世界，能夠很準確地預測孩子是否有安全的依附模式，並可由此預測孩子保持韌性與正面發展的能力[8]。

前面提過，我們在一出生後的頭三年內，腦部的突觸連結就會在基因驅使下快速生長。兩邊半腦的連結也會開始生長，並持續發展整合性，直到成人之後許久[9]。在生命頭幾年生長較多與活動較多的右半腦，與到幼稚園階段才會比較活躍的左半腦，經由胼胝體而連結起來。幼稚園老師常對孩子說「把感覺說出來」，就反映出這時候的孩子正開始將語言的左腦連結到非語言的，比較著重情緒與自發性的右腦。

到小學階段，孩子會開始接收新的知識與技能，包括學習外語或音樂才藝等，此時突觸也會因應新的經驗而快速形成。孩子的大腦在小學階段就像海綿一樣，浸淫在學校與家庭生活中，用力地吸收各種知識與技能。知識需要經過刻意的努力才會快速吸收，因爲這時候的孩子還沒有複雜的皮質結構，可以快速將新的表徵輸入長期記憶中。反思思考在此時可能很發達，因爲經驗會以「影像」的形式分類，輸入到剛萌芽的知識骨架中，而形塑長期記憶的儲存。

小學階段過後，兒童會進入前青春期，經歷新的腦部變化[10]。生命頭三年出現的突觸快速生長現象此時再度出現，過多的連結實際上還可能降低資訊處理的速度，而使認知功能變得比較沒效率。

隨著青春期開始，第二階段基因驅動的突觸生長告一段落，取而代之的是長達十年以上的腦部重塑工程，包含摧毀沒用到的神經元與神經連結。以「不用就丟掉」原則進行的神經連結篩選還會因壓力而加劇。這個腦部變化階段的另一項特徵是顯露弱點。在青春期前未顯現的潛藏的神經缺陷，有可能在篩選歷程中暴露出來。

青少年的執行功能與社會認知之所以會有許多變化，或許就是來自這種皮質層的重建，尤其是前額葉區域的重建[11]。在這個階段，我們討論過的九大功能，包括情緒平衡、自我了解與同理等，都可能變得不穩定。因此這個階段容易出現前額葉的整合功能暫時停止作用，大腦轉而尋求「下下之策」。但如果我們在孩子進入青春期之前就給予他們連結的感受與社會和情緒方面的反思技能，提供有助於強化前額葉執行回路的經驗，他們在青春期的路途或許就會平順許多。

這些關於韌性與大腦發展的研究都證實我們有必要教導孩子反思技巧。我們可以假定，如果孩子在小時候就學會這類技巧，而幫助整合性神經回路生長，那麼他們在面臨青春期必經的社交挑戰及神經變化時，會更有韌性。研究還顯示這些挑戰可能持續到二十歲中期以後[12]。

根據我自己擔任兒童精神科醫師與父母的經驗，我發現直接教導關於大腦的知識，也有助於發展這類反思技能。不論是兒童、青少年或大人，當一個人了解大腦的功能與結構的相關性、神經發展和經驗影響的交互作用，以及自己的心智生活如何產生演化時，經常會產生新的洞察力，以嶄新的眼光看待自己。當他們能想像心智如何利用各個大腦部位來創造自己時，也就能從自己的覺察軸心出發，將心智的各種活動視爲只是輪框上的東西（參見第6章）。

了解中央前額葉的功能有助於情緒的穩定後，我們就可以了解爲什麼前額葉暫時功能不良時（當我們「失去理智」時），可能導致自己或他人做出令人害怕的行爲。對這樣的神經因素加以反思，有助於我們理解經驗，而不是找藉口搪塞。這種對神經的理解並非要合理化不當的行為，而是真的幫助我們對自己，或對他人更有同理心與洞察力。

因此在幫助孩子發展覺照時，教育孩子認識大腦本身也是很重要的一環。我們愈能「清楚看到」自己心智現實的本質，就愈能提升彼此的反思連貫性與同理人際關係。

能夠反思自己的內在世界，是提升心理健康、創造有意義的人生，所不可或缺的一項基本技能與知識基礎。即使前額葉功能會在青春期產生快速變化，因而改變認知，但以覺照練習建立基本的反思基礎仍舊是睿智的教育投資，能夠未雨綢繆地支持終其一生的生理、心理與人際健康。

當小孩子能夠反思時，不但能體驗到當下的覺照覺察，也會強化前額葉發展，而為未來的挑戰作好準備。擁有良好反思技巧與覺照大腦的兒童及青少年會有更好的準備，在面臨新環境時更有彈性，也更能積極投入人際關係，並從人際關係中獲得更多滿足與支持，在成長過程中擁有心理健康的感受。

從我們對覺照大腦的了解可以看到，一個人的存在感會影響到他跟自己與他人是否能同頻率。有些研究者認為，這種反思能力或許就是智慧的眞正本質[13]。身為教師的我們具有獨特的地位，不但可以與學生分享知識與技能，更能讓學生體會身為人的精髓。就如葉慈（William Butler Yeats）所說：「教育不是裝滿一只水桶，而是點燃一個火種。」當我們帶給學生完全的自我、對生命之謎的熱情，以及建立人際連結的強大力量時，就能夠激勵學生重建腦中的連結。

我們也從覺照學習中知道，在給予知識時，必須讓學生意識到這些知識是有條件的假設，讓他們自行去探索其脈絡與意義。這樣的呈現方式會直接啓動學生的自我，讓新的資訊融入更廣大的神經連結網絡中，而不只是獲得絕對的知識[14]。

既然所有人都應該活到老學到老，抱持覺照的教育不但會讓我們得到更大的自由，也讓我們能邀請學生一起參與學習的經驗。學習眞正變成動詞，而學習所建立的支架也變成可變動的、活生生的實體，而不只是固定不動的人名跟地名、事實跟數字。

除此之外，我們還能幫助學生了解覺察自己有多麼重要。自己是誰、自己的心理狀態，以及課程內容對他們的意義——全都會決定他們如何學習。學生可以藉此反思自己與學習的關係，讓學習經驗變得更有效更愉快。這樣的方式很可能會喚醒跟內在與社交自我有關的前額葉神經回路，而增強學習經驗的樂趣與強度，也讓我們更容易在日後記起所學習的知識。

因此，當我們特別專注於情緒與社會技能時，就能直接幫助學生的腦部「重建連結」，讓他們的中央前額葉區域積極參與，而發展出這些對生活極其重要的面向。只要身爲老師的我們願意努力，學校可以不僅只是傳授僵化知識的地方。老師必須覺察自己的意念及自己所扮演的角色，才能使學習經驗盡可能地有意義而有趣。相對地，學生也會受到激勵，對學習產生熱情。

擁有反思技巧後，兒童、青少年與成人都將能在課堂上、學校裡，乃至於人生的漫長道路上，帶著覺照的熱情與欣喜與自己與他人連結。

【第13章】

反思在臨床治療中的運用

存在當下與培養軸心

邁向覺照大腦的旅途所帶來的啓發，顯示出專業人士多麼需要保持反思與存在當下。不論是老師或臨床治療師，自己能否保持反思的存在，會直接影響我們能否幫助他人成長。在醫療的專業上，「覺照的執業」（mindful practice），會讓我們保持在反思與能夠付出情感的狀態，而這兩者都是有效臨床工作的核心。

覺照覺察可以是心理治療中用來增進心理健康的根本元素，同時直接也間接地改善個人的生活，減少個人心理上的痛苦[1]。有些心理治療模式採用正式的靜觀冥想技巧，例如「正念減壓療法」，以及「以內觀爲基礎的認知治療」。還有些模式則實際運用覺照技巧，例如「接納與務實治療法」及「辯證行爲治療」。但不論是哪種模式，治療師因爲自身的覺照存在而產生的同理與支持，可能是在任何「學派」或特定取向中都共通的療癒力量來源。這或許可以視爲是抱持覺照的治療師對於病人的經驗能發揮的「間接」影響。這類間接影響可能來自於臨床治療師具有同理及開放接收的狀態，而能專注留意到彼此共有的治療經驗的注意力範圍中所出現的任何事物。除此之外，教導病人經由正式的冥想或其他技巧訓練來鍛鍊覺照，更可以讓病人直接獲得有用的能力，徹底改變與自己的關係，降低症狀帶來的痛苦，並創造全新的人生態度。

直接運用覺照技巧可以讓人變得更有反思能力。這些方法的整體概念是，覺照覺察的各個層面都是可以經由學習培養。這些鍛鍊會讓人學會拋棄預先的判斷，對他們先前可能想避免，或相當強烈厭惡的心理事件，發展出更有彈性的感受。在面對壓力來源時避免反射反應及發展出沉穩的態度，會支持覺照的觀點，而直接影響大腦的調節功能，促進心智的反思能力。

建立反思能力：培養軸心

就如第十二章所言，覺照是可以教導學習的技巧。在許多方面，學習覺照就像學習心見，也就是學習看到自己與他人的心智一樣。培養覺照覺察，就像發展心見的神經回路一樣，可以經由反思性的對話與技巧練習達成。

所謂反思性對話是指我們在參與對話時，將彼此的注意力集中在心智的本質上。當我們運用語言去闡明心智時，這些語言表徵就有助於培養我們的心見能力。反思性的對話可以直接促進覺照覺察中，以文字描述及標示心理事件的層面。就如先前所述，能夠對心理事件加以標示，這項左腦的活動似乎能平衡邊緣系統之杏仁核與右腦的激發，而創造出比較有彈性、整合的狀態。

當一個人將反思性對話內化後，就能多一種新的方式看見自己的心智。心見的形成，會徹底改變一個人：能夠「看見」任何當下出現的事物，大大有助於你與這些事物「共存」。有時候，語言會大大有助於你做好準備，以看見這個多變而非語言的心智世界。這些對話可能是幫助心理治療中的兒童或其他病人發展反思思考，以便意識到心智本身，所不可或缺的一環。進行反思對話，並隨時抱持著覺照的學習原則——隨時顧及學習者的狀態、學習的各種條件限制，並敏感地察覺也是對話一部分的環境脈絡與細微差異——那麼反思對話就能創造出新的覺照覺察狀態。

但是語言本身通常是不夠的。以概念爲基礎的語言還要加上其他的覺察流輔助：感官感覺、觀察跟認知。

教導覺照包含教導病人如何感受直接的感官經驗，並將觀察焦點專注於非語言的世界。想像一下四種覺察流，就不難了解心理治療如何利用覺照反思。感官感覺流可以成爲重要的立足點，喚醒經常被淹沒在焦慮或憂鬱、恐懼或麻木之下，讓這些「症狀」給佔據的心智。學習潛入感官感覺中，可能會讓人害怕，尤其是對那些曾經歷創傷，一直努力避免覺察身體的人而言，因此各覺察流之間的平衡在臨床上非常重要。我們要能觀察，才可能脫離自動化的心理歷程，例如記憶重現或侵入現在的記憶，以及心智的慣性，例如自我貶抑的內在聲音或情緒的反射反應。除此之外，從概念上理解這些歷程的本質，以及它們的相關神經活動，也有助於我們擺脫心智狂暴的活動。在人際之間，或個人內心中非語言的分享，則經常會帶來非概念的，對於療癒的認知，而使人燃起與生俱來的驅力，邁向比較整合的心理健康狀態。這些非概念的理解通常很難以語言形容，有時候會感覺像是如第三章討論的，突然出現的「領悟」，或是觀點的轉變，或嶄新的心理架構，而非直接了當的，以語言爲基礎而能輕易分享的思緒。

運用覺照的心理治療模式會提供發展完善的非語言練習，讓個人能接觸到直接的感官感覺，揭開經常掩蓋住心理痛苦的面紗。這種感官經驗會幫助個人脫離製造痛苦的根源，也就是由上而下的奴役。影像與身體觀察、刻意的移動練習，感受情緒，強化當下對直接經驗的覺察，都是可以幫助建立覺照的技巧。

在我有機會直接教導反思技巧的例子中，有一次是教導一個有嚴重狂躁與憂鬱發作的高中生。我在尋求其他專家意見後，確認他的症狀可能是嚴重的憂鬱症，或是初期的躁鬱症。在開始藥物治療前，我剛密集地參與覺照避靜，因此想到可以教他冥想，作爲初期的治療方法。

在他父母的同意下，我們開始聚焦治療，包括教導他靜觀冥想技巧、鼓勵他每週六天做有氧運動。有氧運動對憂鬱症似乎有直接的幫助，也會促進神經的可塑性。運動、新鮮事物、情緒投入跟正面的注意力警醒狀態，都是促進神經可塑性的元素。當我們運用特定技巧啓動腦中特定回路時，就會讓試圖運用及發展的神經區域更加茁壯。對憂鬱症的一種觀點是，憂鬱症會抑制神經的生長，讓病人有種生命已經「死亡」的內在感覺。此時心智感受到的是神經突觸的欠缺。當自我封閉，不再學習新事物，生命力就消失了。關於躁鬱症的一項假設認爲，病人的腦部可能欠缺連結腹側前額葉皮質與邊緣系統中杏仁核的神經回路[2]。而這個神經回路正好屬於覺照特質中會運用的獨特回路之一[3]（參見附錄二）。

在上述案例中，儘管身爲治療師的我相信這個方法有效，但是也永遠無法確定是哪些必要元素導致了改善。在這個案例中，病人的症狀在經過四個月的冥想與運動後，幾乎完全消失，到現在已經將近一年，沒有復發過。這種情況可以持續嗎？有幾項研究探討過「以內觀爲基礎的認知療法」對防止復發的效果[4]，結果發現這些症狀確實很可能不再出現。其他心理健康問題，例如強迫症，也有同樣結果[5]。當病人學會這些反思與自我調節的技巧，這些技巧就會成爲新生的韌性來源，而持續一輩子。很重要的一點是，即使是病人有來自先天遺傳的情緒困難、焦慮，甚至注意力問題，仍可以藉由覺照覺察練習獲得必要的新技巧，得到幫助[6]。

我教導許多病人了解大腦，以及大腦運作跟他們心智及人際關係中發生的事件會有什麼相關。有能力理解心理健康三角支柱（連貫的心智、同理的關係，以及神經的整合）的神經面向，會帶來足夠的距離與觀點，讓人形成區辨力。知道大腦會影響你的強迫症、你的藥物依賴、或你的憂鬱症跟情緒波動，可以幫助你採取主動，決定如何以心智影響大腦的運作。

前面談過，心智會運用大腦來自我創造，因此在某些情況下，我們可以跟心智結盟，促進神經系統的運作更加整合。脫離自動化反應會帶來極大的改變，也是極佳的例子，證明我們覺得奴役身體的反應，實際上是可以由我們自己所改善的。舉例來說，許多因爲焦慮而前來治療的人主要是用胸部呼吸，而這又是我們在面臨危險，準備逃跑或戰鬥反應時，會有的呼吸方式。而在學習如何覺察身體，以及瑜伽中的基本技巧腹式呼吸後，許多人都體驗到焦慮程度降低許多。而在治療強迫症與情緒疾患時，也有許多步驟可以確切地幫助病人脫離自動化的強化歷程，避免焦慮或煩躁等這些強化歷程演變成全面性的疾患。總結而言，當我們教導一個人反思時，是在給予對方一生受用的禮物：覺照的自我調節技巧。

除了教導病人了解大腦在某些心理模式或行爲中扮演的角色以外，幫助病人獲得反思覺察的狀態通常也是不可或缺的。要達到這種接納，自我觀察與反身覺察的狀態，很重要的是借用經時間考驗證明的靜觀冥想的元素。「冥想」其實就是在培養心智。因此它實際上就是一種建立技巧，幫助心智發展反思能力的練習。

治療中運用覺照的方法五花八門。不過，我在教導病人及學生時，經常會以一個練習開始，幫助他們進入覺照覺察狀態。有些人會錄下我在這短短的十五分鐘冥想練習中的聲音。除此之外還有許多其他的類似錄音，在「正念認知研究中心」網站上就可以找到。以下這個練習是是我運用在病人，包括前面所提那個年輕人身上的練習（感謝許多人的智慧與覺照幫助我發展出這項練習），許多沒有罹患憂鬱症的人也發現，每天只要花幾分鐘（通常是在早上），就可以獲得穩固的起點。

請你自己嘗試看看，或者也可以發展適合你或你的治療實務的練習：

反思練習

能夠意識到自己的心，可以帶來很多助益。這是很有用的認知能力，可惜生活中沒有提供太多機會，教我們認識自己，因此我們接下來就要花幾分鐘，嘗試學習這種能力。

讓自己安頓好。最好挺直背坐好，兩腳平放在地上，雙腿不要交叉。如果需要平躺在地上也可以。一開始請睜著眼睛，試著把注意力集中到房間的中央……跟隨你的注意力，集中到較遠的那片牆……跟隨你的注意力，回到房間中央……最後再將它帶回到你面前，就像閱讀書的距離一樣。請留意，你的注意力可以隨意到許多不同的地方。

現在，讓你的注意力往內去。這時候你可能會想閉上眼睛。請從身體內部感覺你處在房間的什麼位置，坐在什麼地方。現在讓自己只覺察到周圍的聲音。這種對聲音的感覺可以完全充滿你的覺察（在此暫停幾分鐘）。

現在請用你的認知，找到你最能清楚察覺自己呼吸的地方，無論是空氣進出的鼻孔，還是上下起伏的胸口，或是向內向外舒張縮緊的腹部。又或許你會覺得全身都在呼吸。無論如何，請在你覺得最自然的地方，讓你的覺察隨著一吸一吐的波浪起伏（暫停）。

很常見的狀況是，你會發現注意力分散，陷入某個思緒、記憶，感覺或憂慮，這時只要留意這點，記下來，然後溫和而溫柔地將覺察轉回呼吸即可——無論你感覺的呼吸在何處——再跟隨著一吸一吐的波浪起伏（暫停）。

在你跟隨自己的呼吸同時，我要告訴你一個世世代代流傳的古老故事。

我們的心就像海洋一樣。在海洋深處，表面之下，是很安靜清澈的。不論海的表面是什麼狀況，是平靜無波，還是波濤洶湧，甚至是驚滔駭浪，海底深處都是寧靜祥和的。你可以從海洋深處遠望海平面，觀看那裡的活動，就像你可以從自己的心思深處往上看，看到在你的心智表面上，腦波的波浪，所有的心智活動——思緒、感受、感官知覺和記憶都存在此處。請享受這個機會，好好觀察你心智表面的這些活動。

有時候，你可能需要將注意力轉回呼吸，然後隨著呼吸，重新讓自己站穩在心裡深處那個平靜的地方。你可以從這個地方覺察到所有心智活動，而不會遭它們淹沒，同時可以看清這些活動並不是你的全部，你並不只是你的思緒，不只是你的感覺而已。你可以擁有這些感覺跟思緒，同時有足夠的智慧明白它們並不能定義你。它們只是你心智經驗的一部分而已。有時候，將心智活動分門別類，定義為「感覺」、「思考」、「回憶」或「擔憂」，會有助於你將心智活動視為不過是會開始也會結束的事件。你可以讓它們溫柔地漂出覺察之外（暫停）。

我想在這段向內關注的時間，再跟你分享一個圖像。或許你會覺得這個圖像很有用，而想加以利用。請把你的心想像成一個覺察的輪子。請想像一個腳踏車輪，周圍是一圈輪框，而輪輻則將輪框連結到一個內部的軸心。這個輪框上的無數個點，都可能進入到我們的認知中。輪框上有一部分可能包含我們會經由觸覺、味覺、嗅覺、聽覺跟視覺，而將外在世界帶入我們內在心智的所有覺察。輪框的另一部分則是我們對身體的內在感覺，也就是四肢與臉部肌肉的感官感覺，以及軀幹內臟器的感覺，包括肺、心臟和腸胃等。我們的整個身體都會將它的智慧傳達到心智，而這種身體的感覺，也就是所謂的第六感，也可以進入我們的覺察，增加覺察的另一層內容。輪框上其他的點則包含心理歷程直接創造的東西，例如思緒、感覺、記憶、感知、希望與夢想等這些部分，也能夠進入我們的覺察。而這種看見心智運作的能力——看見我們自己，以及別人的心智運作——則可以稱為第七感。我們也可能經由「第八感」，感受與他人跟自己共鳴的同頻的關係，而覺得為別人所「感覺」。

我們可以自行選擇輪框中的某一部分，而對那裡放射出一條輪輻。我們可以選擇專注於肚子裡的感覺，向那裡射出一條輪輻。或者我們也可以選擇專注一段記憶，而射出一條輪輻，通往輪框上第七感所在的位置，看見那部分的心智。

所以這些輪輻代表聚焦於輪框上的某一點。而且所有輪輻都是從我們的心裡深處發射出去，而這深處就是覺察輪的軸心。當我們專注於呼吸時，就會發現這個軸心變得愈來愈寬廣。而當軸心變大時，我們就會有能力接納輪框上的任何感覺。我們可以全心臣服於這寬闊的清澈的軸心。它能夠不加評斷地接受我們經驗中的任何部分。這樣充滿覺照的覺察，這樣接納的注意力，不帶有任何預先的成見或評斷，能將我們帶到寧靜的地方，讓我們認知到經驗中的所有元素。

覺察輪的軸心就像內在海洋的平靜深處一樣，是一個寧靜而充滿好奇心的地方。我們就可以由此出發，沉著平靜，並充滿活力和專注地，開始探索自我心智的本質。而且我們隨時隨地都可以進入心智的軸心。從這個軸心，我們就能進入同情的狀態，同情自己，也同情他人。

現在讓我們一起專注在呼吸上幾分鐘，打開寬敞的心智的軸心，接納此刻存在的任何美麗與神奇（暫停）。

當你準備好時，你可以刻意地深呼吸一下，然後準備好慢慢讓眼睛睜開，感受心深處，然後我們會一起繼續對話。

許多人都說在進行這項反思練習後，覺得平靜、安寧與清明。只要每天花幾分鐘練習，似乎就能爲生活帶來重大的改變。我在治療臨床上遇到的許多病人都說他們在練習後比較不感到焦慮，有深刻的清明感覺，憂鬱症狀也有改善。而在人際之間，許多伴侶說這項練習改善了同理溝通的品質，讓他們更能與彼此同頻，感受到「被對方感覺到」。

靜觀冥想會強化自我洞察與同理中的神經回路。人際同頻與內在同頻中的共鳴，似乎就能引發深刻的身心健康感。我所治療的一個青少年在晤談中本來很不高興，但是在覺得我能了解他之後，他說：「哇！我跟你說出來之後，現在覺得舒服多了——這在大腦裡是怎麼回事？」因同頻而產生的共鳴狀態來自於神經的整合，並且會創造出連貫的心智。從許多方面來看，內在同頻都會帶來深刻的被感覺的感受。

在每天一開始時，運用以上這項練習，或其他各種發展完成的練習，會帶來很大的改變，即使練習時間只是五分鐘或十分鐘。我相信，這麼少的時間之所以能帶來這麼大的影響，是因爲這種內在同頻會創造出高度整合的神經狀態，讓反思連貫的特質能延續一整天。所有研究與經驗都顯示內在同頻會促進人際共鳴，以及對彼此的同情，如果我們能促進所有人的內在同頻，讓每個人都有寬闊的空間與自己共鳴，這個世界肯定會因此不同。

【第14章】

心理治療中覺照的大腦

促進神經的整合

我們在前言中簡短討論過，人際神經生物學是一種整合模式，企圖結合廣泛的各種認知學門，來創造出人類經驗的全貌。這種模式建立在許多科學學門的基礎上，而對於我們該如何定義心智、心智在當下的顯現，以及心智在一生中的發展，提出假設。我們已經看到，人類心智可以定義為一種由身體與人際關係所產生的，調節能量與資訊流的歷程。當這股流動在人的內心與人際之間發生時，心智便形成，而當神經系統在基因設定的時機成熟，並被陸續發生的經驗形塑時，心智便隨之發展。

經由這樣整合分析，衍生出一項觀點，那就是當一個系統整合起來，將分化的各個元素整合成功能良好的整體時，便會創造出身心健康。從這個部分來自「複雜系統理論」（complexity theory）的觀點出發，我們可以看到，一個系統的元素在功能上相互連結、互相整合時，就可以被定義爲具有FACES之流：有彈性、有適應力、連貫、有活力，並且穩定。在這種流動之外，個人、家庭、社群或社會，都可能經歷混亂或僵化。但在流動之內，每項經驗都會充滿連貫性：連結、開放、和諧、投入、接納、即時、理解、同情與同感。這些心智與心理健康的操作性定義，顯示很能幫助教育老師與治療師思考另一種定義健康心理的觀點。

我們可以藉由對覺照大腦的初步理解爲基本架構，來探討如何創造人際神經生物學模式的心理治療。

個人的蛻變應該包含心理健康三角支柱中的三隻腳：連貫的心智、同理的關係與神經的整合。這三者有互相強化的效果，都是造就心理健康的能量與資訊流的一部分，可以說它們是現實的三個面向，但又各自有其獨特的、無法再簡化的特質。

如果整合能引發FACES之流，下一步就應該檢驗這三個面向中的整合如何出現。在開始詳細探索之前，我們先來討論一般性的原則。

很重要的一點是，請記住這只是單單一位治療師的經驗，也只是幫助病人尋找機會邁向心理健康許多種模式的一種。如果你自己是臨床治療師，或者你正在進行心理治療，我希望這些理念與接下來的眞實故事能夠幫助你找出可能的改變途徑，有助於你創造自己的方法。

同頻

共享注意力能夠開啓同頻。當我們與別人交流時，會將認知專注於彼此心智的元素上，而這些元素就成爲我們的心智軸心共有的焦點。隨著這樣的連結逐漸演變，我們開始與對方的狀態共鳴，並因爲彼此的連結而改變。

心理治療之所以能導致改變，同頻可能是關鍵。在當下，這樣共鳴的狀態會讓人覺得很舒服，因爲我們感覺「被別人感覺」，不再是孤單一人，而是與他人連結。這是同理的人際關係的核心，讓我們能夠清楚地感覺自己的心智存在別人的心智。一個簡單的縮寫有助於你記住這項特徵：「ISO」，意思是「他人的內在狀態」（internal State of the Other），也就是身爲治療師的你可以認知到病人的內在狀態，而病人也能認知你的狀態。每個人都會在對方的表達中意識到自己的心智，也能體會到別人的身體具體呈現出自己眞實的心智。在此我們可以看到所謂鏡像神經系統的「具身模仿」功能（embodied simulation）[1]，也就是神經歷程會整合我們的感知，以及身體接收的情緒或行動促發，而理解對方。

另一個與他人心智同頻的方式是藉由「他人的敘述」（narrative of the Other，簡稱NOTO）。我們會藉由吸取病人的經驗，在自己心理創造出對方的故事。我們可能會在明顯或細微之處，顯露出我們內心有關於其人生的敘述。如果一個病人去舊金山回來，而我在他提起這趟旅程之前就說：

「金門大橋好玩嗎？」他便會知道，即使當我們不在一起時，他也存在我的腦海裡。比較大程度的「NOTO」則是病人的生命經驗會充滿我的心智，讓我能感受到他的掙扎，看到他在時光裡的旅程，並且在討論中讓他知道，當我們試圖理解他的人生而互相連結時，這些不斷演變的故事一直存在我的心理。

當病人感覺到我們真心的關懷，以及我們有能力在當下體會他人的內在狀態（ISO），以及一路以來的人生敘述（NOTO）時，病人就會逐漸感覺被我們所感覺，而與我們同頻率。要達到這樣直接的連結，要能整合兩個人的心智，治療師務必擁有開放的心智軸心，能夠抱持覺照地接收治療過程中所出現的一切。這種同頻率狀態不僅在當下感覺很好，也很可能改變大腦中負責自我調節的整合性神經連結，尤其是在前額葉皮質的中央部位。人際之間的同頻與個人內在的同頻，都是心理治療中最重要的歷程。而這兩種同頻率的基礎都是整合。

要達到覺照，我們必須將注意力專注在自己的注意力上。注意力集中的地方，神經元就會啓動。而當神經元啓動時，就會重新連結。這個歷程可以用「SNAG」這個縮寫總結，也就是「刺激神經元啓動與生長」（stimulate neuronal activation and growth）。在覺照覺察中，我們會專注於自己的注意力，以刺激中央前額葉，促進神經整合，以此「激發」大腦。所謂啓動前額葉意指刺激神經軸突延伸出去，將各個分隔的區域連結起來，包含皮質層、邊緣區域、腦幹、嚴格意義的身體，甚至是與其他大腦互動的社會世界。從生理結構而言，促進前額葉的神經纖維生長就等於是促進神經的功能整合。

要激發大腦，以促進整合，自我內在的同頻可能是不可或缺的。而人際間的同頻也可以觸發相似的神經啓動與生長。因此在我們試圖理解治療爲何能改變大腦時，同頻可能就是關鍵。

讓我們來回顧中央前額葉皮質層的九個功能：⑴身體的調節，⑵同頻率的溝通，⑶情緒的平衡，⑷反應的彈性，⑸同理心，⑹自我的認知，⑺恐懼的調節，⑻直覺，⑼道德意識。這些功能會啓動的部位包含了內側及腹側前額葉、眶側額腦區與前扣帶皮質。以上這張清單中有多少項是你希望自己或他人能在生命中成長而獲得的？

由上觀點出發，我們就可以檢視親子依附中的人際同頻、覺照中的內在同頻、中央前額葉的功能，以及有效的心理治療，到底有哪些共通的作用機制。

神經整合的領域

我們可以假設，不論任何形式的治療，如果要有效果，都必須「激發」大腦，使其邁向神經整合，而提升心智的連貫性，並激發人際關係中的同理。因此心理治療的焦點包含了這三個面向。我們將描述九個各不相同的神經整合領域，以及如何在生活裡提升這九種整合，來闡述心理治療這個多變且極度個人的歷程。這九種整合領域包括：⑴意識的整合（consciousness integration）、⑵垂直整合（vertical integration）、⑶水平整合（horizontal integration）、⑷記憶整合（memory integration）、(5)敘事整合（narrative integration）、(6)狀態整合（state integration）、(7)時間整合（temporal integration）、(8)人際整合（interpersonal integration），以及(9)昇華的整合（transpirational integration）。

當我們試圖促進神經系統的整合時，對他人的同理，以及自己內在的連貫性也會產生。以下的病人訪談片段或許有助於說明我們如何在臨床心理治療上運用覺照大腦的原則。

意識的整合

> 嗨，席格博士……我只是想讓你知道，我現在覺得好多了……比較清楚自己的問題，也能更清楚地看到覺察輪的邊緣……這真的很令人驚訝——讓身為治療師的我都覺得豁然開朗——我沒想到，即使我了解也親自實踐這一切（例如觀看自己的呼吸，COAL、SOCK等），我的心智還是會遭那麼久以前發生的事所綁架……我現在覺得好多了——是一種很棒的正常而平靜的感覺——我想是因為我終於能解開這些糾纏在一起的事情，能夠不把自己從裡到外糾纏成一團，而能好好地看著它……我始終從來不曾忘記那一刻，而且我相信我應該也永遠不會完全遺忘……即使忘記了，我還是會記起自己似乎忘記了什麼，那就跟不曾忘記一樣……我熱切期待在下週繼續探索自己的這些面向……席格博

士，謝謝你……真的萬分感激你的指引……下週三見……祝好，瑪麗。

這是來自瑪麗的電子信件。她是一位三十五歲的心理治療師。童年時遭繼父虐待的痛苦歷史導致她有嚴重的創傷後壓力問題與解離症狀。她因爲恐怖的童年經驗，而發展出混亂的依附模式。她靠著分裂自己的意識而存活下來：心理的部分面向承認發生過的事件，但其他部分則對這段充滿虐待的關係毫無覺察。

治療過程中，她在與我所建立的親近連結的關係中，得知自己眞實的經歷，而能以新的方式重新體會那些時刻。我自己的心智軸心必須能接納所出現的一切：我可以感受到恐怖的部分，可以意識到她的分裂與無助，並且試著盡可能存在當下，而能「了解」這些令人難以招架的感官知覺。當事人能以這種方式分享記憶，能有空間充分體會那些感官知覺，然後加以反思時，就可以承受對於事實的認知，讓記憶的本質得以蛻變。我們會在之後的記憶整合部分進一步看到，這樣的人際分享可以提升一個人覺察痛苦往事的「容忍限度」。當一個人的容忍限度提升時，表示自我調節能力增強，更有能力見證自己的痛苦，能存在當下，而將隱性的記憶整合到更廣闊的個人人生故事裡。關鍵是身爲治療師的我必須充分存在接受出現的一切——不加以評斷，只要身在當下，追隨著各種狀態的轉變與穩定，迎接進入治療經驗中的一切。

我們以這種覺照模式，一起引導瑪麗注意到她爲了適應惡劣家庭環境而採取的各種方法，並因此有了改變。隨著治療上的進步，她發現關於覺照的指導也有益於日常生活。我教了她上一章所描述的反思練習，她發現軸心是很有用的圖像比喻，能夠將來自過去的元素視爲只是心理的活動，而非等於她整個人。從許多方面來看，這種抱持覺照的洞察力不但對瑪麗跟其他許多病人來說，是治療的基石，對身爲治療師的我們也是如此。我們會感受到病人的痛苦，但不需要變成痛苦本身。擁有這樣的調節能力，能夠開放接收，但不要「變成」病人本身，才能保持同理，而避免超越那道模糊的界限，產生「次級創傷」（second traumatization）或所謂的「代理性創傷」（vicarious traumatization）。而我們之所以能與人共鳴，卻不「成爲」對方，或許要歸功於艾可波尼所假設的，負責前額葉中部分潛在功能所謂「監督性鏡像神經元」（supervisory mirror neurons）。治療師可以藉由這種能力而存在當下，卻不迷失在對方的經驗裡[2]。在治療中保持覺照，以內在同頻區辨何者是共鳴及同理，何者是情感氾濫和過度認同，似乎是在從事治療工作時不可或缺的。

如前所言，意識的整合可以經由直接與間接的方式提升。身爲治療師的我們開放的存在方式，就等於在邀請病人體驗自己心智覺察輪框上的更多面向。當我們感覺到覺照的開闊，能夠擁抱在覺察範圍內出現的一切時，病人也會感受到開闊的空間，一種包圍一切的擁抱，而能包容過去難以忍受的所知、情緒或記憶。當我們分享注意力時，就開啓了同頻的歷程。因此，互相分享注意力就是兩個人共鳴狀態的開始。同樣地，當我們與自己「分享」注意力時，當我們發展出開闊的心智軸心，而能關注自己的注意力時，才能連結到能夠反思與體驗的自我。

在治療中直接運用覺照也很有幫助，而且所有幫助注意力聚焦的覺照覺察練習都很有用。很驚人的是，光是一開始的呼吸覺察，這種讓人暫停而向內反思的練習，似乎就可以讓心智軸心敞開，帶來自然而極爲動人的感受。只要病人學會在注意力分散時，溫柔地回到覺察呼吸上，就能強化軸心，開啓反思能力，覺察到自己的覺察。有時候只要一天十分鐘的練習就能幫助病人發展出自我觀察能力，接下來再設法強化心智的接納度。

在治療晤談中，要觸發病人產生接納性的覺察，建議病人除了覺察呼吸以外，也覺察任何進入覺察範圍的事物。當病人能在當下覺察到發生的一切，就可以進一步提升自我觀察技巧，而脫離自動反應——這也是促進接下來其他層次整合很重要的「經由觀察而擺脫自動反應」的技巧。

瑪麗在治療中逐漸進步，最後終於擺脫爲了因應嚴重創傷而產生的許多適應狀態之間的衝突。她念了一段日記給我聽，當中顯露了覺照如何讓她在療癒中有種清明的感受：

> 我可以從我心智的軸心，觀看所有的混亂、恐懼、驚嚇、威脅、與死神擦身而過的瞬間、希望、求死的計畫、痛苦、心智的束縛、全心的認知、全心的不認知、全身的認知、全身的不認知、現在快樂而善意地停留在輪框上的各種適應狀態……在覺察輪的邊緣上，我可以觀看並認知這所有狀態，但我並不等於這些狀態，我只是知道它們——如何形成的，如何拯救了我，以及如何演變形成一個故事。這個故事描述我到底發生了什

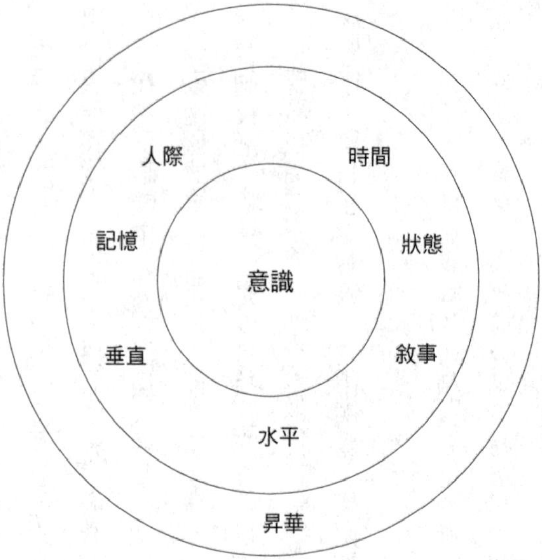

圖 14.1　整合的領域

麼事，我擁有多瘋狂而混亂的家庭，以及我如何存活下來，如何能以深刻的存在繼續前進，同時完全覺察童年的牢籠，並從中解脫……這些多年前的事……如今都有意義了。

意識的整合讓我們能在混亂中找到平靜，發展出心智的軸心。在那反思的開闊空間裡，療癒逐漸開始，讓我們深刻地感受自己從過去到此刻的全部人生，自由邁向未來。接下來的許多故事都會顯示這樣的療癒過程。

最好的理解方式或許是將它們視爲一個圓圈，其他七個領域的整合都環繞著意識的整合而形成。最後一個，第九個領域，也就是昇華的整合，則可能在前面八個領域完成整合後出現（圖14.1）。

垂直整合

現年六十七歲、已有五個孫子的珊卓不敢去看心臟科。她說：「我的心臟有毛病，但我不想知道是什麼。」在我們第四次見面時，我請她做身體掃描，以便在心理治療中直接運用覺照練習。在應該把焦點專注於胸口時，她出現了恐慌症狀。由於此時她的專注於胸口，我們很自然地認爲她可能是擔憂失去與家人的珍貴關係。但是最終在治療中顯現出來的問題，卻是她始終沒有化解很小的時候就失去父親的痛楚。她從來沒有想過這件事，不曾有過經由叙述的「理解」歷程，也不曾與兄姊或母親分享過喪失父親的感受。她反而「跟脖子以下切斷關係」，目的就是爲了不再有感覺。我們後來明白，事實上她是害怕覺察到自己破碎的心。

徹底感受感官知覺可以讓身體的智慧進入心智。垂直整合讓我們可以開始解開糾結的，未化解的，喪失與固著的適應狀態，得以完全沉浸於自己的感官知覺，從中獲得生命力。我們必須獲得來自身體的所有感官感覺，才可能使人生有連貫性，而理解自己的生命故事。

垂直整合指的就是將分布全身各處，從頭到腳的神經回路，在功能上連結起來。此處的重點是如何將身體輸入的資訊經由脊髓與血液往上傳送，而進入腦幹、邊緣區域及皮質層，以形成一個垂直整合的回路。你或許不解這到底是什麼意思，或爲什麼有這種必要，身體本來不就跟大腦「連結」起來嗎？但是我們的意識確實有可能不去覺察神經的啓動。因此將身體資訊輸入置於覺察的焦點，將改變我們的處理方式：意識將使我們得以選擇與改變。

許多研究都顯示，身體會直接塑造情感狀態，身體與情感會交互作用，影響我們的思考與決策。對身體輸入的資訊加以排斥或忽視，都會導致心智軸心無法任意獲取輪框上所有的感知。在這種情形下，因爲接納狀態受到阻礙，失去彈性，我們不可能保持覺照。當一個人處於這樣非整合的狀態，就很容易陷入僵化的模式，或突如其來的混亂中，遠離身心健康的FACES之流。以珊卓來說，她發展出固著的適應方式，排拒身體的感官感覺，受困在沒有太多深刻意義的人生裡。她的恐慌發作則顯示這樣過度控制的固著狀態很容易就會破裂，而陷入混亂、爆發成恐慌症。

在心理治療中，你可以在一次晤談中專注於垂直整合，先鼓勵病人只要單純注意身體的感官感覺就好。完整的身體掃描包含循序漸進地從腳趾到頭部，讓感覺充滿病人的覺察，並讓軸心放射出去的輪輻停留在輪框上的六種感官感覺區域。你可以請病人只要在覺察中「徹底感受」這些感官感覺，在一個感覺出現時「從善如流」，幫助他暫停下來，把心智聚焦在垂直整合上。請注意，「只要感覺」不同於「只要注意」，因爲它們所動用的是兩種不同的覺察流，一種是感受，一種則是觀察。在完整的整合中，所有覺察流都應該彙整並平衡。但當一個人採取侷限的適應模式，排拒感覺時，如果要求他留意，而非感覺，頂多只能讓他注意到身體，但不能直接感受身體。

如我們在圖4.3（頁95）及圖6.1（頁138）所看到，當一條輪輻連結到輪框上某個元素，例如身體六種感官感覺上的一點時，可能同時會將輪框上的「資料」輸入四種覺察流的一種或全部。這四股覺察流都很重要，也都在覺照覺察中扮演很重要的角色。但就珊卓而言，一開始她根本不可能感受直接的「感官感覺」，而不會有驚恐的反應。因此我們先聚焦於「身體重要性」的概念，接著，慢慢前進，幫助她從比較遠的觀點「觀察」身體，例如留意全身的狀態，而不是直接感受胸口的感官感覺。「認知」這個覺察流有時候很難用語言直接描述，而會以像是頓悟的形式出現，可能是觀點的改變，或一種深刻而難以形容的清明感受。就珊卓而言，直到最後我們才從腳跟腳踝開始，再到她的呼吸，慢慢進入「感官感覺」的覺察流，讓她準備好聚焦於心臟。

每個人都有能力轉移覺察，以防止大量輸入的初級資料，讓我們覺察到自己的感官感覺。但垂直整合就是要刻意將注意力聚焦在身體的感覺上。這種方式會不會顯得太刻意，而不適合放在覺照覺察的架構裡？我自己進行心理治療時的想法是，爲了幫助瑪麗擺脫因迴避身體覺察，而造成的由上而下的奴役，就必須刻意專注於大腦對覺察輪某些部分的自動排拒。「充分感受」的方法正好可以同時幫助個案跟自己，抵抗這些不讓我們與自己同頻的次級力量。如果你覺得這樣策略性的「激發大腦」方法不適合放在覺照的架構裡，或許可以轉而強調「反思」及其包含的接納、自我觀察與反身覺察三要件。

有了反思能力後，珊卓開始檢視她的歷史。在從來不曾有過的開放整合的狀態中，她發現有關父親過世及人生的某一些面向逐漸浮現出來。在治療進行到某一階段時，她說她已經準備好「回去我的心臟」了，因此我們再度嘗試全身掃描。這一次她可以將覺察移到胸口，而不會有恐慌反應，但她突然湧出強烈的淚水與哀傷，父親的影像浮現，她終於能叙說她的哀悼與對父親的想念。她過去一直恐懼面對的破碎的心，現在能夠在我們共同的工作中，正面迎向她的失去了。

生活中的次級適應方式可能讓我們陷入未化解的創傷或喪失、焦慮感、迴避及麻木中。有了垂直整合，我們就能反思身體的感官感覺，充分加以感受，讓它們走完自然的演變道路。這是反思令人訝異的特徵：當我們暫停下來，充分覺察感官感覺時，心理的整合似乎就會自然出現。

水平整合

五十歲的律師比爾在妻子安妮的要求下來找我，因爲她認爲他可能有某種「同理缺陷」（disorder of empathy）。當他們一起來時，安妮說她已經不知道如何挽救這段關係了。比爾卻戲謔地說，他不知道她在說哪一段關係，語畢，只有他覺得好笑。從伴侶治療可以明顯看出比爾對安妮的感覺很不敏感。尤有甚者，比爾似乎也覺察不到自己的情感活動。他的覺察似乎僅限於物理世界，絲毫不會覺察到主觀的心智世界，而這種覺察模式主要由右腦主導。

我們的左右腦並不容易互相對話。左腦線性的、邏輯的、語言的、字面的思考，並不能直接連結到整體思考的，以影像爲基礎的、非語言的處理情緒／社會歷程的右腦，也不能被右腦輕易接收。如果一個人缺乏左右腦同頻的狀態，就很容易覺得欠缺什麼，如安妮多年來的感覺一樣。幽默感很棒，但是只有在別人感覺被包容其中時才適當。許多人不知道親子依附歷史可能創造出在第9章討論的各種適應模式，而阻止左右腦整合，導致一邊半腦居於優勢，壓過另一邊半腦。在這種情況下，他們倆人似乎都傾向於一邊，卻又正好不同邊。

安妮跟比爾要做的工作是檢視自己的人生歷史，以了解自己的適應方式如何將他們困在受損的水平整合中。比爾的「成長方向」，他在治療中要努力的焦點，是要學會更能覺察他的覺察輪上，非語言、全身的、情緒的右腦主宰的資訊。安妮的挑戰則是要用語言來描述及標示自己的內在世界，以獲得更多的沉穩狀態。這顯然是要有策略地「激發」大腦，以提升他們的覺照。

學習基本的反思技巧對安妮跟比爾都帶來很大幫助。我希望他們藉由發展中央前額葉區域的整合性神經纖維，而擴大自己的容忍限度，接受過去被自動化關閉的感受與反應。也就是擴大軸心，使其能接納輪框上出現的一切。我花了很多時間與安妮及比爾一起聚焦注意力，讓比爾能更清楚覺察自己的心像與感官世界，也讓安妮學會稍微拉開距離，對自己的反應加以區辨，而非像過去遭強烈的反應淹沒。

當安妮與比爾都獲得新一層次的反思覺察時，便能充分與對方同在，說出他們在當下眞正的經驗。這種人際同頻帶來的放鬆感，在晤談室裡彷彿觸手可及。這自然演變的歷程似乎是從內在同頻開始，進展到嘗試重新連結。在這個案例，很幸運的是他們能夠懷抱善意面對對方，因爲他們看到彼此都全心全意要做好內在功課，修補人際關係。

比爾跟安娜的例子顯示，我們其實可以經由各種可能的機會之窗進入一個系統中。他們經由剛開始的努力而互相連結後，還需要深入構成各自身分認同的適應方式，解開重重的情緒、記憶、敘述主題，以及各種侷限的適應方式。結果他們看到自己都是尋求連結的倖存者，幸運地找到彼此，獲得了一輩子都在渴望的眞實的接納。

在比爾的歷史中，冷淡而疏離的父母讓他經歷了情感孤立的童年。對他而言，家庭缺乏情感溝通讓右腦欠缺互動的營養，因此他的成長傾向左腦：邏輯與線性思考，缺乏對自己內在世界的感受。如德西提與夏米奈（Chaminade）所確認的：

> 表徵自己思緒與表徵他人思緒的能力，兩者密切相關，也有相似的大腦運作源頭……因此我們可以合理假設，自我覺察、同理、認同他人，以及更廣泛的各主觀經驗之間的互動，都要大量仰賴我們出生後最先發展的右腦的資源。

對比爾而言，治療目標是讓他整合居於主導的左腦模式，以及相對發展較差的右腦模式。讓他經由練習，學習專注於非語言世界，開啓心智軸心。接收過去無法覺察的身體感官感覺、心智及人際關係等，都能幫助他自由地體驗自己的內在世界、與安妮連結。

水平整合包含連結左右半腦的神經系統，以及連結在同一半腦中，結構上相似水平層次的神經回路。例如在雙邊整合層面，就是要連結左腦模式輸出的邏輯的、語言的、線性的與字面的資訊，以及右腦模式對視覺空間影像、非語言的、整體的情緒的表徵。隨著水平整合而出現的，是新的認知方式，一種雙邊平衡的意識。當水平整合把處理感知與思緒、感覺與行動的層層歷程全都結合在一起時，我們的自我意識便能擴大。

在心智軸心中，專注於感覺這些不同的心理模式可能帶來很大的幫助。如前面所見，用語言加以標示不但是覺照的一部分，也有助於我們在面對他人或自己的難過表情時，平衡大腦的啓動。既然右腦擅長影像，而左腦擅長語言，我們不難理解以影像爲基礎的反思思考確實可能讓右腦模式居於優勢。

右腦模式同時還擁有全身的整合地圖，因此在身體掃描與呼吸覺察覺照練習中，也可能是在運用傾向右腦的功能。完整的覺照包含了雙邊的整合，讓我們不至於迷失在影像或身體感官感覺中，而是能開放自己，將它們充分吸收，同時仍能加以留意註記及描述。有些研究顯示，留意與描述經驗等，比較有距離的觀察功能，可能跟左腦模式有關。因此左腦與右腦在覺照覺察中都扮演了很重要的角色。不偏向任何一邊的整合是覺照覺察的推動力，也是促使心理健康成果在心理治療中出現的助力。

記憶的整合

在記憶整合中，我們要將一開始記錄於隱性記憶中的記憶，融入到下一層的顯性記憶中。我們的心理模型會把以感知、感覺、身體感官知覺，以及行爲衝動等形式存在的隱性記憶的拼圖片段交織起來，產生新的一群群的顯性事實與情節記憶。而僅止於隱性的記憶在整合到顯性記憶之前，則會感覺像是「此時此地」的現實的感受、感知與行爲衝動。但在記憶整合後，這些顯性形式的記憶就會顯得有道理，會在再度喚起時，感覺像是來自過去。

我在幫助一個二十六歲、因快要畢業而極度焦慮的商學院學生艾琳時，就面臨到這類記憶的問題。有家公司提供她一份工作，但是她很害怕一旦接受很有挑戰性的職位，會「跌個狗吃屎」。我們剛認識時，她似乎很缺乏內在空間，難以將自己與自己心智活動區隔開來，難以辨別這些不過是心理事件，並不等於她。

我發現她可能是自我調節技巧不足，因而難以清楚思考這項職業上的決定。我在評估確定她的恐慌並非由內分泌或心血管等生理疾病、情緒疾患、創傷後壓力症候群或強迫偏執疾患等問題導致之後，便提議讓她更了解自己的心智，或許會有所幫助。

我利用第十三章說明的反思技巧練習，教導她基本的靜觀冥想能力，以便展開意識整合的工作。如前面所言，冥想其實就是培養心智。我認爲幫助艾琳發展心智軸心可能會促進她前額葉皮質神經連結的生長。艾琳對這些覺照技巧的直接運用反應很好。我提議她嘗試每天早上「冥想」大約十分鐘。病人有時候會擔心需要很多花很多時間冥想。其實規律更重要，因此對於無法投入大量時間的病人，尤其是還在校讀書的學生，每天短暫的冥想，有助於激勵自己主動積極地投入治療計畫。事實上艾琳覺得冥想十分有幫助，還會在午餐後找時間，坐下來專注於呼吸。以下是較簡短的冥想指導語的例子：「專注於呼吸上，如果注意力分散，而你留意到了，只要溫柔地將注意力拉回到呼吸上就好。專注在呼吸上，可以創造同頻的狀態、穩定心智，帶來令人鎮定的自我觀察的意識。反覆將注意力焦點集中在呼吸上，可以讓你愈來愈能覺察自己的覺察。」

我們在晤談中從簡單的呼吸覺察，進展到開放接納地覺察出現的一切時，我請艾琳告訴我，當她想到工作時心裡出現什麼。當她提到財務跟周邊問題等等我們已討論過但毫無益處的議題時，我提議她單純去覺察身體。她停了下來，開始顫抖，抓住一隻手臂說：「好痛！怎麼回事？」我建議她只要「從善如流」，看這感覺會帶她去哪裡。那疼痛從手臂移動到下巴。從臨床上來看，我們應該注意她是否有心臟問題，但是這疼痛是來自外部，只在皮膚上，不是胸腔裡。接著她握住下巴，哭了起來。很快艾琳描述心裡想到什麼：她回憶起小時候曾從腳踏車上摔下來，摔斷了門牙跟一隻手臂。當她充分體會這些感官感覺（垂直整合），並以語言說出這些影像（水平整合）時，便開始檢視過去感覺像發生在此時此地的經驗，隨著晤談進展，她逐漸感覺自己其實是記起了往事。這就是記憶整合。

隱性的身體疼痛感覺，以及從中學來的「如果你嘗試令人興奮的新事物，就會跌個狗吃屎而摔斷牙齒跟手臂」的心理模型，一直深藏在艾琳腦中僅止於隱性記憶的表徵裡。在完成學業與得到絕佳工作機會這樣令人興奮的時刻，這項隱性的模式卻浮現出來，讓她恐慌而動彈不得。透過一層層的意識、垂直、水平與記憶的整合，她終於能擺脫過去建立的由上而下的牢籠。她不但能接下新工作，也不再像以前一樣畏懼戀愛帶來的興奮，因爲她已經能夠區別這些心理事件只是過時的教訓，是過往留下的遺跡。

在覺照覺察中，我們可以觀察到隱性記憶的元素。過去這些記憶可能會以豐富的感官感覺將我們淹沒，但現在可以辨別出那只是早先經驗的成分。不再將隱性記憶認同爲等於自己，可能是將記憶整合到顯性形式的第一步。也可能是化解創傷的關鍵步驟，讓創傷導致的飄忽不定的，會入侵個人生活的破碎片段與記憶重現的隱性記憶元素，整合到更廣大的自傳性記憶裡。

敘述的整合

對於在水平整合中談到的安妮與比爾來說，深入人生故事是有深度療癒效果的經驗。伴侶晤談的一個優點是可以發展兩人共同的心智軸心，讓一人的覺察輪輪框上的元素，可以爲另一個人的軸心所接收到。這種「我們覺察輪」似乎能觸發共同的覺照，帶來深刻的連結。安妮跟比爾在各自的生活裡，都能感受到對方在原生家庭中因爲同頻的基本需求不被滿足，而必須設法適應的痛苦。各式各樣的不安全依附，其實是我們因爲連結需求無法得到滿足，而發展出的適應方式。

當照顧者看不到我們的心智，與我們的內在世界沒有共鳴，無法在臉上映照出眞實的我們，我們就會萎縮到長期的缺乏連結狀態中，無法淸晰地覺察到心智本身。比爾因應情感疏離的父母而發展出的適應方法，在成年後依舊跟著他，讓他的心智軸心無法獲取五種基本感官感覺以外的東西：他無法感覺身體，無法知道自己的心智，也無法感受到與他人或自己的連結。他看不到自己的第六、第七，以及第八感，這種盲目也顯現在他無法開放接收到安妮的這些面向。他無法接收到她的身體訊息，無法與她的內在世界同理，所以不可能感受到他們之間缺乏共鳴。他說得沒錯，他對於彼此的關係確實毫無頭緒。他所欠缺的頭緒，就是腦中的整合性神經回路。因此當我試圖跟比爾說明何謂同頻時，他甚至難以了解。

我們可以理解安妮爲什麼會認爲比爾有同理障礙。幸運的是，比爾之所以欠缺心見，並不是因爲基因上的缺陷，而是來自於生命經驗中的排拒型依附。幸運的是，這是可以經由經驗——在這個例子中，是經由心理治療——而改變的個人特質。

安妮的人生敘述則大不相同。她的故事不像比爾那樣缺乏自傳性記憶的細節，或堅持「人際關係過去不重要，現在也不重要」的「垃圾」裡。父親的酗酒，以及母親在她十歲時離婚後的焦慮，都讓她充滿不確定感。母親很依賴她，把她當成大人一般，讓她除了照顧兩個年幼的弟妹，還要照顧母親。當安妮找到能「自立自強」的比爾時，覺得簡直是夢想成眞。我們經常會喜歡上適應模式互補的人，但是當我們開始邁向整合，更能接觸到這些由上而下的敘述主題背後的原始自我時，就會發現對方這些表面上的特質，正是我們無法忍受的。安妮需要的是可靠的連結，而不是切斷連結。基於小時候的經驗，我們不難理解她一開始會喜歡比爾不涉入他人生活的態度，但是現在這種態度卻讓她非常沮喪。

當我們探索他們各自的人生敘述時，便會發現這些適應模式就是他們人生故事的主題。這些身分認同會一輩子跟著我們，但是覺照覺察讓我們得以深入背後。比爾跟安妮就利用他們在治療中，經由覺照練習發展的反思技巧，終於能接觸到這重重的次級適應模式背後的原始自我。所以敘述的整合是一種深刻的、融合身體與情緒、清理我們過去深陷的泥沼的歷程。

敘述整合讓我們能編織出自己人生的故事。這個領域的整合會動用到人類獨有的說故事能力。大腦的左半腦似乎有一種驅力，會運用基本的神經能力去對神經地圖加以分類、排序、選擇，而編織出一個故事，來解釋生活中種種事件之間的邏輯關係。一個故事可以定義爲是以線性的方式敘述一連串事件，同時包含角色的行動與內在心智生活。抱持覺照敘述自己的故事，對於人生中未化解的問題會有很大的療癒效果。依附研究顯示，要預測一個孩子是否與父母有安全依附，最佳的預測指標就是父母自己的人生故事是否有「連貫的敘述」。一個連貫的敘述基本上是能以深刻而眞實充分的方式，理解自己人生的故事[3]。對我們隱約所知的適應方式故意忽略，可能會導致固著的敘述架構，而侷限在自己的故事主題裡，妨礙眞正的整合，也阻止連貫的敘述。第九章有關反思連貫性的討論說明了這種連貫敘述歷程的本質：在保持覺照時，我們得以進入心智覺察輪上的所有部分，能夠理解記憶裡的任何元素，以及可能持續出現的任何感官感覺。有趣的是，依附模式的研究者也發現，親子之間有同頻關係時，和父母有連貫性敘述時，同樣會出現一種「反思功能」[4]。因此叙述整合很可能是覺照覺察的反思連貫性中不可或缺的一部分。

在心理治療中，轉變到比較能接收自己內在本質的狀態，可以幫助一個人逐步邁向「贏來的安全」依附模式，使其人生叙述變得連貫。在這個歷程中，一個人通常要能進入開放的流動狀態，接納發生的一切，而不侷限於自己的適應方式所認定發生的事。覺照覺察與連貫叙述的相似性帶來很大的啓示，顯示反思與神經整合可能是兩者共通的核心。父母如果有覺照特質，通常就能準確預測他們本身會有連貫的人生叙述，其子女則會有安全的依附模式。我們的治療模式就是以此信念爲核心：當我們促進人際同頻的安全依附關係時，就會同時鼓勵內在同頻的覺照覺察。

雖然有些人將覺照覺察練習詮釋爲「只存在當下」，而不強調對生活的叙述，因爲這些叙述會將我們拉離當下的直接感官感覺。但是我發現，結合這兩種認知方式會帶來很大的力量。個人身分認同經常會透過自己的人生叙述主題透露出來，因此正面看清這些叙述主題，有助於我們在覺照中化解這些由上而下的影響。同樣地，區辨力會讓我們獲得心理空間，以便注意構成人生主題的元素，而不被它們誘惑淹沒。光是回憶過去，尤其是回憶創傷事件，可能不會帶來任何幫助，甚至會帶來更多創傷。但是叙述整合可以幫助我們在回憶時，專注於加深對過去事件的了解，並且完整地接納記憶中的痛苦感官感覺，更充分地吸收這些記憶，然後化解。心理治療中的療癒就包含感受記憶，讓我們在整合歷程中體驗情感與身體感覺的質地，從原始而侵入性的未化解狀態，邁向開放而抱持覺照的化解的存在。這樣的「理解」歷程，絕不只是用語言「解釋」事物的知性練習，而是會由身體充分體驗，創造新的領悟，讓未記憶的舊元素帶來新意義。「理解」人生，加上區辨力，能讓我們充分將記憶整合到人生故事裡，更自由地進入當下。

我們的人生故事並不等於我們。當我們消化理解自己的依附歷史時，會感受到故事的感覺；將它視爲故事加以觀察，但不等於全部的自己；構想出這個故事所反映的依附立場，並從本來自我的深處，認知在這所有適應與掙扎之下的原始自我。在人生故事底下，才是根本的我們。

在這個具有區辨力的覺照深處，四股覺察流會同時注入自我認知的意識中，讓我們能將過去、現在、未來連結起來。這些覺察流匯聚起來時引發的笑聲與釋放的活力，是具有感染性的。安妮與比爾終於能夠一起大笑，因爲比爾學會了親密關係的眞諦，而安妮也能夠發展自己開闊的軸心，欣賞她多年來一直珍惜的比爾的特質。他們兩人終於能找到依附自己跟對方的完整感受，不再孤單，這是他們從一開始踏上旅途時就一直期盼的。這就是敘述的整合，以及連貫的心智、當下的存在、完整、接納自己或別人心中出現的一切。

狀態的整合

十三歲的珊蒂來跟我晤談，因爲她經常很恐懼書桌的桌角，擔憂鄰居游泳池裡可能出現鯊魚。她在學校表現很好，有很多朋友，也跟父母處得很好，但是過去六週以來，她深受這些恐懼困擾。我擔心她或許發展出強迫症的非理性思考，先排除了可能引發此種症狀的鏈球菌感染。此外她最近的生活中也沒有發生什麼重大的改變。

我教導她基本的反思覺察技巧，她很快就能覺察自己的呼吸，覺察轟炸自己的思緒和擔憂（「感覺像是我可以從外面看著我自己」）。在幾次晤談跟在家裡的持續練習後，她開始能感受這些非理性的思緒都只是心智的活動，而非全部的她。但是光是這樣的區辨本身並不能改變這些憂慮的存在，只能減輕其程度。

我結合了好幾種治療強迫症與焦慮症的方法，提供她一種觀點，把她腦中掃描危險的一整套神經回路視爲「檢查員」。我們討論到這個檢查員系統一直在保護她的安全，因爲她會掃描周圍是否有危險，讓我們警覺而恐懼，並動員我們去採取行動。掃描（scan）、警覺（alert）、動員（motivate），這三個字剛好構成「SAM」。我們也討論到珊蒂的檢查員系統似乎對工作太過熱中。我告訴她：「就像一個朋友可能跟妳有相同的興趣，例如騎腳踏車吧，可是她想連續騎三十六小時，妳必須跟她商量，或許只要騎三小時就好。其實這個檢查員的目的跟妳一樣，她也是想保護妳的安全。」

我們於是開始了用覺照覺察發展區辨力的計畫，讓她首先注意到檢查員的活動，但不需要設法改變。就如前面所說，光是了解大腦結構會參與心智的運作，就會提升類似區辨力的心智上的距離。加上覺照練習之後，能進一步看到檢查員的活動並不等於一個人的全部。接下來，珊蒂必須與檢查員進入內在對話，將內在事件加以標示，並與她們積極互動。「我知道妳愛我，想保護我，但這眞的太超過了。」在第三個階段，她要逐漸減少彈指雙數次數的儀式行爲。這種儀式背後的自動化動機是要「確保不會有壞事發生」，她相信如果不做這些行爲，一定會發生壞事。你可以想像，彈指已經變成珊蒂一天從早到晚不停的儀式。當她一小時彈指十幾回，每回彈十二次或十四次，結果眞的沒有發生什麼壞事時，她的心智就會深信是這個行爲救了她。而當你覺得很驚恐，又不得不一直彈指或做其他強迫行爲時，當然很難專心上課或跟朋友家人互動。

在由傑佛瑞・史瓦茲（Jeffrey Schwartz）與同事進行的研究中，也用到以覺照爲基礎的強迫症治療方法[5]，顯示「談話治療」可以改變大腦的運作，並減緩症狀。當個案學會這種以覺照爲基礎的技巧後，復發的情況較少。相反地，使用藥物的人在藥物治療停止後，症狀反而更常出現。

強迫症就是狀態整合受損的一種。個案可能有毫無憂慮的正常狀態、程度不等的憂慮狀態，以及被檢查員、被嚴重恐懼驅使的狀態。我的一個青少年病人就把強迫症的英文縮寫 OCD 轉化成：過度活躍的檢查員工作中（Overactive Checker Deployment）。病人若能了解大腦創造恐懼與擔憂的神經回路可能過度活躍，就會理解這些狀態之間的衝突。認識這種檢查員，並學習區辨的覺照技巧，就能幫助他們脫離內在聲音帶來的壓迫與絕望，轉而獲得脫離牢籠的勝利感與解放感。

當我們更深入覺察生活時，便會意識到自己其實有許多截然不同，而且經常互相衝突的心理狀態，因此「狀態整合」的需求便會產生。一種心理狀態其實包含了一整群的神經啓動模式，這些模式會在當下擁有暫時但強大的力量。心理狀態會將我們分散於各區域的歷程組織起來，像是一種黏著劑，將當下神經啓動連結起來，使大規模的神經群集組合穩定下來，成爲一個功能性的整體。此外我們還有各種自我狀態，包含了持久性的神經啓動模式，例如打網球的我、讀書的我、做愛的我或健行的我。這些反覆出現的存在模式都包含著一段演變的歷史，並伴隨一套規則跟很容易取得的記憶（隱性及顯性的）。

一般青少年都會在剛進入青春期時出現自己無法覺察的各種狀態，並因狀態互相衝突而感到緊繃，接下來他會開始感受到衝突，並逐漸化解狀態間的緊張。所謂健康的發展是能認知並接納自己在這些不同心理狀態中，所滿足的各種需求狀態與生理驅力。在這種架構下，也包含了接納並整合自己不同的自我狀態。這種方式的狀態整合，似乎跟覺照覺察不可或缺的「COAL」態度非常相似。當我們能接納不同的存在狀態，也就能學會愛不同樣子的自己，而不是執著於理想化的、應該如何的自己。

時間的整合

湯米在年滿十二歲時，開始耽溺於有關死亡的念頭。幾年前他因爲失去很親近的舅舅，而出現一些問題，當時我就跟他晤談過。現在他深信自己會死於天災。即使是不擔憂災難時，也「一天到晚」都在想年老而必須面對死亡時，會是什麼樣子。他說自己無論如何都無法把死亡趕出腦海之外。我們談論了他的憂慮，而他問：「如何能確定一切都會沒事？」這是很大的問題，是身爲人類的我們都必須面對的基本問題之一。

「爲什麼我們要知道自己會死？」他問，眼睛盯著我。

我知道這是所有人類都會有的，由大腦前額葉發出的存在問題。我可以感覺到他的痛楚。我們在幾次晤談中討論舅舅與他的生活後，他的憂慮仍無法緩解，因此我決定介紹他一些覺照技巧。他對冥想練習的反應很好，說：「從來沒有覺得這麼平靜過，眞的太不可思議了！」我們談到心理之海，還有身在海平面之下的意識等。他可以把擔憂視爲只是海面上的腦波，看著它們或進入或離開他的覺察。

我們在接下來幾次晤談中練習靜觀冥想，他也在家裡，每天早上花大約十分鐘練習。最後他終於能將擔憂視爲心智表面上的活動，而不等於他整個的自我認同。他可以從寧靜的心智深處觀看，並留意這些擔憂進出他的意識覺察，而不必爲它們所淹沒。他可以只是注意這些憂慮，而不加評斷，讓它們飄走，而自己仍停留在心智深處那個寧靜的地方。

很快地，湯米就有了一項發現：「我發現，如果有人認識我，例如家人或朋友，那麼當我死掉的時候，我不會消失不見。有人知道我，讓我覺得鬆了口氣。我不再擔心了。」

我們安靜地坐著，一起反思這深刻的領悟。他睜大了眼睛說：「如果有人知道我，我就不可能消失。當我死的時候，我只是變成萬物的一部分。」

我點點頭。

「我會對這點好好沉思一番。」湯米說。

晤談在此結束。我心想，我也會對此好好沉思。

我們眞的從病人身上獲益良多。當我們結爲盟友，不論是病人與治療師，或老師與學生，就成爲人生路上的旅伴。問題是永無止盡的，我們只能持續在每一刻開放接收出現的一切，不論是痛苦與歡愉，困惑與清明。

當前額葉皮質在生命頭五年內逐漸發展時，我們同時擁有了意識到未來所帶來的機會與負荷。學習在生活中覺察時間的短暫，是時間整合的重點。這項整合包含的三個關於時間的面向是：無常、有限、死亡。我們可以完全浸淫在當下，但前額葉皮質總會提醒我們「這一切都是短暫的」，就像我在靜思期間，在森林裡漫步時一樣。它總是確保我無法忘記死亡會改變一切。前額葉皮質的這項執著可能會嚴重妨礙我們享受生活，也會讓時間整合成爲一個人在蛻變過程中的焦點。當我們領悟到萬事萬物不斷在變化，也會強烈地覺察到萬物無常，沒有任何事是可以控制的。

萬物無法被充分預測，無法被依序排列，這種感覺對左半腦而言尤其恐怖。或許我們需要右腦的存在模式，才能獲得覺照覺察中接納一切的安適感，以直接面對時間整合中的無常與有限的問題。或許湯米的右腦想出的解決方法——被他人所知——可以讓我們覺得屬於宇宙間的整體，更泰然地面對死亡。這時即使是死亡不可避免的現實，也可以出現在覺察輪框上，而被留意並歡迎。時間整合會直接喚醒覺照的存在感，使我們積極面對前額葉皮質執著的深刻的存在問題。

人際整合

在生命最初，在開始擔心死亡以前，我們只會體驗到存在。我們會感受到最初的完整感，感受自己屬於子宮中沒有區隔的世界裡，無法分割的一部分。這種狀態可以稱之爲「存在的基礎」。我們所有的生理需求都會得到滿足，而「僅只是存在」是極其自然的狀態。但是一旦出生之後，我們開始爲生存奮鬥，發現人生變得不同又艱難。我們不能只是存在，必須開始做一些事。不論照顧者有多仔細，我們還是會發現身體失去了完整感：我們需要，我們想要，我們肚子痛。每當受到挫折時，似乎都必須經歷漫長的等待，才能等到仰賴的人來紓解我們的痛苦，滿足我們的需求。我們需要別人，必須依賴他們給予慰藉，並幫助我們生存。爲了化解所有人都必須面對的，最初的「存在的基礎」及現在的「身爲世界上的一個人」，兩者之間的衝突，與他人同頻是唯一的希望。我們必須緊緊抓住他人，才能擁有寶貴的生命。

我們在此看到，天生設定要與人連結的大腦就是經由「人際整合」這個重要的方式，讓我們覺得能立足在這個世界上。同頻不是奢侈品，而是個人要存活與茁壯的必需品。當我們的存在與別人的存在連結在一起，當我們彼此傳遞能量與資訊而產生共鳴，我們就在人際整合的中心創造了同頻的狀態。這樣安全的人際同頻可能會創造出整合狀態，而促使內在同頻與覺照成爲一個人持續的特質，因爲安全依附、覺照，以及中央前額葉功能的相關神經活動，與心理健康中的人際關係、心智及神經面向，兩者是互相重疊的。

當我們抱持覺照覺察時，會進入比較接納的狀態，而能與他人產生肯定自我存在的共鳴。但如之前所述，覺照也包含了與自己的同頻，讓深刻的自我內在共鳴可以支持，而非取代，一度完全仰賴他人的人際連結。我們因此成爲自己最好的朋友，也與他人建立完滿而接納的關係。所有的臨床關係都是建立在同頻率這個核心上。就像湯米的領悟一樣，我們的心智會互相共鳴，所有人共有的憂慮的最深刻層面會彼此共舞。湯米的領悟，他的觀點的轉變，正是內在同頻率這種形式的覺照的精髓：我們終於認識了自己。

安妮與比爾發現他們固著的適應方式限制了對彼此開放同頻的能力。他們兩人都必須進入反思的整合歷程，整合水平、垂直、記憶與敘述等多項領域，分別找到超越連貫敘述的「本來自我」。他們因爲敞開各自心智的軸心，以新的方式一起進入「存在的基礎」，以原本不敢奢望的方式互相連結。

瑪麗早期受虐的經驗讓她感覺孤立，不論在內在與人際上都缺乏連結，心智的軸心變得支離破碎。但在她找到途徑，達成基本的意識整合，並療癒心智軸心之後，終於能感受到許多受到家庭創傷的人常有的背叛感與羞恥感。她學會正視嚴重缺乏同頻與不當對待所衍生的羞恥感，以及深植其中的自我缺陷感，並將這些有毒的自我意識視爲只是覺察輪框上的元素，並不等於她的自我。對瑪麗而言，擴大的軸心讓許多層面的整合都能進入生命，讓她能理解自己的經驗，而覺得更清明、自由，開放地面對當下。

就是心智中這樣開放的空間，這個反思而開闊的軸心，讓我們能充分與他人交流。覺照覺察的美好之處就在於它清出了一條路徑，通往內在及與他人的直接連接。當我們進入心中的連貫狀態時，當我們放鬆侷限性的人生敘述帶來的固著糾纏，進入身心健康的FACES之流時，就能自由地存在當下。這種存在會帶我們來到存在的基礎，來到生命最初的本來自我，讓我們在如呼吸般自然的流動裡，給予並接受。

昇華的整合

當我愈來愈習於以這些領域的整合作爲架構，與病人同在時，我發現新的整合形式隱然出現。這個面向的整合像是橫跨了其他所有領域，因此我以「昇華的整合」來表示這種「升起而跨越」的感覺。昇華整合似乎包含了個人超越身體的侷限，而屬於更廣大整體的感覺。這時候你不僅像在人際整合中覺得與他人連結，而會感覺到深刻的慾望，想要參與、幫助他人的義舉。這種超越身體自我，而屬於跨越時間與空間的某種事物的感覺，似乎就像是瓦解了我們在第七章提過的，愛因斯坦所說的「彼此分隔的視覺幻覺」。

就如先前的討論，覺照覺察不僅包含拋棄評斷，還包含進入本來自我，讓人能感受到自己在各種適應方式之下的赤裸自我。擁有這種新的更深刻的原始自我意識後，屬於更廣大整體的感覺便可能油然而生。缺乏了反思，我們可能不僅困在彼此分隔孤立的視覺幻覺裡，還會困在影響個人身分認同，形塑我們人生旅途的，固定的規則與心理模式裡。但有了覺照覺察的反思能力，我們就能一瞥更深刻的現實──不是取代身分認同，而是讓它更加擴大。

同樣的道理，有了昇華整合後，自我意識也會隨之蛻變。昇華整合會開啓心智，進入另一層次的感知。神聖的感覺會充滿我們每個呼吸，我們的核心，我們在人生旅途中的每一步。當我們跨越所有整合領域時，會看到自己超越了侷限我們視野的時間與空間。昇華整合讓我們的視線超越眼前的事物，看到我們也屬於久遠以前的一切，以及在生命結束，軀體消失後將來的一切。昇華整合讓我們看到自己會在別人的生命中，以及身後的世界裡，留下永恆的足跡。

將昇華整合視爲各種整合的面向之一，可以幫助我們了解爲什麼它會同時出現在冥想與宗教的修行裡，以及有關幸福與心理健康的非宗教練習裡。

覺照覺察會促進神經的整合。今天的我們比以往更迫切需要有科學依據的觀點，來鼓勵整個社會反思，提升人與人的同理與關懷。本書所提出的覺照大腦所扮演的整合角色，或許就能幫助我們找到共同的起點，促進生活中的反思。這是爲了現代的我們，更是爲了將來的世世代代。

後語：對「反思」的反思

我們終於來到了同行的旅途最後一章。我們一路深入探究了有關覺照大腦的想法、直接經驗、科學，也對其實際的運用有一些簡短的反思。在此我們要稍微對「反思」本身做一些反思，檢視反思與道德的關係，以及如何藉此培養對彼此的同情。

反思與道德感

當覺照大腦發展形成時，區辨力也會更加鍛鍊成形，我們發現隨著覺照覺察而揭露的原始自我當中，有一項深刻的啓示：在瑣碎的心智活動之下，我們所有人其實都共有核心的人性。在我們的思緒與感覺、偏見與信念之下，隱藏著一個根基穩固的、屬於更大整體的自我。

我們不需要意識到超越心智的某種東西，只要認知道事實上我們同屬於一個物種，是生物界的一環，是大自然的一部分。這種赤裸的覺察——這種本來自我——是所有人共有的。我們都有這樣的「本來的自我」，是所有適應方式、信念與記憶底下，堅實的核心精髓。從這樣覺照生活的自然覺察中，從這樣的區辨力中，會自然流洩出一股主動的，可能是非語言的分析，而認爲尊重所有人，甚至是地球上所有生物的自主權才是「對」的。

在相關的神經研究方面，則是我們發現中央前額葉皮質在道德感上扮演主動的角色。這個區域在我們想像道德困境與採取道德行動時都會啓動。我們經由神經核心的整合神經連結，而意識到自己與他人，也意識到何謂正確的行動與何謂道德。

覺照覺察會使我們自然達到與自己同頻率，以及以 COAL 的態度面對經驗。同樣地，反思地浸淫在深刻自我中，也會讓我們自然地懷抱著愛，而與更廣大的生命的世界同頻，瓦解彼此分隔的錯覺。

如果覺照確實能促進共鳴回路的發展，那就不難想像我們更能與他人及自己的內在生命同頻。而這樣的社會回路很快就會創造出同情關懷與同理想像的狀態。我們會感受到他人的痛苦，而想採取行動。我們會接收到別人的訊號，在心中創造出他們的心智圖像。當我們認同覺照是以內在同頻爲基礎的關係歷程，同情與同理便是覺照自然會引發的結果。當我們成爲自己最好的朋友，也就能開放地與別人有更深刻的連結。

在區辨的概念中，我們發現，要找出何謂正確的行爲，並不需要評斷，只需要依循舉世皆同的道德方向。這個想法當然可能引起爭論，但我說的是，覺照覺察讓我們能深刻體驗到，形成個人與社群「身分認同」的社會與分析性心理所帶來的許多適應方式。而這些次級資訊會形成由上而下的，關於自傳性自我的框架，並經常在不覺察的情況下形塑我們。這種身分認同會形成一個基準觀點，影響我們如何看待世界，以及如何與彼此互動。

但事實上，最單純、赤裸、由核心堅實自我所生的區辨力會讓我們意識到，我們都「有能力」在生活中發揮同情心，能夠對他人跟自己善良而關愛。我們也有能力帶來毀滅，對彼此殘酷而漠不關心。我們可以看到，覺照覺察練習如何帶來寬廣的道德方向。

這是所有精神領袖的教誨，從基督到佛陀，從摩西到穆罕默德。在現代生活中，這些教誨或許隱諱不明。但是就如探索覺照大腦各面向的旅程所顯露的，我們對彼此的同情其實是生理的必要，超越任何團體的教義。

這個議題也讓我們想到過去從事微生物學研究，現在是出家佛教僧侶的馬修・雷卡多（Matthieu Ricardo），在他討論快樂的著作中提出的根本問題：「究竟是快樂讓人善良？或者是善良讓人快樂？」事實上，有關「快樂」以及有意義的生活的研究結果都指出，如果一個人能對他人體貼關懷，通常可以預測他會擁有快樂而有意義的生活。善良的心會在你自己，以及周圍的人的心裡創造出深刻的幸福感。

但究竟是什麼東西阻礙了這樣覺照的生活？爲什麼這個世界沒有到處充滿著有區辨力、會反思生命、與他人分享善意的人？

記憶與身分認同這些次級的影響有可能導致我們過著自動化的生活，將固定信念視爲終極的現實，並將這些世界觀加諸在其他人身上。人有可能根據衝動生活，帶來毀滅破壞，無法覺察這些信念只是心智的活動，無法看到恐懼與投射、敵意與憎恨的背後有更深刻的原始的自我。這樣無覺察的由上而下的奴役可能帶來極大的傷害，就如過去數百萬年來，我們在地球上的所作所爲。如「生命危急感」（mortality salience）的研究所顯示[1]，當我們感覺生命受到威脅時，便會更加強與生俱來的由上而下的分類歷程，將人區分爲值得珍惜的團體內成員，以及應加以懷疑攻擊的團體外成員。當我們受到威脅而高度啓動相關神經時，邊緣區域便會影響皮質層的邏輯思考，使我們毫不猶豫地相信我們的評估是對的，而「他們」肯定是錯的。

在這個充滿暴政與科技進展的時代，錯誤選擇的代價更高，因此我們更迫切需要對這些神經機制有覺照覺察，也必須以反思來脫離這些機制的自動化反應。

反思的整合

覺察是一種可以經由學習發展的技巧。我們對自己內在，以及對別人的覺察，都有可能對我們的大腦造成影響，包括好或壞的。

覺照是一種刻意的經驗，能幫助我們運用我們比喻的覺察輪「軸心」。這個心智的反思核心包含許多面向，其中三個是接納、自我觀察及反身覺察。這三個反思的面向結合起來，能讓我們獲得沉穩的狀態，並且脫離自動化歷程，創造出區辨力，更進一步引發覺照的許多面向。研究發現，這些面向包括非反射反應，抱持覺察而行動，不執著著評斷，能夠描述及標示內在經驗的內容，以及至少在冥想者身上會有的，觀察的重要能力。

將覺照視爲跟自己的一種關係，我們就可以解開親子依附、前額葉神經功能，以及覺照覺察這三個領域之間糾纏的連結。從中央前額葉區域的活動衍生而出的九大功能，同時是覺照覺察練習的歷程，也是結果。九項功能中，有七項是安全親子依附關係的成果。這些親密的親子連結中充滿了人際的同頻，讓孩子能感覺被感覺。

心理健康與教育領域的研究者對覺照的不同觀點，以及過去跟現代各種冥想練習的不同角度，都可以在將覺照大腦視爲一種關係的觀點中找到共通點。

由重複的經驗建立，並由情感價值強化的先前的學習，會壓迫我們的感知，而模糊持續輸入的，由下而上的資訊的細節。因此這些由上而下的神經啓動組合便會奴役原始的資訊流，並在我們的主觀經驗中創造出侷限束縛的感受。我們會覺得遠離感官感覺，遠離直接經驗，被囚禁在自己過往的歷史裡。

這在小處的影響是，我們走過花園，卻不會停下腳步來聞聞花香。在大處的影響則是，根深柢固的情緒反應與描述性的資訊包裹，讓我們遠離感官經驗。更加侷限我們的是，個人身分認同會創造出固定的心態，定義我們「是」什麼樣子，人生便會被我們稱之爲「個性」或「身分」的隱藏信念及模式侷限住。反思，讓我們能夠超脫這些由上而下的牢籠。反思思考會運用心像，將其視爲心智的流動的語言，破除成年之後經常自動產生的、侷限的、毫無彈性的、對經驗的描述式總結。這也顯示，不論是追求自己內在的成長或關係中的成長，我們都必須尊重直接處理「影像」的心理歷程，確實能爲生活帶來更多彈性。

覺照學習也擁抱有彈性的心理狀態，尊重不確定性，以及脈絡跟觀點的重要性。這種覺照方式的力量在於它能有效激勵學生積極參與學習歷程。這個教學方式中不可或缺的一點是學生必須覺察到自己的心理狀態十分重要，因而能消除舊有僵化的，囚禁自我，或者完全將自我排除在學習之外的心態。

在安全依附關係的親子同頻中，也可以看到同樣的面向。將覺照視爲內在同頻，讓我們得以假設這種反思覺察爲什麼能創造彈性。當生活完全被以語言爲基礎的經驗總結主導，就很難與直接感官感覺的內在層次同頻。當過去建立的描述性心理模型快速地塑造我們對世界對自己的感知，我們不可能獲得彈性，因爲我們過著由過去定義的生活，無法與當下同頻率。

要達到內在同頻，我們必須褪去這些由上而下的束縛，盡可能接近「眞正」生活的自我。但是當大腦持續在篩選神經啓動，並轉換成複雜的啓動模式，遠離「眞正現實」時，我們要在哪裡、何時，才能說自己已經到達「當下」？我們如何得知自己已經到達眞正的當下？

當我們的注意焦點與意念同行，堅實地立足於當下，我們自知已經來到當下，那是非常令人狂喜的。覺照的美妙之處，不是你因此來到特定的地方，而是反思將成爲你的心居住的家。反思會開啓次級影響之下，言語與身分之下的通道，讓我們能歇息在開放的存在當下的心智中。

存在當下雖可能帶來單純的充滿感官資訊的感覺，但它並非只是感官感覺而已，它會帶來反思的感覺：開放接納、自我觀察及反身覺察。我們會接納實際上的一切，而不只是記憶中應該如何的總結。我們觀察自己，並經由主動的覺察獲得沉穩寧靜：感覺有彈性，左右腦平衡，積極面對。這包含主動反思地，參與我們無法預測的心智在這不確定的世界裡所產生的狂野流動。在這些主動反思當中，包含著後設覺察，也就是自動化地覺察到自己的覺察，因此從深處認知心智活動的潮起潮落只是心智的習性，並不等於我們。

當我們感受到忙碌的心智所進行的由上而下的次級影響底下，那個原始的「自我」時，內在同頻就會自然產生。跟原始自我的內在同頻，能引發回到家的強烈感覺。就如詩人們一再呼籲的，我們的生活始終遠離那個一直愛著我們，卻一直遭到盲目忽視的人：原始自我。覺照正是要邀請我們歡迎那個自我，加入這場生命的盛宴。

當我們反思自己的內在狀態，便會促發經由演化而連結到他人心智的共鳴回路，而感受到意念世界的深刻本質。當我們連結起感知與行動，就是隨時隨地描繪出自身意念的神經地圖與感官經驗的神經地圖，而創造出內在共鳴，同頻的精髓。

向內反思，讓我們尊重由感官感覺與影像構成的無語言的世界。在忙碌的生活裡，這點知易行難。但我們並不是要在此呼籲大家去「做」什麼，而是希望大家獲得一種存在感，一種心理狀態。覺照讓我們有「側面」的學習方式，強調歷程勝過內容；以「直交」觀點看待現實，放掉成見，而非緊抓評斷。這都提供我們新的存在方式。

我們面對的挑戰是要將生命視爲動詞，而非名詞。我們不可能抓住流動的生命之河，不可能確保事實的確定性，或規則的一體適用。我們不但要容忍模糊不清，還要學會珍惜隱藏其中的神祕。存在是不斷移動的，永遠都在帶領我們往前面蜿蜒的道路走去。擁抱短暫人生的多變本質，能讓我們脫離牢籠，不再試圖逃避這個現實。在覺照覺察中，在心智的反思軸心裡，我們可以歡迎這個眞相進入內心，進入群體的生命。

這個感覺很難描述，或許最好的表達方式是：存在就是此時此地。不論這裡有什麼，我們——你、我、我們的父母、學生、親人、朋友、陌生人、敵人——都能包容所有的經驗，在廣闊的反思軸心裡隨著覺察流的波浪同行。這種開闊是可以共享的，我們的覺察輪可以成爲集體的令人驚異的經驗。

在這個珍貴而岌岌可危的地球上，善意之於我們的關係，就如呼吸之於生命。我們可以藉由反思，在彼此心中滋養出深刻的路徑，通往身分認同之下的深刻自我，我們所有人共有的本來自我。從這個抱持覺照的地方開始，或許就有一條道路，讓我們能從一個心智、一段關係、一個時刻開始，治癒我們的全球社區。

附錄一　專有詞彙

首字母縮寫

COAL：好奇（curious）、開放（openness）、接納（acceptance）與愛（love）。能夠開放接納進入覺察範圍的一切的覺照狀態。

COHERENCE：連結（connection）、開放（openness）、和諧（harmony）、投入（engagement）、接納（receptivity）、即時（emergence）、認知（noesis）、同情（compassion）與同理（empathy）。這是一個整合系統的連貫狀態所具有的特徵。

FACES：彈性（flexible）、適應力（adaptive）、充滿活力（energized）及穩定（stable）。當一個系統變得整合時，它會遵循著一條具有這些特質的路徑。

第四個「**R**」：這裡指的是，我們可以在原本包含三個「R」，也就是閱讀（reading）、寫作（writing）與算術（rithmetic）的基本教育中增加反思（reflection）這項基本技能。而第五個「R」可以是韌性（resilience），第六個「R」則可以是人際關係（relationship）。

ISO：他人的內在狀態（internal state of the other）。受到刺激而被感知的，他人的情感、意念與生理狀態，也可能嵌入自己的自我當中。他人的內在狀態可以經由他人發出的訊息被感知到，讓對方在當下「感覺被感覺」。

MAPs：覺照覺察練習（mindful awareness practices）。由加州大學洛杉磯分校的「正念認知研究中心」的蘇・史邁利（Sue Smalley）所創，以此涵蓋所有可以用來培養生活中覺照的各種活動。

NOTO：他人的敘述（Narrative of the other）。我們藉此而有他人的故事，而能將他人放在心智，即使適當對方不在眼前時。我們也會聽他人所說的NOTO，也就是特別顯露他們如何看待由內而外的我的故事，藉此看到他人心中的自己。

SAM：掃描（scan）、警覺（alert）與動員（motivate）。這個歷程的功能在於保護我們的安全，但在有強迫症或其他類似問題的人身上，這個功能會太過活躍。

SIFT：感官感覺（sensations）、心像（images）、感受（feelings）及思緒（thoughts）。當我們「篩選」SIFT經驗，試圖超越經常由語言主導的思緒，以獲得更廣大的覺察範圍時，這些就是我們可以放在心智的基本元素。

SNAG：刺激神經元啓動與生長（stimulate neuronal activation and growth）。在日常生活、教育情境或心理治療中，我們集中注意力與運用心智的方式，就會直接SNAG大腦，而提升這些被啓動區域的神經可塑性。

SOCK：感官感覺（sensation）、觀察（observation）、概念（concept）與認知（knowing）。我們可以想像這四股覺察流都匯聚到當下河谷的意識之河中。整合這四股分流可能是達到覺照經驗所不可或缺的。

專有詞彙

整合（Integration）：分化各元素的連結。「神經的整合」（neural integration）包含將生理結構上與功能上皆各不相同的區域，以神經突觸連結成一個可運作的整體。

不變表徵（Invariant representation）：霍金斯與布萊克斯李（Hawkins & Blakeslee）所創的名詞，用來指皮質層由上而下的，經由過去經驗的鏡頭，對由下而上的輸入資訊所產生的影響。來自記憶的神經記憶會從皮質細胞柱的最上層往下傳遞。

本來自我（Ipseity）：路茲、唐恩與大衛森所用的名詞，指一般的身分認同背後的核心自我意識。我們則用「本來自我」這個詞來稱可已經由覺照覺察練習而接觸的，存在於開闊心智軸心的，赤裸的存在意識。

中央前額葉區域（Middle prefrontal regions）：這個詞是指包含前扣帶皮質、眶側額葉皮質，以及內側與腹側前額葉皮質的腦部重要區域。這些區域經常與腦島皮質合作運作。

神經感知（Neuroception）：史蒂芬・柏格斯的用語，指的是大腦感知（「神經」〔neuronal〕＋「感知」（perception」）個人是處於危險或安全狀態的方式。當神經感知評估狀態安全時，社會參與系統便會被啓動，這時包覆髓鞘腹側迷走神經加速神經傳導，而臉部肌肉放鬆，心智變得開放而接納。柏格斯將此狀態稱爲「無懼的愛」。

中央前額葉區域九大功能（Nine middle prefrontal functions）：檢視科學文獻後（參見附錄二）所找出的，中央前額葉皮質與其所屬的更大範圍的神經回路，共同合作而產生的功能。這些複雜的功能所仰賴的，不只是這些區域，還有更大範圍的神經系統，但是前額葉區域的神經元能夠將這些系統整合起來。這些功能包括身體的調節、同頻的溝通、情緒的平衡、反應的彈性、同理、洞見、恐懼的調節、直覺，以及道德感。

反思（Reflection）：根據本書的定義，反思歷程必須至少包含三個根本元素：接納性、自我觀察，以及反身覺察（對覺察的覺察）。

反思的連貫性（Reflective coherence）：由反思而生的整合狀態。這項概念是，反思有助於讓偏向固著僵化或混亂隨機的，較不整合的狀態，改變爲連貫的狀態。而所謂的連貫，就如上面所定義的，是比較有彈性，有適應力的。

反思思考（Reflective thinking）：史蒂芬．柯斯林所用的辭彙，表示以影像爲基礎的資訊處理歷程，會比描述性思考更有彈性。描述性思考是以概念爲基礎，通常會用到語言，而語言的彈性不如具有流動本質的影像，因此常會侷限了持續輸入的感官資訊。

共鳴回路（Resonance cricuits）：兩個實體相互影響而產生同頻的互動時，會啓動的神經系統。其中包括鏡像神經系統、上顳葉皮質、腦島（或稱腦島皮質），以及中央前額葉皮質。

自我投入系統（Self-engagement system）：我們認爲，覺照覺察會藉由這個機制創造出類似柏格斯所稱的，人際的「無懼的愛」（參見前述的「神經感知」）。也就是抱著 COAL 的態度面對當下的直接經驗，而與自己達到同頻。

覺察流（Streams of awareness）：灌注到意識當中的各個資訊流。它們會過濾資訊，決定哪些資料被心智的軸心所接收。我們至少可以描述出四股不同的分流，而它們的第一個字母剛好可以拼成 SOCK。

覺察輪（Wheel of awareness）：對心智的影像比喻，讓你可以將心智想像成一個有軸心、輪輻和輪框的輪子，各自代表注意歷程的各個面向，如下所述（參見第4章與第6章的圖）。

軸心（Hub）：覺察的中心，代表「執行注意力」（executive attention）的一個源頭。許多不同層面的覺察都存在於此。此外軸心還能經由來自外界的刺激（外源注意），或經由心智本身的引導（內發注意），而接收來自輪框上的所有元素。心智也能進入一種接納狀態，此時軸心會有一種開闊的特質，刻意地開放接收輪框上的一切——但能在覺照覺察中——維持反思的覺察狀態。從這種反思中產生的區辨力讓我們能將個性中的種種模式與其他心智活動，都視爲只是暫時的歷程，而不等於個人的全部。

輪輻（Spoke）：從輪框通往軸心（外源注意），或從軸心通往輪框（內發注意）的方向。許多不同特質的輪輻都可能連結到輪框上的同一點，然後經由四種覺察流篩選，直接形塑我們的覺察經驗。

輪框（Rim）：包含可能成爲注意力焦點的無限多的元素。輪框至少可以分成四個部分，包括頭五種感官感覺（來自外界的資訊）、第六感（來自身體的資訊）、第七感（心智本身的元素——思緒、感受、影像、記憶、信念、意念），以及第八感（與他人的關係、與日常生活以外更廣大整體的關係，或與自己同頻的感覺）。

心理健康的三角支柱（Triangle of well-being）：連貫的心智、同理的關係、神經的整合。這三個元素都無法被縮減併入彼此當中，是構成心理健康的三個必要互動元素。

附錄二　神經研究摘要

中央前額葉區域功能

我們是用綜合方式來檢驗許多概念，其中一項發現就是安全親子依附、覺照覺察，以及大腦前額葉區域的功能，三者之間奇妙的重疊。我有一位病人在車禍中腦部嚴重受創，腦部掃描很不幸地顯示中央部位的腦部結構受到創傷，包括她的眶側額葉區域、腹側及內側前額葉區域，以及前扣帶皮質的額葉部分。

從這個病人的臨床經驗，以及將所有研究文獻整合來看，我們似乎可以看到將這些區域組合成一個「整體」的神經整合回路，會產生出一整組的功能。由於這些區域在結構上位於大腦水面與垂直面的正中央，因此我以日常語言的「中央前額葉」來強調這些互相連結的區域是一個群體。但在正式術語中，前扣帶屬於「邊緣系統」，而非前額葉的一部分。不過這些前額葉區域也常被認爲是「思考大腦的感覺部分」，是邊緣區域的最上端，或是前額葉區域的最邊緣部分。

在研究資料中，這些區域似乎並不像前額葉的側邊區域那樣直接涉及意識中的操作記憶，也就是把某件事「放在心智最前面」。因此將這群中央區域跟側邊的前額葉區域對比，將有利於我們探索自動化的「覺照特質」——不需有意識的努力就能獲得的覺照生活——相對於比較費力、需要有意識而且刻意地創造覺照狀態的「覺照覺察練習」，兩者有何不同。我們會發現，刻意創造的覺照狀態，比長期的覺照特質，更可能動用到側邊前額葉。

眶側額葉、腹側及內側前額葉，以及前扣帶皮質的活動，跟哪些歷程有關？」（我的病人在意外中受損的就是這些區域）這三個區域的整合，加上相關的腦島皮質的輸入資訊，顯示出一個執行回路，其功能就涵蓋從身體調節到社會理解等廣大範圍。柯瑞契里（Critchley）曾對此大範圍的功能提供一個精簡的總覽：

> 有重大影響力的許多理論模型認為，從身體傳入大腦中樞的資訊，在情緒感受狀態的表現中扮演很關鍵的角色。不斷改變的身體激發狀態會回饋到腦部的表徵而影響學習，以及同時間的預測性決策功能。功能性神經造影讓我們更進一步了解大腦的某些機制會在行為時改變自律神經激發狀態，回應某些內在回饋訊號，進而影響主觀的感受狀態。確切而言，前扣帶皮質可能主要負責引發自律神經變化，而腦島與眶側額葉皮質則可能負責描繪出內臟的反應。腹側—內側前額葉皮質被認為可獨立支持內在（自我）指涉的歷程，這類歷程會在休息與放空狀態時居於主導地位，一般認為可以作為基準，衡量個人與環境互動時的變化程度。腦部創傷的案例資料更進一步凸顯這些皮質區域在控制自

律神經與動機時，扮演的整合角色。在有關控制功能的運算模型中，外向的（往外輸出的）與內向的模型被認為可以用來預測及矯正行動，並且進一步詮釋他人的行為。一般的假設是，在進行動機性與情感性行為時，主要就是前扣帶皮質、腦島與眶側額葉皮質的互動。與控制功能相關的內臟自律神經活動會強化模擬模型中的主觀感覺投入程度，而證實了身體標記會影響主觀心智的概念，跨越了身心二元分離的界限。

由此可以看到，「中央前額葉」區域會與腦島共同合作，創造出一整組複雜的歷程。當這些功能被放在一起，創造出九大面向時，我們看到一個更廣大的歷程在創造這些功能：這些中央區域有深刻的「整合性」，會將分布很遠的各區域連結在一起。這表示這些神經回路本身並非「專門化」，而是在更大的神經系統中運作，以創造出各種心理與生理結果，因爲它們能夠將分布很廣的神經系統，甚至包括其他人的神經系統的啓動模式，連結成一個功能性的整體。這就是神經整合的最佳定義，也就是這些區域的專長。如前所述，神經整合會創造出協調與平衡。我們看到這些重要區域間的互動，會創造出高度複雜的系統，讓我們具備從身體調節到情緒平衡，到同理，以及到道德行爲等等的潛能。

因此，我們的整體假設是，藉由找出安全依附與覺照覺察練習的共通之處，而促進特定的神經活動，以便「激發」大腦，使其邁向神經的整合。而這種神經整合最可能發生的地方便是中央前額葉區域。就如安全依附是由人際同頻的經驗所引發，我們認為覺照也涉及內在同頻的經驗。根據這樣的邏輯，這兩種同頻都會促進中央前額葉區域的整合性神經纖維生長，而中央前額葉區域就屬於後面會討論到的，更大的「共鳴回路」的一部分。當神經可塑性受到刺激，而啓動或增加整合性神經纖維的生長後，與這些功能相關的神經活動就會產生，有助於提升個人的心理健康。我們所說的心理健康三大支柱就包括神經的整合、同理的人際關係，以及連貫的心智。我們可以由下面的功能清單看出，來自內在與人際同頻的神經整合，是連貫心智與同理關係的基礎。

中央前額葉九大功能：身體的調節、同頻的溝通、情緒的平衡、反應的彈性、同理、洞察力（自我認知覺察）、恐懼的調節、直覺、道德感。

大腦單邊性（Laterality）

任何一邊半腦都有許多個功能不同的重要區域，當我們說「左半腦啓動」時，實際情形並不如字面上那麼明確。因此我們使用「左腦模式」或「右腦模式」來強調不同的資訊處理模式，而不是強調在大腦運作時結構上的單邊性。舉例來說，當左半腦前額葉中一個區域啓動時，右半腦另一個不同的區域可能也同時啓動。大腦是以整體在運作，許多區域會有不同分工的活動，而與該區域位於哪邊半腦無關。例如左腦中關於正面積極情感狀態的區域，跟有關語言產生的區域，兩者雖然也可能稍有重疊，但顯然並不大。因此我們不能假設當一個人處於「積極情感狀態」，電流活動較集中左腦時，就會促發語言中樞啓動。整體而言，比較好的思考方式還是將整合視爲複雜功能運作時背後最重要的機制。當我們尋找神經運作與心理經驗之間的相關時，必須謹記著最重要的歷程應該仍是某一邊半腦內，或左右半腦之間，不同區域的連結。

共鳴回路與鏡像神經元

要了解如何將注意力專注於意念上，必須探索有關意念的神經運作，以及有關鏡像神經系統的重要發現。

神經系統中的鏡像映照特質，其基本定義是我們的社會性大腦會藉由一些歷程，感知他人有意念的，有目標的行動，並將此感知連結到運動系統，以促發我們做出同樣的行動。「鏡像神經元」的名詞由來正是因爲我們會準備去做的我們所看到的行爲，也就是我們的行爲會如鏡像般映照他人的行爲。

當我們運用這個「鏡像神經元與覺照相關的假設」時，背後更大的前提假設是，覺照是一種會運用到大腦社會回路的內在同頻。書中提出了幾個確切的重點，建議如何以研究驗證這項假設。

在檢視本書中討論的現存研究時，我們發現，在靜觀冥想中，已知具有鏡像神經元特質的數個區域似乎會一再被啓動。舉例來說，靜觀冥想中被啓動的運動輔助區（supplementary motor area），以及明確無客體同情冥想（distinct objectless compassion mediatation）中被啓動的運動前區都具有鏡像神經元特質。但是這些發現都只能證明有鏡像神經元特質的區域會被啓動，說不定未來的研究會證明其中啓動的部分並不是鏡像神經元。

布瑞夫林斯基－路易斯、拉察與修特所發表的以呼吸覺察做靜觀冥想的研究，都顯示上顳葉的相關區域會啓動。在造影中，被啓動的腦後方區域似乎是「上顳葉腦回」（superior temporal gyrus, STG）與「上顳葉腦溝」（superior temporal sulcus, STS）的地方。大腦皮質大致上有好幾層，每一層都有稱爲「腦回」的隆起區域，以及稱爲「腦溝」的內縮凹陷的區域。現有的研究[1]顯示，模仿他人行爲，可能會動用到有鏡像特質的區域及上顳葉腦溝。而其他研究[2]也顯示上顳葉腦回與回應他人的情緒表情有關。在人際同頻中，我們會回應別人的表情，有可能此時腦回的臉部表情感知功能，以及腦溝的模仿功能都同時在運作。當然我們還需要更多的研究，才能釐清在覺照覺察中，腦部的上顳葉腦回或腦溝所扮演的確切角色，以及這些部分跟同頻及鏡像映照歷程的相關。

德西提與夏米奈檢視了關於上顳葉腦回的研究後，認爲這個區域涉及感知有社會意義的身體姿勢，以及觀察具生物動力的行動，例如感知有機生物的移動，還有感知與言與人類的聲音。他們寫到，上顳葉腦回是：

> 社會認知回路中很重要的部分（社會回路會經由直接與間接的連結，接受來自腹測與背側的視覺處理區、杏仁核、眶側額葉皮質，以及前額葉皮質的訊息）。當我們比對

模仿與被模仿的狀況，以及自主行動的狀況，會發現兩邊半腦的上顳葉腦回神經群集都有相同的活動。但是如果去除了被模仿的這個條件後，就只有左半腦的這些群集會啟動。在此發現的上顳葉腦回的單邊性很引人注意，或許經由視覺樣態傳遞的第一手與第三手資訊，之所以會感覺不同，就是基於這樣的神經活動差異。我們推測，右腦的上顳葉腦回或許會真正涉及對他人行動的視覺分析，而左腦的這個區域則是分析他人的行動與其意念的關係。

由此可以看到，上顳葉腦回似乎在創造自我、他人，以及意念狀態的表徵上，居於關鍵位置。整體來看，上顳葉皮質可能對於我們如何意識自己的內在世界、描繪經驗的意念，都扮演了重要角色。

艾可波尼所注意到的一項重要議題[3]是，上顳葉腦回與上顳葉腦溝都是較高層次的感覺區域，裡面的神經元有複雜的視覺、聽覺，以及多感官特質，但是並沒有運動的特質。既然這些神經元缺乏運動特質，就不可能被認爲是「鏡像」神經元，因爲鏡像神經元涉及一個人自身的動作，一定要具備某些運動特質。基於這項原因，艾可波尼因而在他論述模仿的論文裡，清楚地區分出頂葉與下額葉的鏡像神經元，以及上顳葉腦溝對模仿的貢獻。艾可波尼認爲，我們的用語應該明確清晰，因此「鏡像神經系統」或「鏡像神經元」只能用來指眞的具備運動特質的神經元。跟這些鏡像神經元區域直接連結的上顳葉區域負責了複雜的感知歷程，包含預測運動行爲的結果，也就是書中所說的「SIMA」歷程（身體動作帶來的感官感覺）。因此，上顳葉所進行的「SIMA」歷程屬於一個功能更複雜的歷程，而該歷程會讓不同的神經回路直接連結起來。雖然有些作者會將這個複雜的感知系統也合併稱爲鏡像神經系統的一部分，但我們在此將遵循艾可波尼的建議，「清楚區分這兩個會直接對話的系統」[4]。

再進一步檢視科學文獻後，我們發現，牽涉到上顳葉區域的動作模仿，以及牽涉到腦島的情緒／生理共鳴，都跟鏡像神經元有類似的關係。在動作模仿中，上顳葉區域似乎會將複雜的SIMA歷程反向記錄下來；而在情緒共鳴中，腦島則會協調生理與情感的轉變，而模擬所感知到的他人生理或情緒狀態。由於這些人際相互的行爲（包括模仿的、生理的、情緒的）都有相似的歷程，我們創造「共鳴回路」這個辭彙，其中直接包含了鏡像神經元，但其構成元素並非全都具有運動特質，因此不應在正式術語中稱爲有「鏡像」特質。我們在討論中都一貫堅持這個區分，而稱這個系統爲「共鳴回路」，或是「與鏡像神經系統相關的區域」（參見上圖A.1及A.2）。

爲了進一步探討，在此提供卡爾與同事更詳盡的觀點。他們總結了模仿、同理及各個額葉與頂葉的鏡像神經元部位，彼此之間的關係，還有它們與上顳葉的多模組感知系統之間的關係：

在靈長類的大腦裡，情緒與動作的表徵都會動用到神經系統。邊緣系統是情緒處理

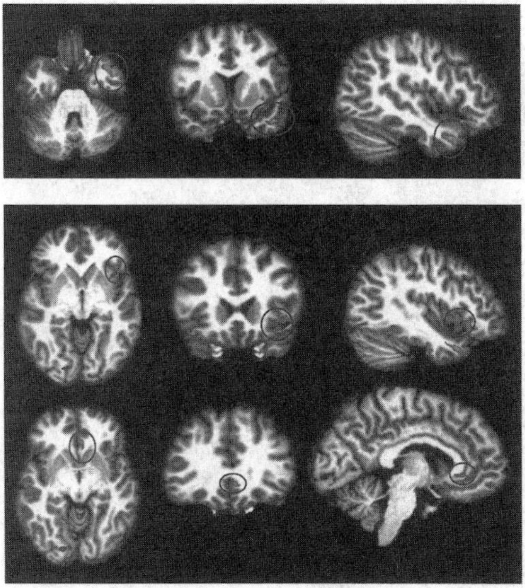

圖 A.1 與 A.2：在個人進行呼吸覺察冥想時所做的功能性掃描，顯示其上顳葉腦回會啟動（圖 A.1），而腦島跟前扣帶皮質的腹側部分也會啟動（圖 A.2）。本書認為，上顳葉皮質、腦島、中央前額葉皮質（此圖所顯示部分），以及鏡像神經系統，會構成「共鳴回路」，而在覺照覺察中被啟動。本圖獲原著作人莎拉·拉察授權重製。

與行為所不可或缺的，而額葉與頂葉網絡以及上顳葉皮質的交互作用，則是行動的表徵所不可或缺。後面這個回路是由下額葉（inferior frontal）與後頂葉（posterior parietal）的神經元構成，這些神經元在執行跟觀察到一個行動時，都會啟動（鏡像神經元及上顳葉神經元，則只有在觀察別人行動時才會啟動）。對非人類靈長類大腦的解剖與神經生物學資料，以及對人類大腦的造影研究，都顯示這個回路是模仿行為所不可或缺的。在這個回路裡，資訊處理歷程可能如下：(1)上顳葉皮質記錄下過去對於該行動的視覺描述，並將此資訊傳遞到後頂葉的鏡像神經元（上顳葉與後頂葉之間有強大的生理結構上的連結，因此這道資訊流會很迅速）。(2)後頂葉皮質記錄下這個動作的肌肉運動層面，並將此資訊傳給下額葉的鏡像神經元（對猴子大腦的解剖資料證實這兩個區域有強大連結）。(3)下額葉皮質記錄下這個行動的目標（神經生理學與大腦造影研究都支持下額葉鏡像神經元具有此項功能）。(4)頂葉與額葉的鏡像映照區域送出複製的動作計畫，傳回到上顳葉皮質，因此對觀察行動的描述，以及原本預測的模仿動作會帶來的感覺，兩者就會彼此相符。(5)當被觀察行動的描述，與原本預測的模仿動作帶來的感覺，兩者互相符合時，模仿就得以發生。

這種大腦自動計畫的「模仿動作」，就是共鳴的概念——我們會在模仿他人時做出同樣的動作，在感受同情時感知他人的情感，並且如我們所假設的，在與自己共鳴而內在同頻時，獲得心智的連貫性。基本上，這些上顳葉區域會直接與涉及動作／感知的鏡像神經元交互作用，就是第八章討論的「SIMA」歷程的一部分（參見圖8.1，頁180）。「SIMA」可能是讓我們關注自己意念，創造內在共鳴而達到的內在同頻的一個歷程。

德西提與夏米奈也進一步討論這些覺察自己或他人心理歷程的神經回路：

神經造影研究強烈證實，當一個人觀察到別人做出動作，或當他想像自己的動作時，都會明確地動用到通常跟實際做出那個動作有關的神經結構。這種共用表徵模型可能也適用於情緒的歷程。在這個模型裡，當一個人感知情緒時，就會啟動產生該情緒通常會用到的機制。這個機制於是促使觀察者啟動運動區的表徵，使其觀察到這個刺激，也就是一種反向的描繪。舉例來說，當一個人看到別人微笑時，觀察者會啟動微笑時會運用的同樣肌肉，只是啟動程度不足以讓他真的微笑，但這會導致觀察者腦中出現相應的快樂的感覺。辨識臉部表情的研究已經提供證據，支持這樣的機制存在。目前科學家在動作、疼痛歷程、情緒辨識等方面，都發現了皮質層的共用表徵模型。這可能就是社會認知歷程在神經生物層面的基礎。

我們認爲當我們在同理或同情他人時會運用的社會認知回路，在覺照中的「內在共鳴」時，也會運用到。可以假設，這會涉及一種自我同理，就像同理歷程本身，比模仿或共鳴更加複雜，如德西提與傑克森所描述：

> 同理並不只是自我與他人之間情感的共鳴。其中牽涉到明白地表徵他人的主體性。這是一個在意識層面會被經驗到的現象。最重要的是，同理一定會動用到情感調節，而

與邊緣系統、背側跟內側前額葉區域都有強烈連結的腹側前額葉皮質，在情感調節中扮演了很重要的角色。但我們要再度強調，大腦中並沒有一個單一的同理系統（或模組）。相反地，我們認為同理經驗會牽涉到多個可分離的系統。

同樣地，當我們說到不僅包含鏡像神經元，還有腦島跟上顳葉區域的「共鳴回路」時，我們也認爲這是一個分散各處的系統，會動用到前額葉皮質的多個部位，尤其是中央前額葉部位。值得注意的一點是，葛瑞斯威爾、魏、艾森柏格跟李柏曼的一項研究[5]顯示，具備覺照特質的人，在觀看一張臉部表情的圖像，而標示該表情的情緒名稱時，腦中有兩個區域的啓動程度，會大於控制組的受試者：右腦的腹外側前額葉皮質（ventrolateral PFC）跟內側前額葉皮質（medial PFC）。這些啓動程度又跟杏仁核在一開始看到臉孔圖像後，啓動降低的程度有正相關。研究者因此認爲，標示內在狀態的覺照技巧，可能跟較大範圍的前額葉啓動，以及較低程度的杏仁核啓動有關。這項研究進一步延伸了書中所提的哈瑞、布克海莫及瑪西歐塔（Harri, Bookheimer, & Maziotta）的研究。該研究發現標示情緒會導致類似的前額葉啓動與杏仁核的壓抑。在此我們看到覺照這項人格特質會與情感調節有關。

總和以上各項觀點，要對他人產生同理，我們必須調節自己的共鳴狀態，以免變成他人，但又能感受到他人的主觀經驗。覺照技巧可能就會強化我們的共鳴回路（提升同情與同理）及前額葉自我調節回路（控制情感調節），而大幅提升這項能力。成果就是我們更能開放地與他人同在，即使在面對對方的傷痛挫敗時。

覺照覺察本身或許就會運用這些共鳴回路（腦島、上顳葉區域、鏡像神經元，以及中央前額葉區域）跟自我調節回路（尤其是眶內側及腹外前額葉區域），而創造出自我同理狀態，導致內在同頻。當我們與自己的內在及情感狀態共鳴，再結合上自我觀察與標示的反思技巧，就會創造出與自己跟他人連結的強大能力。

人際關係與覺照

本書中對覺照覺察的討論顯示，經由共鳴歷程跟自己同頻的能力，可能會強化必要的心智能力及神經回路，而支持個人在私人生活與職場中與他人的健康關係。執行覺照教學的教師與靜觀冥想者所提供的非正式報告都顯示事實可能如此。但是實證研究的結果呢？布朗、萊恩與葛瑞斯威爾對支持這些非正式報告的實證資料，做了一項簡潔而別具洞見的探討：

雖然這個研究領域的證據仍舊很少，但是初步的心理測驗與心理治療研究顯示，覺照確實可能提升親密關係的品質，以及這些關係中的溝通。拜恩斯、布朗、克魯斯馬克、康貝爾與羅格（Barnes, Brown, Krusemark, Campbell, & Rogge）的研究顯示，在非危機（nondistressed）的約會伴侶中，經MASS評量而認為有較高覺照特質的人，也會有較高的親密關係滿意度，並能對關係中的壓力較有建設性的回應。之後的另一項研究複製該研究，並將此發現加以延伸。該研究利用衝突討論的模型，顯示在MASS評量中得分較高的人，在衝突中的情緒壓力較低，而這項效果可能來自於個人在討論前情緒壓力就較低。這些結果與前面檢視過的其他研究結果相符，都顯示有較高覺照特質的人，整體而言比較不會陷入負面狀態，而這點在親密伴侶互動的脈絡中非常明顯。這些結果顯示，覺照的用處並非在衝突中減緩壓力，而是事先建立對壓力的免疫力。在每對伴侶都必須做的認知評斷裡，也很容易看到覺照有助於壓抑對衝突的反射反應。有較高覺照特質的人，不論在衝突前或衝突後，對伴侶及對彼此關係的感知，都會有較多正面（或較少負面）的改變。這項研究也證明在進行困難的改變時，覺照狀態的重要性，因為根據客觀評量結果，覺照狀態跟較佳的溝通品質有正相關。

實證研究似乎支持覺照特質有助於提升親密關係。但是在心理治療中引發覺照狀態是否有助於個人的親密關係？過去的研究對這點有什麼發現？布朗、萊恩及葛瑞斯威爾認爲：

> 有關心理治療的初步研究也支持覺照能在親密關係中扮演有益的角色。卡爾森、卡

爾森、吉爾與鮑康（Carson, Carson, Gil, & Baucom）[6]將正念基礎減壓計畫修改為針對伴侶的治療計畫，稱為正念基礎關係強化計畫（Mindulness-Based Relationship Enhancement）[7]，而在研究後發現，相對於等待治療的控制組，接受治療的伴侶（全都處於非危機關係中）在治療後的測試，與三個月的追蹤調查裡，都明顯有較高的關係滿意度、自主性、對伴侶的接納度，而且在個人生活與關係中的煩惱程度也較低。此外研究證據也顯示，每天進行覺照練習也跟這些正面的個人與關係成果有正相關。

這些研究人員並認爲，覺照之所以能保護個人免於痛苦，是因爲它能帶來正面面對的狀態，幫助他們處理可能面臨或實際經歷喪失與社會排拒時，會產生的負面感受。葛瑞斯威爾、艾森柏格與李柏曼的研究[7]的研究也被引述證明，有較多覺照特質的人似乎比較不會對社會排拒有反射反應。以下是布朗、萊恩與葛瑞斯威爾對這項進行中的精彩研究的概要敘述：

> 大學生跟另外兩個「受試者」（實際上是一台電腦），一起參與模擬的丟求遊戲，同時接受功能性磁振造影掃描。在第一階段任務中，受試者會被納入丟球遊戲中，但在第二階段，受試者則在大多數的丟球任務中，都會被排除在外。在任務結束後，受試者必須報告在被排除時，是否感知到社會排拒。結果顯示，在MASS評量中有較高覺照特

質的人，感知到的社會排拒較低。除此之外，這些受試者腦中背側前扣帶皮質（dorsal anterior cingulated cortex, dACC）的活動也較低，而這個區域通常會在經歷社會壓力時啟動。

在考量覺照如何能改善職場關係，以及覺照對臨床訓練的影響上，布朗、萊恩與葛瑞斯威爾檢視了夏皮洛、史瓦茲與柏納[8]的研究，顯示覺照教育可以促進同理：「對醫學院學生的研究[9]發現，相對於候補名單中的控制組，接受正念基礎減壓計畫的人，在長時間中顯現出同理心的增加，儘管這些課程後的評量是在高壓力的期末考期間所作。這些發現顯示覺照或許能同時提升職場關係與私人關係的品質，但仍有待未來研究證實。」

另外值得注意的是，還有一些尚未發表的研究[10]發現，如果一個人在面對情感提示時，其功能性大腦造影中顯示出較多鏡像神經啓動，他自我評估的同理心也較高。這些初步的資料顯示出，較高的共鳴回路運作，至少是在鏡像神經元部分，可能跟同理心以及與他人同頻的能力，有正相關。這些發現或許就顯現，覺照技巧就是經由這個可能的管道而提升人際連結。整體而言，進一步了解可能建立在內在同頻基礎上的，經由學習獲得的覺照技巧或個人的覺照特質，如何能創造出有利的關係經驗，強化人際同頻，將對我們有很大的幫助。

發展議題

我們已經看到，覺照是可以經由教導學會的技巧。之前引述過的，一項與「正念認知研究中心」合作的實驗性研究[11]也顯示，即使是已知有遺傳性注意力缺陷的病人，也能因覺照而改善注意力。來自加州大學洛杉磯分校，由魏、葛瑞斯威爾、艾森柏格及李柏曼所做的，尚未發表的研究[12]也提出初步的資料，暗示一個人的覺照特質，與腦中某些涉及注意力能力的神經傳導系統，似乎有正相關。魏與其同事的初步發現也顯示，單胺系統負責調節血清素，而控制單胺系統（monoaminergic system）的基因（尤其是單胺氧化酵素基因〔MAOA gene〕），或許跟個人是否具有覺照特質有正相關。這項研究顯示的基因差異可能與覺照相關，與某些研究顯示自我調節跟注意力跟覺照有關[13]，兩者可能互相呼應。

有關發展的研究也顯示，即使有已知的遺傳變因存在，但良好的教養方式及生命早期的良好經驗，仍舊可能帶來正面的結果[14]。因此，對有退縮傾向（右腦反射反應）的內向兒童而言，父母如果能同頻地感受對他們的性情與需求，並不過度保護或過度遲鈍，就能夠讓孩子在成長過程中培養出積極正面、不焦慮或退縮的行爲特質。對靈長類的研究也有相似發現：即使有不利的遺傳變因，良好的依附經驗仍舊能提供某種行爲上的「免疫力」，使這些個體茁壯成長。大致的原則就是，即使個體有較高風險的遺傳基因，安全依附仍可能提供韌性的來源。李察・大衛森就認爲，一個人的情感風格只有不到百分之二十五是由遺傳決定的。不過在面臨不利環境或重大創傷帶來有害神經的壓力時，具有遺傳上風險因子的孩子或許會比無此遺傳變因的孩子，出現更嚴重的負面發展。在此可以看出基因與經驗會彼此互動，而影響人格發展的途徑。覺照或許也能經由基因或經驗，而給予人韌性的一項特徵。

這些研究發現也暗示，有些人有天生氣質上的變因，導致較高或較低的覺照特質，也或許會導致他們對人際同頻，或促進內在同頻的治療方式，有不同的接納度。然而上面引述的天生性情研究，以及心理治療的實務經驗都顯示，內在或人際的同頻可以導致發展結果產生極大的改變。要特別強調的一點是，不論是由於基因而較難有覺照特質的人，還是受經驗妨礙而難以發展覺照的人，建立反思技巧都可能有效幫助他們發展出自我調節與內在同頻的重要能力。這項提議的假設是訓練這類反思技巧會「激發」大腦，而提升神經的整合，尤其是屬於共鳴回路的中央前額葉區域的整合。

循此邏輯可以加以思考的一個例子是可能由基因而導致的躁鬱症。新近由布魯柏格及其同事所做的研究顯示，在這類病人的大腦裡，中央前額葉區域的一部分，也就是腹側前額葉皮質，與產生情感狀態的邊緣區域之間的抑制連結，有異常之處。這項重要研究摘要如下：

在成年躁鬱症個案身上，情緒與衝動執行控制的缺陷，可能涉及腹側前額葉皮質

（VPFC）的一個神經系統。該系統會輔助與腹側前額葉皮質有關的功能，以及該區域跟杏仁核、紋狀體（striatum），及視丘等皮質下區域的連結。這個神經系統中的結構會在不同時間點出現重大的發展變化，顯示該系統中特定部位的異常，可能隨著疾病演化過程，在不同的發展時間點出現。我們新近的神經造影資料顯示，在躁鬱症個案身上，腹側前額葉神經系統的皮質下部位的異常，可能在青春期初期時就很明顯，而腹側前額葉的缺陷則會在青春期中慢慢惡化，或許在青春期後期或成年初期之前都很難發現。這種可能的躁鬱症的神經發展模型，或許有助於我們辨識出該疾病的早期症狀，以及找出適合不同年齡的治療策略。

在本書所描述的單一案例報告中，這個有家族躁鬱症病史，而可能有先天危險基因的年幼青少年，仍能經由學習覺照技巧，有機會運用心理訓練，發展並強化本來可能讓他陷入危機的「異常」的中央前額葉區域。我們可以利用有關覺照大腦的想法，在概念上想像出可能的治療方式，並加以實踐，以提供聚焦的訓練，幫助病人發展中央前額葉區域，支持覺照技巧，而達到更有效的情緒與衝動的自我調節。最重要的訊息是，我們可以運用心智來改善大腦在許多情境下的運作，而減輕更多人的痛苦，促進更多人的自我調節。

註釋

第1章　覺照覺察

1 Davidson, Kabat-Zinn, Schumacher, Rosenkranz, Muller et al., 2003.
2 Langer, August 2006，私人通信
3 Armstrong, 1993; Goleman, 1988.
4 Fitzpatrick-Hopler, 2006; Keating, 2005.
5 Kornfield, 1993; Nhat Hahn, 1991; Wallace, 2006.
6 Germer, Siegel, & Fulton, 2005; Lutz, Dunne, & Davidson, in press; Epstein, 1995; Waldon, 2006.
7 Kabat-Zinn, 2003, pp. 145-146.
8 Dimidjian & Linehan, 2003, p.166.
9 Fletcher & Hayes, 2006, p.315.
10 Ackerman, Kabat-Zinn, O'Donohue, & Siegel, 2006.
11 Anderson & Anderson, 2003.
12 Hayes, Follette, & Linehan, 2004; Hayes, Strosahl, & Wilson, 1999; Linehan, 1993; Marlatt & Gordon, 1985; Parks, Anderson, & Marlatt, 20010.
13 Segal, Williams, & Teasdale, 2002.
14 Baxter, Schwartz, Bergman, Szuba, Guze, Mazziotta, et al., 1992.
15 Hayes, Folette, & Linehan, 2004; Germer, Siegel, & Fulton, 2005; Segal, Williams, & Teasdale, 2002.
16 Brach, 2003; Hayes, 2004; Linehan, 1993a.
17 Segal, Williams, & Teasdale, 2002.
18 Gusnard & Raichle, 2001.
19 Kabat-Zinn, 2003b; Sroufe, Egeland, Carlson, & Collins, 2005.
20 Siegel, 1999, 2001b, 2006, in press.
21 Ackerman, Kabat-Zinn, & Siegel, 2005.

第2章　有關大腦的基本知識

1 Kempermann, Gast, & Gage, 2002.
2 有關社會神經學的總覽討論，參見Cozolino, 2006及Goleman, 2006.
3 Halpern, Gunturkun, & Rogers, 2005.

第4章　痛苦與覺察流

1 Kabat-Zinn, 1990; Santorelli, 1999.
2 Davidson et al., 2003; Kabat-Zinn, 2003.
3 Segal, Williams, & Teasdale, 2002.

第5章　主觀與科學

1 Walsh, 1980; Walsh & Shapiro, 2006.

2 Baer et al., 2006, p.38・
3 Baer et al., 2006, p.42.
4 Varela, Thompson, & Rosch, 1993.
5 Field, Fitzpatrick-Hopler, and Spezio, 2006; Irwin, 2005; Walsh and Shapiro, 2006.
6、7、8、9 Lutz, Dunne, & Davidson, in press.
10 Carr, Iacoboni, Dubeau, Maziotta, & Lenzi, 2003.
11 Hawkins & Blakeslee, 2004.
12 Goleman, 1988; Langer, 1997.

第6章　運用軸心——注意力與覺察輪

1 Cahn & Polich, 2006.
2 De Martino, Kumaran, Seymour, & Dolan, 2006.
3 Zylowska, Ackerman, Futrell, Horton, Hale, Pataki, et al., submitted.
4 Raz & Buhle, 2006; Wallace, 2006.
5 Raz & Buhle, 2006, p.374.
6 Cahn & Polich, 2006.
7 Casey, Tottenham, Listen, & Durston, 2005.
8 Rueda et al., 2005, pp. 586-587.
9 Sohlberg, McLaughlin, Pavers, Heidrich, & Posner, 2000.
10 Devinsky, Morrell & Vogt, 1995, p. 292.
11 Decety & Chaminade, 2003; Frith & Frith, 1999.
12 Zylowska et al., submitted.
13 Beitman, Viamontes, Soth, & Nitler, 2006; Decety & Chaminade, 2003.
14 Decety & Chaminade, 2003; Decety & Jackson, 2004.

第7章　拋棄評斷——擺脫由上而下的侷限

1 Engel, Freis, & Singer, 2001, p. 714.
2 Ogden, Minton, & Pain, 2006.
3 Cosmelli, Lachaux, & Thompson, in press.
4 Rizzolatti & Craighero, 2004.
5 Davidson, 2004; Davidson et al., 2003.
6 Siegel, 1999; 2001b.
7 Kabat-Zinn, 2003b, pp.441-442.
8 Engel, Fries, & Singer, 2001; Meyer-Lindenberg, Ziemann, Hajack, Cohen, & Berman, 2002.
9 Newberg, D'Aquili, & Rause, 2002.
10 O'Donohue & Siegel, 2004, 2005, 2006.

第8章　內在同頻——鏡像神經元、共鳴，以及專注於意念

1 Gallese, Fadiga, Fogassi, & Rizzolatti, 1996.
2 Gallese, 2003; Iacoboni, in press; Iacoboni, Koski et al., 2001; Iacoboni, Woods et al., 1999; Rizzolatti & Craighero,

2004; Rizzolatti, Fogassi, & Gallese, 2001.
3 Carr, Iacoboni, Dubeau, Maziotta, & Lenzi, 2003.
4 Iacoboni & Siegel, 2004.
5 Decety & Chaminade, 2003; Keenan, Wheler, Gallup, & Pascual-Leone, 2000.
6 Decety & Chaminade, 2003; Decety & Jackson, 2004; Frith, 2002.
7 Freeman, 2000, p.225.
8 Brefczynski-Lewis, 2006; Lazar, 2006; Short, 2006.
9 Johnson, Griffin, Csibra, Halit, Farroni, De Haan, et al., 2005.
10 Lazar, personal communication, June 2006.
11 Uddin, Kaplan, Molnar-Szakacs, Zaidel, & Iacoboni, 2004.
12 Decety & Jackson, 2004; Frith, 2002; Gallese, Keysels, & Rizzolatti, 2004; Ohnishi, Moriguchi, Mori, Hirakata, Imabayashi, et al., 2004.
13 Waring, personal communication, February 2006.

第9章　反思的連貫性——神經整合與中央前額葉功能

1 Tucker, Luu, & Derryberry, 2005, p. 707; Rueda et al., 2005.
2 Kabat-Zinn, 2003b; Ackerman et al., 2005.
3 Brefczynski-Lewis, 2006; Lazar, 2006; Short, 2006.
4 Frith, 2001; Nimchinsky, Gilissen, Allman, Perl, Erwin, & Hof, 1999.
5 Benes, 1994; van Praag, Kempermann, & Gage, 2000.
6 Obayashi et al., 2001.
7 Siegel, 1999; Siegel & Hartzell, 2003.
8 Hesse, 1999; Main, 2000; Phelps, Belsky, & Crnic, 1997; Sroufe et al., 2005.
9 Gillath, Bunge, Shaver, Wendelken, & Mikulincer, 2005.
10 Siegel, 1999; Seigel & Hartzell, 2003.
11 Siegel & Hartzell, 2003.
12 Main, 2000; Siegel, 1999.
13 Siegel & Hartzell, 2003.

第10章　感覺的彈性——情感風格與積極心態

1 Fellows & Farah, 2005.
2 Cahn & Polich, 2006.
3 Adele & Feldman, 2004.
4 有關猴子的研究，請見 Stephen Suomi, 1997；有關老鼠的研究，則請見 Michael Meaney, 2001.
5 Decety & Grezes, 1999.
6 Raichele, MacLeod, Snyder, Powers, Gusnard, & Shulman, 2001; Gusnard, Akbudak, Shulman, & Raichle, 2001.
7 Bush, Luu, & Posner, 2000.

8 Cahn & Polich, 2006.
9 Lazar, personal communication, June 2006.
10 Dawson, Frey, Panagiotides, Yamada, Hessel, & Osterling, 1999.
11 Davidson et al., 2003; Davidson & Kabat-Zinn, 2004.
12 參見 Davidson et al., 2003, for a review.
13 Richard Davidson, personal communication, August 2006.
14 Siegel, 1999; Vygotsky, 1934/1986.
15 Ochsner, Bunge, Gross, & Gabrieli, 2002.
16 Hariri, Bookheimer, & Mazziotta, 2000.
17 Creswell, Way, Eisenberger, & Lieberman, submitted.

第11章　反思的思考——覺照學習中的影像理解與認知風格

1 Langer, personal communication, 2006.
2 Chanowitz & Langer, 1981.
3 Schacter, 1996; Gazzaniga, 2000.
4 Hawkins & Blakeslee, 2004.

第12章　培育教化「心智」——教育的第四個基礎訓練與反思的智慧

1 Kaiser-Greenland, 2006b.
2 James, 1890/1981, p. 401.
3 Brown & Gerbarg, 2005a, 2005b.
4 Greenberg, Weissberg, O'Brien, Zins, Fredericks, Resnick, & Elias, 2003.
5 Garrison Institute Report, 2005.
6 Post & Weiss, 1997.
7 Sroufe et al., 2005.
8 Fonagy & Target, 1997; Sroufe et al., 2005.
9 Gazzaniga, 2000.
10 Casey et al., 2005; Blakemore & Choudhury, 2006.
11 Blakemore & Choudhury, 2006.
12 Giedd, 2004; Sowell, Peterson, Thompson, Welcome, Henkenius, & Toga, 2003.
13 Staudinger, 1996, 2003; Staudinger, Singer, & Bluck 2001; Staudinger & Pasupathi, 2003.
14 Langer, 1997; Napoli, 2004; Ritchart & Perkins, 2000; Thornton & McEntee, 1993.

第13章　反思在臨床治療中的運用——存在當下與培養軸心

1 Germer, Siegel, & Fulton, 2005; Epstein, 1995; Johanson & Kurtz 1991.
2 Blumberg, Kaufman, Marin, Charney, Krystal, & Peterson, 2004.

3 Creswell, Way, Eisenberger, Lieberman, submitted.
4 Segal, Williams, & Teasdale, 2002.
5 Baxter et al., 1992; Schwartz & Begley, 2003.
6 Zylowska et al., submitted.

第14章　心理治療中覺照的大腦——促進神經的整合

1 Gallese, 2003, 2006.
2 Iacoboni & Siegel, 2006.
3 Siegel & Hartzell, 2003.
4 Fonagy & Target, 1997.
5 Baxter et al., 1992; Schwartz, 1998.

後語：對「反思」的反思

1 McGregor, Lieberman, Greenberg, Soloman, Arndt, Simon, et al., 1998.

附錄二

1 Iacoboni et al., 2001.
2 Britton et al., 2006.
3、4 Iacoboni, personal communication, September, 2006.
5 Creswell, Way, Eisenberger, & Lieberman, submitted.
6 參見 Carson, Carson, Gil, & Baucom, in press.

7 Creswell, Eisenberger, & Lieberman, in preparation.
8、9 Shapiro, Schwartz, & Bonner, 1998.
10 Jonas Kaplan, personal communication, October, 2006.
11 Zylowska et al., submitted.
12 Way, Creswell, Eisenberer, & Lieberman, 2006.
13 Capsi, McClay, Moffitt, Mill, Martin, & Craig, et al., 2002; Manor, Tyano, Mel, Eisenberg, Bachner-Melman, Kotler, & Ebstein, 2002; Parasuraman & Greenwood, 2004.
14 關於行爲壓抑／內向兒童的研究，參見 Kagan, 1994；而關於非人類靈長類的研究，則請見 Stephen Suomi, 1997.

Holistic 058

喜悅的腦：大腦神經學與冥想的整合運用

The Mindful Brain : reflection and attunement in the cultivation of well-being

作者—丹尼爾・席格（Daniel J. Siegel）
譯者—李淑珺

出版者—心靈工坊文化事業股份有限公司
發行人—王浩威　諮詢顧問召集人—余德慧
總編輯—徐嘉俊　執行編輯—周旻君
通訊地址—106 台北市信義路四段 53 巷 8 號 2 樓
郵政劃撥—19546215　戶名—心靈工坊文化事業股份有限公司
電話—02）2702-9186　傳真—02）2702-9286
Email—service@psygarden.com.tw　網址—www.psygarden.com.tw

製版・印刷—彩峰造藝印像股份有限公司
總經銷—大和書報圖書股份有限公司
電話—02）8990-2588　傳真—02）2990-1658
通訊地址—241 新北市新莊區五工五路 2 號(五股工業區)
初版一刷—2011 年 1 月　初版六刷—2023 年 9 月
ISBN—978-986-6782-94-7　定價—400 元

國家圖書館出版品預行編目資料

喜悅的腦：大腦神經學與冥想的整合運用／丹尼爾・席格（Daniel J. Siegel）作；李淑珺譯.
初版-臺北市：
心靈工坊文化, 2011 [民 100]面；公分
譯自：The Mindful Brain：reflection and attunement in the cultivation of well-being

ISBN 978-986-6782-94-7（平裝）　1.腦神經學　2.覺照　3.靜觀冥想

172-1　99023394